Zu diesem Buch

Geliebt, gehaßt, nützlich, gefährlich, schön, unheimlich – Katzen beschäftigen uns. Der Katzenfan liebt seinen «Fellball», den Allergiker bringt er zum Weinen. Neutralität Katzen gegenüber ist relativ selten. Genauso selten ist es, daß ein Mensch seine Katze wirklich kennt. Elizabeth Marshall Thomas hat sich ein Leben lang mit Katzen beschäftigt. Mit ihren eigenen sechs, aber auch mit Großkatzen. Wie in ihrem Buch «Das geheime Leben der Hunde» richtet sich ihr Interesse auf die Verhaltensformen, die Tiere im Zusammenleben mit Menschen entwickeln. Es gibt wohl keine Autorin, die die «Sprache» von Katzen in so schöne Geschichten übersetzen kann wie Elizabeth Marshall Thomas.

Die Autorin

Elizabeth Marshall Thomas, Ethnologin und Schriftstellerin, ist Autorin des Titels «Das geheime Leben der Hunde» (rororo sachbuch 19965) und der beiden Romane «Im Mond der Rentiere» und «Die Frau des Jägers». Über ihre langjährigen empirischen Studien in Afrika hat sie ein Sachbuch über die Kung-Buschmänner im südwestlichen Afrika geschrieben.

Elizabeth Marshall Thomas

Das geheime Leben der Katzen

Deutsch von Sabine Hübner

Illustrationen von
Jared Taylor Williams

rororo
Rowohlt

Veröffentlicht im
Rowohlt Taschenbuch Verlag GmbH,
Reinbek bei Hamburg, August 1997

Die Originalausgabe erschien 1994 unter dem Titel
«The Tribe of Tiger. Cats and Their Culture»
bei Simon & Schuster, New York

Umschlaggestaltung Susanne Müller
(Foto: IFA-Bilderteam-Köpfle)
Gesamtherstellung Clausen & Bosse, Leck
Printed in Germany
1490-ISBN 3 499 60343 8

Für Stephanie, für Ramsay

Einleitung

An einem Sommerabend sahen mein Mann und ich von unserem Haus in New Hampshire aus zu unserer Verblüffung zwei Rehe aus dem Wald brechen und über unser Feld stürmen. Kaum hatten sie das Dickicht hinter sich gelassen, blieben sie stehen, drehten sich um und starrten, die weißen Spiegelhaare warnend gesträubt, auf etwas zurück, das sich nah am Boden befinden mußte und sie anscheinend ebenso verwirrte wie erschreckte. Während wir laut überlegten, was die Rehe wohl bedrohen mochte, schoß zu unserem Erstaunen unser eigener Kater aus dem Gebüsch, Ohren und Schwanz aufgestellt, Pfoten gestreckt, Krallen ausgefahren. Die Rehe flohen, und der Kater, der enttäuscht zu Boden plumpste, sah ihnen nach, bis sie außer Sicht waren.

Unser Kater war damals gerade zwei Jahre alt. Er wog sieben Pfund und hatte eine Schulterhöhe von zwanzig Zentimetern, im Gegensatz zu seinen beiden potentiellen Opfern, von denen jedes über hundert Pfund wog und eine Schulterhöhe von neunzig Zentimetern aufwies. Und doch schien er sich nicht im geringsten um den Größenunterschied und die Schwierigkeit des Unterfangens zu scheren. Wir merkten, daß wir ihn nicht richtig gekannt hatten.

In Wahrheit gibt es nur wenige unter uns, die ihre Katzen wirklich kennen. Wenn man einmal darüber nachdenkt, sollte die Jagd höchste Priorität für sie haben. Allerdings erscheint der Jagdtrieb nicht immer als das, was er ist – manchmal tritt er in anderer Verkleidung auf. Diesen speziellen Kater hatte zum Beispiel als junges Tier ein Schneesturm in höchste Aufregung versetzt. Mit funkelnden Augen wirbelte er durch das Schneegestöber, machte Riesensätze, um die Blätter zu erhaschen, die der Wind von den Eichen riß. Außerdem fällt er über alles her, einmal sogar über einen großen Laib italienischen Brots, den mein Mann ausgepackt auf die Arbeitsfläche in der Küche gelegt hatte. Zu unserer Überraschung sprang der Kater mit einem Satz auf den Brotlaib, stellte sich mit gespreizten Beinen hin, die Krallen seitlich tief ins Brot geschlagen, und applizierte augenblicklich das, was ein Tötungsbiß in die linke Seite des «Genicks» sein sollte. Als der Laib keine Reaktion zeigte, fiel der Kater über ihn her, zerfetzte ihn mit den Krallen und brachte ihm überall tiefe Bisse bei. Der Laib ignorierte ihn nach wie vor. Plötzlich hielt der Kater inne, starrte auf seine flach hingestreckte Beute und begann, da er vielleicht dachte, der Laib sei tot, schnell um ihn herumzuscharren, als bedecke er ihn mit Blättern, so wie Wildkatzen die Reste großer Beutetiere vor Rivalen schützen.

Doch in der Küche gab es weder Blätter noch Rivalen.

Der Kater verwarf den Einfall, wandte sich wieder um, fuhr zweimal mit der Schnauze über den Laib, einmal auf der linken und einmal auf der rechten Seite. Dann sprang er auf den Boden und spazierte ohne alle Zeichen von Verwirrung oder Verlegenheit aus dem Zimmer, mit hocherhobenem Kopf und Schwanz. Später fotografierte ich den malträtierten Brotlaib, dessen «Hals» immer noch den Tötungsbiß aufwies – genau an der Stelle, wo Feldstudien zufolge die meisten menschenfressenden Tiger, wie etwa die in den Sundarbans im Ganges-Delta, ihre Opfer packen.

Unser Kater hat einen Tigernamen, Rajah (in fast jedem Zoo oder Zirkus gibt es einen Tiger namens Rajah), und war früher wegen seines Interesses an Vögeln Rajah Tory Peterson gerufen worden. Als sich jedoch zeigte, daß er gewillt war, vom Reh bis zum Brotlaib alles zu jagen, verzichteten wir auf die Nachnamen. Später wurde klar, daß Rajah nicht die einzige Katze in der Gegend war, die so begeistert jagte – knapp fünf Meilen von unserem Haus entfernt leben andere Katzen, die ebenfalls Wild jagen, und zwar schon so lange, daß das hiesige Wild gar keine Angst mehr vor ihnen hat. Beim Anblick der Katzen, die aus dem hohen Gras zu ihnen emporstarren, beginnen die Tiere zwar zu stampfen und zornige Warnpfiffe auszustoßen, aber vergeblich. Kaum senken sie den Kopf, um weiterzuäsen, schleichen die wildentschlossenen Jäger näher.

Wie Rajah werden auch all die anderen Katzen von ihren Besitzern, bei denen sie leben und deren Liebe sie erwidern, umsorgt. Nicht eine dieser Katzen muß sich ihr Futter selber fangen. Wie läßt sich dann der Jagdtrieb erklären? Die Antwort auf diese Frage ist Thema dieses Buchs – einer Geschichte der Katzen und der Katzensippe.

TEIL EINS

Das Tier

Bei der Geschichte der Katzen geht es in der Hauptsache um Fleisch. Sie beginnt mit dem Aussterben der Dinosaurier. Vor ihrem rätselhaften Verschwinden hatten die Dinosaurier es zu einer Art Meisterschaft in der Kunst des Fleischfressens gebracht. Diese Kunst begann einfach genug, fast mit dem Leben selbst, als den ersten Schwärmen kleiner Wassertiere kaum etwas anderes übrigblieb, als sich gegenseitig aufzufressen. Für jene schwimmenden Wesen der Urzeit waren Pflanzen, wie wir sie kennen, keine Alternative, da es noch keine Pflanzen gab. Als das Leben komplizierter wurde, wurde auch das Jagen und Fleischfressen komplizierter. Die meisten Wirbeltiere waren Fleischfresser – und sicherlich fraßen die meisten Fische andere Fische, ebenso wie die ersten Amphibien, von denen sich wiederum die in dieser Zeit in Erscheinung tretenden Reptilien ernährten.

Während Perm und Trias verdrängten Raubechsen die meisten ihrer fleischfressenden Vorfahren und beendeten die lange Herrschaft der großen fleischfressenden Amphibien. Ab dem Jura liefen selbst die größten Dinosaurier Gefahr, von Raubechsen getötet zu werden, und weitere Dinosaurier warteten nur darauf, die Reste zu vertilgen. Die Säugetiere hatten keine Chance, sich in irgendeiner Form zur Wehr zu setzen. Und so kam es, daß das Verschwinden der Dinosaurier, nach hundertdreißig Millionen Jahren sehr erfolgreichen raubtierhaften Verhaltens, eine höchst ungewöhnliche Situation hinterließ – eine Welt, in der es abermals keine fleischfressenden Tiere nennenswerter Größe gab.

Selbst in einem so kurz zurückliegenden Zeitraum wie dem Paläozän, vor fünfundsechzig Millionen Jahren, hätte man nur zwei Gruppen von Säugetieren als Karnivoren bezeichnen können, und nach heutigen Maßstäben, oder sogar den hohen Maßstäben der fleischfressenden Dinosaurier, hätte keine dieser Gruppen besonders für die Jagd getaugt. Die sogenannten Kreodonten, die die erste Gruppe bildeten, waren vermutlich Aasfresser und konnten sich nur langsam fortbewegen, und die sogenannten Miasziden, die die zweite Gruppe, Vorläufer der heutigen Karnivoren, bildeten, waren meist sehr klein und wahrscheinlich auf Insekten spezialisiert. Mit anderen Worten: beide Gruppen behielten, trotz der neuen Situation, ihr Freßverhalten aus der Zeit der Dinosaurier bei.

Und so konnten die Millionen riesiger, behaarter, mit Milch großgezogener Tiere bald unbehelligt die von den Dinosauriern hinterlassenen fruchtbaren Wälder durchstreifen und ohne allzu große Angst vor Raubtieren Bäume und Büsche kahlfressen. Die ersten Herbivoren wurden zu großen, sich träge fortbewegenden Nahrungsdepots, die sie am Ende nicht einmal mehr selbst ignorieren konnten. Einige von ihnen, unter anderem ein gewaltiges schweineähnliches, stiergroßes Tier namens *Andrewsarchus* wandten sich vom Laub dem Fleisch zu. Das größte fleischfressende Säugetier, das je an Land gelebt hat, dieser fleischfressende Minotaurus, war vermutlich nicht so wählerisch wie echte Karnivoren – zum Beispiel Hund, Katze oder Wiesel – und muß das furchterregendste Raubtier aller Zeiten gewesen sein.

Nach allen Regeln der Logik hätten sich auch die Kreodonten weiterentwickeln müssen, um das riesige Fleischangebot besser auswerten zu können. Überraschenderweise ging ihre Zahl jedoch zurück. Daß sie schließlich ausstarben, ist rätselhaft – nicht nur, weil manche inzwischen so groß wie Bären und damit viel stärker waren als die insektenfressenden Rivalen, sondern auch, weil sie im Begriff standen, größere Gehirne und eine schnellere Gangart zu entwickeln. Trotzdem verschwanden sie.

Und so tat sich der Weg für die heutigen Karnivoren auf. Ermutigt von den phantastischen Möglichkeiten und ohne Rivalen wurden die einst kleinen Insektenfresser größer und veränderten sich. Ihnen entsprangen zwei Linien, die man unter der Bezeichnung Vulpinae oder Fuchsartige und Viverridae oder Mungoartige kennt. (Lateinkundige sollten die Tatsache, daß *viovrra* Frettchen bedeutet, schlicht ignorieren, da das Frettchen keineswegs zu den Mungos, sondern zu den Wieseln zählt und wie die Hunde zur Klasse der Füchse gehört. Ebenfalls am besten ignorieren sollte man, daß *viverra* von *wer* kommt, der indogermanischen Wurzel für Eichhörnchen. Eichhörnchen sind natürlich keine Karnivoren und kommen in dieser

Geschichte höchstens als Beute vor.) Während des Oligozäns entwickelten sich Tiere, die zur Klasse der Füchse gehörten, allmählich zu Hunden, Bären, Waschbären und Wieseln. Aus manchen Mungoartigen wurden die heutigen Mungos, Hyänen und Katzen.

Während diese neuen Karnivoren auf den Ebenen und in den Wäldern jagten – im Miozän als Walrosse, Seelöwen und Robben auch im Meer –, sicherten sich viele der Fuchsartigen einen Platz im Mittelfeld der Evolution. Obwohl sie Fleischfresser waren, wandten sie sich wohl allmählich von der ausschließlichen Insektennahrung ab und ernährten sich auch von Pflanzen. Schließlich sind Insekten und Pflanzen so eng miteinander verbunden, daß man sie fast als zwei Seiten derselben Sache bezeichnen kann, sie gehören zusammen wie Bohnen und Frankfurter Würstchen, und so kann es leicht passieren, daß man mit dem einen versehentlich auch etwas vom anderen erwischt, vor allem, wenn man ein großes Maul hat. Wenn man, wie die meisten Tiere, nicht mit den Händen ißt, sondern nach dem gewünschten Insekt direkt mit dem Maul schnappen muß, läßt es sich manchmal nicht vermeiden, daß man die Pflanze abbeißt, auf der es saß. Umgekehrt kaut man, wenn man die Pflanze ißt, oft versehentlich ein paar Insekten mit. (Angeblich läßt sich kaum ein Unterschied feststellen. Ein Mann, der ebenso verzweifelt wie erfolglos versuchte, eine Frau durch den Verzehr einer Raupe zu beeindrucken, sagte später, die Raupe habe genau wie die Pflanze geschmeckt, auf der sie gesessen hatte.)

Für die frühen Fuchsartigen erwies sich die Fähigkeit, Pflanzen zu fressen, in Zeiten der Fleischknappheit als sehr hilfreich. Heute können manche dieser Tiere – die Waschbären und Bären zum Beispiel – fast alles fressen. So ist es ihnen möglich, eine Vielfalt von Lebensräumen auszubeuten. Andere, wie die Hunde und die heutigen Füchse, können einen Schwund ihres gewohnten Nahrungsangebots dadurch kompensieren, daß sie zur Abwechslung auch Früchte, Gemüse, Insekten und andere Nahrungsmittel fressen. Ein sehr frühes Mitglied der Bärenfamilie, der bambusfressende Riesenpanda, ist direkt durch das Fleischfressen wieder zum Vegetarismus gekommen und somit paradoxerweise ein pflanzenfressender Karnivore geworden.

Die Katzen jedoch gingen einen riskanteren Weg. Im allgemeinen fressen die Abkömmlinge der Mungoartigen weniger Pflanzen als die Abkömmlinge der Fuchsartigen, und Katzen fressen fast gar keine Pflanzen. Eine Katze frißt den Speisebrei im Magen eines Beutetiers, knabbert zur Entspannung etwas Katzenminze, kaut vitaminreiche Blätter oder schluckt zur Entschlackung ein paar scharfe Grashalme, aber Katzen können aus diesen oder anderen Pflanzen nicht genügend Nährstoffe ziehen. Wohlmeinenden menschlichen Vegetariern zum Trotz müssen Katzen tierisches Eiweiß fressen, sonst bauen sie allmählich ab und verhungern schließlich. Der bequeme Mittelweg, am einen Tag Fleisch zu fressen und am nächsten Tag Beeren, kommt für Katzen nicht in Frage, und Aas ebenfalls nicht. Der Speiseplan der Katzen enthält eigentlich nur selbst- oder von der Mutter erbeutetes frisches Fleisch. Die Katzen haben sich für das Extrem entschieden.

Im Extrem zu überleben ist nicht leicht. Katzen finden ihre Nahrung nicht an den Zweigspitzen, wo sie duftend in der Sonne hängt und nur darauf wartet, verschlungen zu werden. Schließlich belohnt die Pflanze mit ihren Früchten jeden, der bereit ist, ihre Samen zu verschlucken, die Hülle aufzuweichen und sie irgendwo abzulegen – sicher in Dünger verpackt und so weit von der Mutterpflanze entfernt, daß kein Kampf um die Existenz beginnt. Im Gegensatz dazu empfindet die Beute der Katze Angst und hat sich dem eigenen Überleben verschrieben. Sie ist intelligent, tapfer, schnell, oft gut bewaffnet und manchmal viel größer als die Katze selbst. Um im Extrem zu überleben, mußten die Katzen sehr geschickte Jäger werden.

Und das wurden sie. Mit der Jagd ist die Katze fast von Geburt an beschäftigt. Wenn Kätzchen spielen, handelt es sich um nichts anderes als Jagdverhalten. Da eine Katze zwar jagen kann, ohne zu fressen, aber nicht fressen kann, ohne zu jagen, bedeutet Jagd für Katzen Leben, und zwar in einem solchen Maß, daß die Jagd selbst wichtiger ist als das daraus resultierende Futter. Einer unserer Kater, seines unstillbaren Jagdtriebs wegen Orion genannt (und auch deshalb, weil es wie «Orion» klang, wenn er seinen lauten, weithin hörbaren Ruf ausstieß), schleppte uns in einem einzigen Sommer nicht weniger als dreißig Chipmunks ins Haus. Mit hocherhobenem Kopf, energischem Schritt, das Chipmunk mit den Pfoten voraus im Maul, kam Orion ins Wohnzimmer geeilt, setzte sein Opfer ab und trat einen Schritt zurück.

Kaum hatte es die Orientierung zurückgewonnen, versuchte das arme Tier natürlich zu fliehen, und Orion jagte es durch sämtliche Zimmer. Die Katze auf den Fersen rannte das Chipmunk Vorhänge und Treppen rauf und runter, über die Betten, unters Sofa, über den Küchentisch, durch den Ausguß und in den Vorraum hinaus. Wenn mein Mann und ich das hörten, jagten wir natürlich mit, in der Hoffnung, außer dem Chipmunk auch unsere Einrichtung zu retten. Obwohl es uns fast jedesmal gelang, das Chipmunk zu fangen und freizulassen und Orion damit um Spaß und Beute zu bringen, schien er unsere Mitwirkung zu genießen. Vielleicht, weil dadurch alles noch aufregender wurde, vielleicht, weil Hauskatzen (im Gegensatz zur weitverbreiteten Ansicht) tatsächlich gemeinsam jagen, wenn sich die Gelegenheit ergibt. Es funktioniert zwar nicht so gut wie bei den Löwen, aber doch bis zu einem gewissen Grad – eine Praxis, die sich anscheinend aus der Anlage der jungen Kätzchen entwickelt, ihrer Mutter bei der Jagd zu folgen und so gut es geht mitzumachen. Auf jeden Fall brachte Orion, vielleicht weil er auf unsere Mitwirkung hoffte, immer wieder Chipmunks ins Haus, bis uns das Klappern der Katzentür verleidet war, weil wir genau wußten, was darauf folgte.

Interessant ist, daß unsere Gegend die dreißig von Orion gefangenen Chipmunks eigentlich nicht hergab. In unseren Wäldern und Steinmauern lebten vielleicht zehn bis zwölf. Dies bedeutete, daß Orion manche Chipmunks zwei- oder dreimal fing. Eines der Chipmunks büßte seinen Schwanz ein, zwei wurden durch Orions rücksichtslose Spiele leicht verletzt, aber nur drei seiner Opfer starben. Und das nicht etwa mangels Jagdbegabung auf seiten des Großen Orion, der diesen Sport einen Sommer lang betrieb und dann aufgab – aus persönlichen Gründen und nicht, weil es an Chipmunks gemangelt hätte.

War er grausam gewesen? Nach menschlichen Maßstäben ja. Aber menschliche Maßstäbe bedeuten Katzen wenig.

Außerdem sind Chipmunks, so unglaublich es scheint, ebenfalls Jäger – natürlich nicht so geschickt wie Katzen, aber genauso grausam. Als eines der oben erwähnten Chipmunks einmal einen Waldfrosch fing, verschlang es erst ein Bein und stopfte sich dann den immer noch matt zappelnden Rest in die Backentaschen. Da der Frosch fast halb so groß war wie das Chipmunk, paßte er nicht recht hinein. Und so mußte sich das Chipmunk den sterbenden Frosch drei- oder viermal aus dem Maul ziehen, ihn umdrehen und erneut hineinstopfen. Verglichen damit kommt einem Orion, der vielleicht eben dieses Chipmunk ein oder mehrere Male gefangen hat, beinahe harmlos vor.

Quer durch die Familie der Katzen vermögen viele Tiere ohne jede Erfahrung oder Erziehung zu töten, im Gegensatz zu dem weitverbreiteten Glauben, das Töten werde den Jungen von den Müttern (nicht jedoch von den Vätern) beigebracht. Katzenmütter sind sicherlich Lehrmeisterinnen, aber was genau sie ihre Jungen lehren, wissen zumindest wir Menschen noch nicht. Einem Pumaweibchen zum Beispiel wurde von seinen Besitzern, die ihren Puma beim Töten filmen wollten, ein bedauernswerter junger Elch in den Käfig geschoben, den man verletzt am Straßenrand gefunden hatte. Und obwohl das Pumaweibchen im Zoo geboren worden war und keine Ahnung vom Leben in der Wildnis hatte, tötete es den Elch sofort.

Noch aufschlußreicher ist vielleicht der Bericht über ein Pumaweibchen namens Ruby, die in einer Pelzfarm geboren und von ihrer heutigen Besitzerin, der Naturschutzbiologin Lissie Gilmour, als kleines Kätzchen gerettet wurde. Bis auf ihre ersten Lebenswochen hatte Ruby ständig bei Lissa in Colorado gelebt und war aus der Sicht eines Pumas völlig ungebildet. Und so beeindruckte uns die Entdeckung, wie viele Jagdkenntnisse bereits in Rubys Kopf gespeichert waren.

Eines Abends hielt Lissa im naturgeschichtlichen Museum von Denver einen Vortrag über den Puma. Im Anschluß an die Dia-Vorführung war ein Auftritt Rubys geplant. Freunde hatten versprochen, sie zu beschäftigen, bis es soweit war, und sie dann in den Vortragssaal zu bringen. Das taten die hilfsbereiten Leute auch, und Ruby, durch Halsband und Leine gezügelt, trottete geduldig neben ihnen her durch die dunklen, menschenleeren Korridore des Museums. Plötzlich sah sie in einem der Dioramen einen ausgestopften Hirsch. Sofort riß sie ihrem Betreuer die Leine aus der Hand und sprang den Hirsch an. Da sie aber leider in die Scheibe krachte und auf den Boden plumpste, muß es für sie ein recht verwirrendes Erlebnis gewesen sein. Für uns aber war es sehr aufschlußreich, da Ruby so etwas noch nie zuvor getan hatte. Sie hatte noch nie gesehen, wie ein Tier getötet wurde, geschweige denn ein Hirsch. Darüber hinaus hatte der Museums-Hirsch ganz sicher weder Anstalten zum Angriff gemacht, noch Lockrufe ausgestoßen oder Gerüche verströmt. Nein – Rubys sichere, heftige Reaktion hatte sich nur auf sein äußeres Erscheinungsbild bezogen.

Diese Episoden zeigen etwas Wichtiges – daß der

Drang, Fleisch zu fressen, tief in der Natur der Katze verwurzelt ist. Daß alle Katzen ausschließlich Fleisch fressen, erklärt viel: von der Tatsache, daß es bis auf Größe und Tarnzeichnung zwischen den zweiunddreißig Arten der Familie kaum Unterschiede gibt, bis zu dem Umstand, daß sie zur Markierung selten Fäkalien benutzen, sondern meist Urin verspritzen.

Mit einem Wort, Katzen ähneln sich deshalb, weil sie bisher keinen Grund zur Veränderung hatten. Seit der luchsartigen Urkatze des Miozäns, von der die heutigen Katzen abstammen, bestand für Katzen keinerlei Notwendigkeit, sich körperlich oder was die Ernährung betrifft einschneidenden Klimaveränderungen anzupassen. Warum nicht? Weil sich an der Ernährung der Katzen im Gegensatz zu der anderer Tiere nichts geändert hat. Der vegetarische Speiseplan enthielt alles von Bananen bis zu Pekannüssen, von Meeresalgen bis zu Eukalyptusblättern – Dinge, die so unterschiedlich sind, daß auch völlig unterschiedliche Organismen nötig waren, um sie zu finden, zu kauen und zu verdauen, wogegen der Katzenspeiseplan nur ein einziges Nahrungsmittel enthielt: Fleisch. Vom Standpunkt einer Katze aus gesehen besteht zwischen einem Vogel, der Kirschen frißt, einem Fisch, der Algen frißt, und einer Giraffe, die Akaziendornen frißt, nur ein rein quantitativer Unterschied. In allen drei Fällen handelt es sich um Fleisch, und eine Katze kann von allen profitieren, wenn sie sie erwischt. Und so kam es, daß die Katzen – während die Gletscher entstanden und vergingen und die Pflanzenfresser allen Widrigkeiten zum Trotz versuchten, neue Pflanzen zu verdauen und sich an umwälzende globale Veränderungen anzupassen – einfach weiterjagten und sich auf alles stürzten, was sich in die nächste Epoche hatte hinüberretten können. Der geschmeidige Katzenkörper, der schon erfolgreich im Pliozän jagte, jagt heute noch ebenso erfolgreich.

Folglich hat das Fleischfressen den Körper der Katzen geformt, angefangen beim Maul mit den dolchartigen Eckzähnen, mit deren Hilfe sie ihr Opfer festhalten können, und den kräftigen, dreieckigen Backenzähnen, die das Rückgrat des Opfers zermalmen und sein Fleisch zum Verschlingen in mundgerechte Bissen zerkleinern. Das Fleischfressen ist auch der Grund dafür, daß die Katze einen so kurzen Darm hat, da Fleisch leicht verdaulich ist und keinen langen, schweren Darm erfordert, der die Katze durch sein Gewicht niederdrücken und eine rasche Beschleunigung verhindern würde – eine elementare Voraussetzung für den Jagdstil der Katzen, der in Anschleichen und Springen besteht. Das Fleischfressen erklärt die kurze Verdauungszeit, die rasche Passage der Nahrung und die Tatsache, daß der Kot Nahrungsreste enthält, weshalb Hunde in Katzenstreu wühlen und Katzen zur Markierung ihren Urin versprühen. Ein Spritzer ist zwar nicht so gut sichtbar wie ein Kothäufchen, aber zumindest ist er bei der Rückkehr des Besitzers noch da. Und schließlich läßt sich damit sogar erklären, warum Kater ihren Penis drehen können. So wie ein Gärtner Rosen spritzt, kann ein Kater seinen Urin aufwärts spritzen und die Unterseiten der Blätter benetzen, wo andere Katzen ihn finden und der Regen ihn nicht wegwäscht.

Das Allerwichtigste am Fleischfressen ist jedoch der Umstand, daß es zumindest einige der Emotionen von Katzen erklärt. Viele Gefühlsäußerungen von Katzen scheinen eng mit dem Fang lebender Beute verknüpft zu sein. Eine erregte, glückliche oder sehr erleichterte Katze belauert und attackiert alles, was ihr Spaß macht – dies sollte man bedenken, bevor man eine große Katze völlig aufpeitscht.

Einmal entwischte Ruby in einer mondlosen Nacht, als Lissa ausgegangen war, aus ihrem Käfig. In Freiheit auf dem abgelegenen Grundstück hoch in den Colorado Rockies muß sich Ruby ängstlich und unsicher gefühlt haben, während sie auf Lissa wartete, die alles in Ordnung bringen würde. Als Ruby Lissas Wagen hörte, kauerte sie sich nieder, und als Lissa sich durch die fast prähistorische Dunkelheit tastete, die ihre Gebirgsfestung umgibt, sprang die glückliche Ruby sie von hinten an und riß sie zu Boden. Auf diese Weise drückte sie ihre Erleichterung aus.

Ich habe hin und wieder ähnliche Vorfälle erlebt. Am meisten rührte mich eine Tigerin, die an einem sehr heißen Tag hinter den Kulissen eines Freiluftzirkus ihre Version eines typischen Raubtiertraums vorführte. Je näher der Dompteur kam, desto aufgeregter wurde die Tigerin, rannte durch den Käfig und drehte sich im Kreis. Plötzlich hielt sie inne und kauerte sich rasch hinter eine massive Trennwand ihres Käfigs. Als der Dompteur die Trennwand passierte, sprang ihn die Tigerin mit ausgefahrenen Krallen an. Besonders bewegte mich der Umstand, daß der Dompteur gar nicht zum Füttern gekommen war, sondern um die Tigerin zur Kühlung mit einem Wasserschlauch abzuspritzen, und das wußte sie auch.

Nicht die Aussicht auf Futter, sondern auf kühles Wasser und das Vergnügen, darin herumzutollen, hatte die Tigerin in solche Erregung versetzt, daß sie sich aus einem Hinterhalt springen sah. Daß ihre Erregung darin gipfelte, ihren Trainer anzufallen – was ohne die Gitterstäbe sicher passiert wäre –, ist für einen Fleischfresser eben typisch.

Umgekehrt kann ein überzeugter Fleischfresser seiner Beute mit Zärtlichkeit, ja sogar Dankbarkeit begegnen – eine ergreifende und absolut angemessene Empfindung für ein Tier, dessen einzige Nahrungsquelle tierisches Protein ist. Zumindest könnten wir diese Empfindung so deuten, da der Mensch in vielen Gesellschaften genauso handelt, wenn er einem zu Nahrungszwecken erlegten Tier mit Ehrfurcht und Dankbarkeit begegnet. Einmal wurde ich zufällig Zeuge einer zärtlichen Szene in der afrikanischen Savanne, als ein Löwe und einige Löwinnen ein Kuduweibchen rissen. Der Löwe nahm den verletzten, aber nicht zerschmetterten Kopf so zwischen die Tatzen, daß ihm das Gesicht zugewandt war, und leckte dem Kuduweibchen langsam und zärtlich Wangen und Augen. Es war, als lecke er es sauber, als sei es ein anderer Löwe, den er liebte. Die Totenstarre hatte noch nicht eingesetzt – unter der Zunge des Löwen öffneten und schlossen sich die Augenlider, als wäre das Tier lebendig. Ein junger Löwe schob sich unterm Ellbogen seines Vaters hindurch und half, das Gesicht des Kudus zu waschen.

Fast noch anrührender war eine Szene, die vor einigen Jahren im Fernsehen gesendet wurde. Durch ein so langes Objektiv gefilmt, daß das weit entfernte Bild eindimensional und bläulich wirkte, sah man einen riesigen Puma, der offensichtlich gerade ein großes männliches Dickhornschaf gerissen hatte. Das Schaf lag tot auf der linken

Seite. Der Puma hatte sich in voller Länge ausgestreckt, sah dem Schaf einen Moment lang zärtlich in die Augen und tätschelte ihm sanft mit der Pfote das Gesicht, wie es ein junges Kätzchen bei seiner Mutter tut.

Und schließlich erklärt einzig und allein das Fleischfressen den Sinn der Katzen für Spaß und Spiel. Immer wenn Katzen spielen und herumtollen, handelt es sich um eine Simulation der Jagd – ob sie nach Spielzeug, den Pfoten anderer Katzen oder nach lebender Beute schnappen. Unsere drei Katzen schleppen lebendige Beutetiere ins Haus, um sie wieder freizulassen und zu jagen, allein oder gemeinsam. Wenn wir sehen, wie drei Katzen nebeneinander gekauert unter einen Heizkörper oder ein Bücherregal spähen, wissen wir, was wir dort finden werden. Das gleiche gilt, wenn wir nachts unter Krach und Gepolter mehrere Tiere durchs dunkle Haus rennen hören. Da mein Mann und ich dem Jagdtrieb der Katzen großes Verständnis entgegenbringen, befestigen wir zwar die Vogelhäuschen sehr weit oben, mischen uns ansonsten jedoch nicht ein, solange sie draußen jagen. Trotzdem schmerzt es, mit anzusehen, wie sie ihre Beute quälen, und wenn eine der Katzen mit hocherhobenem Kopf und prall gefülltem Maul ins Haus kommt, retten wir ihr Opfer.

In Anbetracht der großen Ähnlichkeiten im Verhalten der verschiedenen Katzenarten und in Anbetracht der vielen automatischen Handlungsabläufe scheint es paradox, daß Katzen so viel Individualität zeigen. Obwohl schon jeder Katzenliebhaber erstaunliche Beobachtungen gemacht hat, steuere ich hier ein paar meiner eigenen bei, vor allem deshalb, weil es imposante Beispiele für ein Verhalten sind, das nicht vorprogrammiert sein kann. Manche Katzen verstehen zum Beispiel, was ihre Besitzer empfinden – oder anders ausgedrückt, vielleicht verstehen viele Katzen, was ihre Besitzer empfinden, aber einige Katzen scheinen diese Empfindungen beeinflussen zu wollen. Ich habe von einer Katze gehört, die ihr Frauchen erschöpft weinend auf dem Bett vorfand und sich in folgender Weise neben sie legte: Sie schmiegte sich mit dem Bauch an das Gesicht der Frau, legte ihr die Pfoten um den Kopf und umfing ihn, wie sie es bei einem jungen Kätzchen getan hätte.

Katzen scheinen auch zu verstehen, wozu Menschen bestimmte Gegenstände benutzen. Eine unserer Katzen, die Mäuse und Vögel ins Haus bringt, hat ihre Opfer schon einige Male auf Teller oder in Schüsseln gelegt. Viele Katzen wissen, wofür Türklinken da sind, und können sie benutzen. Und anders als Hunde, die bekanntermaßen dazu neigen, Toiletten als Trinkbrunnen zu betrachten, begreifen viele Katzen, wofür Menschen die Toilette benutzen, und haben oft sogar eine Technik entwickelt, aufs Klo zu gehen, ohne hineinzuplumpsen.

Hauskatzen sind nicht die einzigen Katzen mit solchen Fähigkeiten. Pumas besitzen sie offenbar auch. Eines Abends, wieder im naturhistorischen Museum von Denver, brachte Lissa Ruby aus ihrem Käfig in den Vortragssaal. Als sie unterwegs an der Damentoilette vorbeikamen, zerrte Ruby so heftig an der Leine, daß Lissy annahm, sie wolle aus einer Toilettenschüssel trinken, und mit ihr hineinging. Drinnen zwängte sich Ruby jedoch in ein Abteil, kletterte auf den Toilettensitz und defäkierte – mit allen vier

Pfoten auf dem Sitz und hocherhobenem Schwanz – in die Kloschüssel. Was für eine Katze!

Meine Großmutter, Bessie Merrill, hatte als junge Frau ein ähnliches Erlebnis. Zum Entzücken der Familienmitglieder benutzte ihre Katze häufig die Toilette. Da Sanitärinstallationen in Wohnungen damals noch relativ neu waren und Toiletten als zu intim galten, um öffentlich darüber zu reden, drang die Kunde vom Talent dieser Katze nicht über den engsten Familienkreis hinaus. Wenn meine eigenen Katzen so etwas täten, würde ich es schamlos überall herumerzählen, aber sie beherrschen die Technik, mit hochgerecktem Schwanz auf dem Sitz zu stehen, Vorderpfoten beieinander, Hinterpfoten gespreizt, noch nicht so recht. Aber immerhin wissen sie, was eine Toilette ist, und erleichtern sich gelegentlich in der Nähe des Sockels. Besonders bemerkenswert ist diese Eigenschaft der Katzen im Licht der Tatsache, daß Katzen in der Wildnis anscheinend keine festen Plätze haben, auf denen alle Katzen der Umgebung ihr Geschäft verrichten. Katzen verspritzen zwar ihren Urin dort, wo dies bereits andere Katzen getan haben, oder im selben Gebiet, aber dies dient zur Markierung des Reviers. Katzen benutzen die Toiletten der Menschen auch über den herkömmlichen Gebrauch hinaus. Unsere Katzen zum Beispiel klammern sich am Sitz fest, beugen sich hinunter und trinken aus der Schüssel. Die Katze unseres Sohnes wiederum tunkt ihre linke Pfote in die Schüssel, während sie sich mit den anderen am Sitz festklammert, und leckt das Wasser von der Pfote. Wenn sie fertig ist, springt sie auf den Boden, schüttelt die Pfote trocken und läuft weg.

Und schließlich verstehen Katzen viele Worte ihrer Besitzer, obwohl es oft nicht den Anschein hat. Ich konnte das zufällig beobachten, als meine schwarze Katze Wicca auf meinem Computer schlief. Während ihr Körper die Wärme des Monitors absorbierte, baumelte ihr Schwanz vor dem Bildschirm. «Dein Schwanz, Wicca», sagte ich dann immer und schob ihn weg. Eines Tages läutete in dem Moment, als ich «Dein Schwanz» sagte, das Telefon. Falsch verbunden. Als ich zurückkam, um mir freie Sicht auf den Bildschirm zu verschaffen, hatte Wicca zu meiner Überraschung ihren Schwanz eingezogen. Beim nächstenmal berührte ich ihn nicht, sondern äußerte nur meine Bitte. Mit geschlossenen Augen, als schlafe sie tief, ringelte Wicca den Schwanz um ihren Körper. Und von da an reichte es, wenn ich einfach sagte: «Dein Schwanz.»

Wicca, die sich auf die Vogeljagd spezialisiert hatte, kam auf tragische Weise in den Klauen einer großen Ohreule ums Leben. Eine ihrer Nachfolgerinnen ist eine Katze namens Christmas, die ebenfalls auf meinem Monitor schläft und ebenfalls den Schwanz herunterhängen läßt. Zu meiner Überraschung stellte sich heraus, daß Wicca nicht die einzige Katze gewesen war, die die Bedeutung von Worten verstand. Auch Christmas zieht manchmal auf meine Bitte ihren Schwanz hoch. Allerdings scheint Christmas etwas dafür zu wollen, daß sie mir einen so großen Gefallen erweist. Sie fährt die Krallen aus, packt mit beiden Pfoten meine Hand und zieht sie an ihren Kopf, damit ich sie kraulen kann.

Und schließlich wären noch die Taten eines Katers namens Wazo zu erwähnen, der in Massachusetts bei meiner Freundin Margie Born lebt. Als intelligenter, reifer Kater interessiert sich Wazo für Hunde, die er manipuliert. Wie in vielen Haushalten mit Hunden und Katzen wird Wazo auf dem Kühlschrank gefüttert, damit ihm die Hunde nicht alles wegfressen. Wenn er frißt, äugen die Hunde zu ihm hinauf.

Von Zeit zu Zeit pickt er ein Bröckchen heraus, legt es an die Kühlschrankkante und schnipst es mit der Pfote hinunter. Auf dem Boden findet es dann einer der Hunde und frißt es auf. Einmal fütterte Wazo sie auch aus Bonbonschüsseln, die auf dem Tisch stehengeblieben waren, aber seiner Ansicht nach waren Bonbons nur etwas für Hunde. Er selbst fraß nichts davon, obwohl die Hunde die Bonbons mit dem Papier verschlangen.

Allerdings enthält die Beziehung einen Aspekt der Gegenseitigkeit. Wazo ist ein sehr revierbewußter Kater, der Eindringlinge haßt. Trotzdem treiben sich in seinem Bezirk viele andere Katzen herum. Wenn eine in seinen Garten eindringt, läuft Wazo ins Haus und schafft es irgendwie, den Hunden die Ankunft eines Rivalen mitzuteilen, die dann prompt aus der Tür gestürzt kommen und den Fremden verjagen. Margie weiß nicht, wie ihr Kater den Hunden sein Problem mitteilt – aber er teilt es ihnen mit. Im Nu sind die Hunde im Garten und die fremden Katzen verschwunden.

Die meisten Katzenarten hat man natürlich nie studiert, aber da so auffallend unterschiedliche Katzen wie Tiger, Pumas und Hauskatzen einen so erstaunlichen Grad von Individualität zeigen, liegt der Gedanke nahe, daß dies auch auf andere Katzenarten zutrifft. Als hätte Gaia zu den Katzen gesagt: So, ihr Hübschen – die Informationen, die ihr braucht, um zu jagen, zu kämpfen, zu maunzen, auf der Hut zu sein, euch zu paaren und Junge großzuziehen, sind sicher in eurem Hinterkopf verwahrt. Spart euch euer Vorderhirn für phantasievolle Einfälle; nutzt euren Verstand zu eurem und meinem Vergnügen.

Wissenschaftler unterteilen die Familie der Katzen manchmal in zwei Klassen, Großkatzen und Kleinkatzen. Die Großkatzen sind die Löwen, Tiger, Jaguare, Leoparden, Schneeleoparden und Nebelparder. Unter Kleinkatzen laufen die übrigen achtundzwanzig Arten. Doch worauf beruht die Unterteilung in groß und klein?

Offenbar nicht auf der Größe, denn die kleinste der Großkatzen, der Nebelparder, ist kleiner als die größte der Kleinkatzen, der Puma. Und auch nicht auf der alten Weisheit, daß Großkatzen nicht schnurren und Kleinkatzen nicht brüllen können. Gut, vielleicht können Kleinkatzen nicht brüllen, da ihnen die Körpermasse fehlt und an ihrer Zungenwurzel nur ein ganz normaler Knochen, das Zungenbein, sitzt, wo Großkatzen einen beweglichen Knorpel haben, der wahrscheinlich zur Erzeugung der ohrenbetäubenden Schwingung beiträgt. Daß aber Großkatzen schnurren oder brummen, steht fest. Leoparden schnurren ganz gewiß. Und ich habe einmal eine interessante Geschichte über einen schnurrenden Löwen gehört. Zugegeben, es ist eine Anekdote, und ich weiß nicht einmal mehr, von wem ich sie gehört habe, da es schon dreißig Jahre zurückliegt und mein Gedächtnis über solche Zeiträume hinweg unzuverlässig ist. Trotzdem scheue ich mich nicht, die Geschichte hier zu wiederholen. Im damaligen Protektorat Betschuanaland, dem heutigen Botswana, soll ein Löwe einen Missionar an Schulter und Genick gepackt und in den Schatten geschleift haben. Bevor die Missionsschüler den Löwen vertreiben und ihren Lehrer retten konnten, glaubte der Missionar, im Körper des Löwen ein ständiges Vibrieren wahrgenommen zu haben, das er für Schnurren hielt. Interessant war auch, daß der Missionar anscheinend weder Schmerz noch Furcht verspürte, sondern eher eine tranceartige Gleichgültigkeit, die ihm half, dieses sehr aufreibende Erlebnis zu überstehen. Man kommt nicht an der Tatsache vorbei, daß Katzen schnurren, wenn sie sehr krank sind oder große Schmerzen haben, und daß das Schnurren vermutlich mit der Ausschüttung von Endorphinen zusammenhängt. Könnte das «Schnurren» des Löwen diesen erwünschten Effekt auf den Missionar gehabt haben? Könnte es dazu dienen, die Opfer zu beruhigen? Es wäre für eine Katze sehr hilfreich, wenn ihr Opfer jede Gegenwehr aufgeben und sich seinem Schicksal ergeben würde. Daß aber die Evolution diese Reaktion fördern würde, kommt mir, gelinde gesagt, unwahrscheinlich vor.

Schnurren ist eine Form der Kommunikation. Über diese faszinierende Eigenschaft der Katzen kann nicht genug gesagt werden. Schnurren ist wahrscheinlich die erste und wichtigste Verbindung zwischen einer Mutterkatze und ihren Jungen. Während sie die Milch in den Zitzen riechen, spüren sie die Vibration und die Körperwärme und tasten sich zur Mutter hin. Kleine Kätzchen schnurren bei Menschen wahrscheinlich aus dem gleichen Grund wie bei ihren Müttern – ein beruhigendes Geräusch, das für Katzen dasselbe bedeutet wie für Menschen ein Lächeln. Interessanterweise wirkt Schnurren auf die Psyche des Menschen genauso wie ein Lächeln auf die Psyche der Katze – in diesem Fall überkreuzen sich unsere Signale und werden gegenseitig verstanden. Ebenfalls sehr interessant ist die Tatsache, daß bis jetzt niemand in der Lage war, das Schnurren zu lokalisieren. Als Richard Thoma, ein Veterinär und Katzenspezialist, es mit Hilfe eines Stethoskops versuchte, entdeckte er, daß das Geräusch überall gleich laut war. Es wurden schon verschiedene Theorien aufgestellt – eine davon lautet, das Schnurren resultiere aus Wirbelbewegungen im Blutstrom, der die Luftröhre hinauf in die Nebenhöhlen wandert. Anerkannter ist die Theorie, daß das Schnurren durch eine komplexe Wechselwirkung zwischen Kehlkopf und dem Luftdruck in der Kehle entsteht. Ein weiterer Spezialist, Richard Jakowski von der veterinärmedizinischen Abteilung der Tufts University, vermutet, das Schnurrorgan sei womöglich das Gaumensegel – jenes Ding, das sich beim Schlucken schließt, damit das Essen nicht in die Lungen kommt. Richard Jakowski hat herausgefunden, daß das Gaumensegel einer Katze viel länger ist, als es nötig wäre, wenn seine einzige Funktion darin bestünde, Luft von Nahrung zu trennen, und daß es Muskeln enthält, die der Kontrolle des Willens unterworfen sind. Mit anderen Worten, eine Katze kann ihr Gaumensegel willentlich zum Flattern bringen.*

Der Grund, weshalb allgemein angenommen wird, Großkatzen würden nicht schnurren, ist wahrscheinlich der, daß sie diese Kommunikationsform auf ihre Jungen beschränken. Da bei diesen Anlässen selten Menschen zugegen sind, wird es nicht oft beobachtet. Und keine Katze schnurrt, wenn nicht jemand in der Nähe ist, der es hört. Die Glücklichen, die schon einmal einen Löwen schnurren hörten, schildern das Geräusch als ein Brummen. Ebenso wie das Schnurren der Kleinkatzen wird auch das Brummen oder Schnurren der Großkatzen nicht im Maul, sondern in der Kehle erzeugt. Es scheint mit einem Geräusch verbunden zu sein, das manche Großkatzen bei der Begrüßung von sich geben, ein Schnauben oder Prusten, das sich wie ein leises Zischen anhört. Man kann es nachahmen, indem man Luft durch die Lippen bläst. So wie das Schnurren der Kleinkatzen leise oder laut sein kann, kann das Schnauben großer Katzen stimmhaft sein oder nicht. So wie Kleinkatzen laut schnurren, wenn sie starke Empfindungen haben oder wenn der Mensch (beziehungsweise die Katze oder ein anderes Tier), den sie anschnurren, relativ weit entfernt ist, so schnauben Großkatzen stimmhaft, wenn sie ihren Emotionen Nachdruck verleihen wollen und sich wirklich freuen, jemanden zu sehen. Unser Kater Rajah hat bemerkt, daß sein geliebtes Herrchen, mein Ehemann, ein wenig schwerhörig ist, und verstärkt sein Schnurren so lange, bis er weiß, daß mein

* *Catnip*, Newsletter of the Tufts University School of Veterinary Medicine, Band 1, Nr. 9, Dezember 1993.

Mann ihn hören kann. Man merkt schon von weitem, wenn mein Mann und der Kater zusammen sind, da das Schnurren dann besonders laut ist.

Der hauptsächliche Unterschied zwischen den geselligen Lautäußerungen der Groß- und Kleinkatzen scheint darin zu liegen, daß Großkatzen nur kurz schnauben, während Kleinkatzen endlos weiterschnurren. Die Geschichte vom Löwen und dem Missionar wird noch komplizierter durch die Tatsache, daß Löwen zur Begrüßung anscheinend nicht schnauben, sondern ein hohes, leises Stöhnen von sich geben. Drückte der Löwe, falls er tatsächlich geschnurrt hat, als er den Missionar in den Schatten schleifte, damit Dankbarkeit für das aus, was er gleich zu bekommen glaubte? Ein kurioser Gedanke – aber nicht völlig abwegig, denn wie der Puma, der das Gesicht seines Opfers tätschelte, drücken Katzen aller Größen bei der Aussicht auf Futter ihre Zufriedenheit aus.

Ein Charakteristikum, das Klein- von Großkatzen zu unterscheiden scheint, ist das Freßverhalten. Eine Kleinkatze kauert meist über ihrem Futter, alle vier Pfoten auf dem Boden, in der bekannten Haltung der Hauskatze, die aus ihrem Napf frißt. Eine Großkatze jedoch legt sich zum Fressen meistens hin und hält das Futter mit den Vorderpfoten fest. Eine Kleinkatze beginnt beim Fressen oft mit dem Kopf oder Hals des Opfers, während eine Großkatze meist an den Lenden oder am Bauch beginnt. Dennoch hat das Freßverhalten mehr mit der Größe des Beutetiers als mit der Größe der Katze zu tun – gibt man nämlich einem Tiger ein kleines Stück Fleisch, dann legt er sich meist nicht hin, sondern schnappt es sich im Vorbeigehen vom Boden oder kauert sich darüber wie eine Hauskatze. Wird ihm ein solcher Happen zugeworfen, fängt ihn der Tiger eventuell mit seinen kleinen Vorderzähnen – den Schneidezähnen – auf und schiebt sich den Bissen mit der Tatze ins Maul.

Alle Katzen neigen dazu, vor dem Fressen der Beutetiere einen Teil des Fells oder der Federn zu entfernen. Löwen und Tiger entfernen die Stacheln von Stachelschweinen, und Hauskatzen reißen Vögeln die Federn aus, und seien es nur einige der Schwanz- und Schwungfedern. Hier findet man bei Kleinkatzen einen weiteren Unterschied im Verhalten: Katzen der Neuen Welt reißen die Federn angeblich sauber aus, indem sie kräftig mit dem Kopf nach oben rucken, während die Katzen der Alten Welt die Federn mit einer schüttelnden Bewegung ausrupfen, die ihre Schnauze von Federn befreit und fast im selben Moment einsetzt, in dem ihre Lippen das tote Tier berühren. Kleinkatzen würgen charakteristischerweise sowohl Gedärme als auch Haare und Federn wieder aus – ein Umstand, auf den man Besitzer freilaufender Hauskatzen kaum hinweisen muß, denn diese Gedärme sind die matschigen kleinen Häufchen, auf die wir im Dunkeln treten oder die wir morgens auf dem Boden vorfinden. Großkatzen fressen häufig die Eingeweide, trennen aber zuerst den gärfutterartigen Darminhalt vom Pansen (falls das Beutetier einen Pansen besitzt) und säubern dann den Darm, indem sie ihn durch die zusammengebissenen Schneidezähne ziehen, um den Kot zu entfernen.

Ist das alles, was die Kleinkatzen von den Großkatzen unterscheidet – Tischsitten und ein Zungenbein statt eines Knorpels? Man könnte noch auf einige kleine Unterschiede hinweisen, wie den, daß Großkatzen sich meist lang ausgestreckt hinlegen, während Kleinkatzen oft ihren Schwanz um den Körper kringeln und die Pfoten unter den Brustkorb ziehen. Auch ziehen Großkatzen die Krallen gleichmäßiger ein als Kleinkatzen. Aber das sind keine großen Unterschiede.

Denn der entscheidende Punkt ist nicht, daß Groß- und Kleinkatzen verschieden sind, sondern daß sie gleich sind. Wie so viele andere Wahrheiten über Katzen ist ihre Gleichheit durch Ernährung und Jagdtrieb bedingt. Und so kann man die Durchsetzungsfähigkeit der Katzen vielleicht am besten daran ermessen, daß der elementare Körperbau mit sehr kleinen Formabweichungen in so vielen verschiedenen Farben und Größen vorkommt. Selbst das elementare *Miau* scheint allen Arten gemeinsam zu sein: wenn eine Katze irgend etwas will (wenn sie zum Beispiel durchs Fenster einen Vogel sieht), ist ihr *Mi-mi-mi*-Ruf der erste Teil des *Miau*, und wenn eine Tigerin etwas will (zum Beispiel einen Tiger), ist ihr jammerndes *Iau-iau*-Gebrüll der zweite Teil des *Miau*.

Eine Folge der Größenvielfalt bei Katzen war, daß bis vor kurzem (in evolutionären Kategorien gesprochen) so gut wie kein Landtier zu groß oder zu klein war, um den räuberischen Katzen zu entkommen. Die kleinen Katzen fingen Mäuse und Schmetterlinge, während riesige Säbelzahntiger Elefanten und Nashörner erlegten und andere Katzen verschiedenster Größe sich um die Tiere dazwischen kümmerten. Eines der größten fleischfressenden Landsäugetiere der heutigen Zeit ist eine Katze – nur noch die Eisbären und Grizzlybären übertreffen den Sibirischen oder Altai-Tiger, einen riesigen, aber lautlosen Rotwildjäger in Eis und Schnee, der von der Schnauze bis zum

Schwanz fast fünf Meter lang und über achthundert Pfund schwer werden kann. Zwei Katzenarten könnten den Anspruch erheben, die kleinsten Katzen der Welt zu sein – *Felis rubiginosa*, die kleine, rostrotgefleckte Katze Indiens und Sri Lankas, und *Felis nigripes*, die sogar noch kleinere schwarzfüßige Katze der afrikanischen Savanne. Ausgewachsene Tiere beider Arten können von Schnauze zu Schwanz nur fünfunddreißig Zentimeter messen und zwei bis drei Pfund wiegen. Diese Katzen können natürlich von Würmern, Insekten und den kleinsten Mäusen und Vögeln leben.

Doch daß sie es können, heißt nicht, daß sie es auch immer tun. Selbst diese winzigen Katzen können erfolgreich Tiere erbeuten, die viel größer sind als sie selbst. Von der Schwarzfußkatze wird berichtet, daß sie schon Schafe getötet hat, was ich zum Beispiel so lange nicht glaubte, bis Rajah, unser Kater, mit der Jagd auf virginische Hirsche begann. Aber ist es wirklich so überraschend? Amerikanische Rotluchse, die fünfzig oder sechzig Pfund wiegen, jagen und töten regelmäßig Wild, das dreimal so schwer ist wie sie selbst. Und Daniel Boone und sein Bruder berichteten, sie hätten gesehen, wie ein Puma einen amerikanischen Bison tötete, der vielleicht achtmal schwerer als sein Angreifer war. (Mit der Begründung, es sei ein so grausamer Anblick gewesen, erschossen die Boone-Brüder, die denselben Bison jagten, den Puma.)

So wie Katzen ihre Größe veränderten, um das reichhaltige Beuteangebot besser nutzen zu können, änderten sie auch ihre Tarnfarbe und können so in den vielfältigsten Lebensräumen jagen und sich verstecken. Die Katzen in nördlichen Klimazonen haben oft weiche, ins Graue spielende Farben, da sie sich dem Hintergrund über alle vier Jahreszeiten hinweg anpassen müssen, was speziell bei Schnee schwierig ist. Wer sich mit Stoffen auskennt, weiß, daß mit Grau gemischte Farben mit anderen Farben zu verschmelzen scheinen.

Im Gegensatz zu Katzen, die im Schnee leben, haben die tropischen Katzen oft leuchtende Streifen oder Flecken, um sich dem durchs Laub fallenden gesprenkelten Sonnenlicht anzupassen. Katzen der Savanne sind schlicht gefärbt, meist gelbbraun, und gleichen sich so dem trokkenen Gras an. Interessanterweise passen sie auch oft zu grünem Gras, und zwar in einem solchen Grad, daß ihre Felle häufig den gleichen Ton und die gleiche Farbintensität haben, so daß die Katzen selbst nach heftigem Regen mühelos im frischen Gras verschwinden. Manche Tiere sind farbenblind und wären deshalb durch die Fähigkeit roter Katzen, mit grünem Gras zu verschmelzen, besonders benachteiligt. Aber selbst Vögel und Primaten mit hervorragendem Farbensinn haben Probleme, ein rotes Objekt in einem grünen Feld wahrzunehmen oder umgekehrt, wenn sich Farbton und -intensität entsprechen.

Noch interessanter sind die Katzen, die man als Ausnahme betrachten könnte – der Gepard, der Savannenbewohner par excellence, der aber trotzdem gefleckt ist, und der Puma, der sich von den Taigawäldern Nordkanadas bis zu den chilenischen und argentinischen Pampas erfolgreich aller Habitate bemächtigt hat und nur als Jungtier gefleckt ist. Wie das? Wahrscheinlich, weil im Fall der Geparden die Tarnung nicht so wichtig ist, da der Gepard seine Beute von weitem erspäht und auf sie zurast. Vielleicht ist im Fall des Pumas deshalb eine generische Tarnung entstanden, weil so viele Lebensräume nicht durch Tarnfärbungen abzudecken waren. Oder vielleicht waren Pumas deshalb farbig, damit sie zu ihrer Hauptbeute, dem Wild, paßten. Wo sich das Wild verbirgt, verbergen sie sich auch.

Unsichtbar und unauffindbar zu sein – das scheint Katzen zu liegen. Häufiges Putzen nimmt jungen Katzen viel von ihrem Geruch (obwohl auch das Putzen selbst einen schwachen Geruch erzeugt – eine aufmerksame Freundin, die verstorbene Susanna Schweitzer, hat darauf hingewiesen, daß nur wenige Dinge so zart und köstlich duften wie eine frisch geputzte Katze). Darüber hinaus gehen Katzen so leise, daß man sie nicht hört. In diesem Punkt unterscheiden sie sich natürlich kraß von vielen anderen Tieren, uns eingeschlossen. Wir bewegen uns vorwärts, als würden wir fallen und dies im letzten Moment nur dadurch verhindern, daß wir schnell ein steifes Bein vorstrecken und den Fuß mit der Ferse aufsetzen. Während die Trägheit den Körper über den ausgestrecken Fuß weiterträgt, klatscht der Rest der Sohle flach auf den Boden. Fast im selben Moment beginnen wir uns auf die Zehen zu stellen, werfen uns nach vorn und wiederholen den geräuschvollen Vorgang.

Katzen gehen anders. Eine Katze hebt die Pfote, wie ein Mensch beim Händeschütteln, und setzt sie dann, mit der Außenkante zuerst, sanft auf den Boden auf, bevor sie sie belastet. Eine sehr interessante Beobachtung bezüglich der Fußabdrücke von Katzen machte die Forstökologin Susan G. Morse, die auch Spurenexpertin ist und meines

Wissens als einzige den relevantesten Unterschied zwischen Katzen- und Hundespuren festgestellt hat.* Die meisten Leute glauben, man könne Hundespuren von Katzenspuren durch den Klauenabdruck unterscheiden, da Katzen ihre Krallen einziehen können, Hunde aber nicht, so daß es charakteristische Abdrücke gibt. Aber das trifft nicht immer zu. Der Hund meines Ehemanns zum Beispiel beißt sich selbst die Zehennägel ab, und zwar so kurz, daß seine Spuren einmal bei einer sehr peinlichen Gelegenheit kurzfristig für die eines Pumas gehalten wurden. Und eine unserer Katzen, Silent Spring, lief manchmal – aus ihr sicherlich wohlbekannten Gründen – mit ausgestreckten Krallen herum, wobei sie Spuren hinterließ, die fast wie Hundespuren ausgesehen hätten, wenn sie nicht so klein gewesen wären. Ein zuverlässigeres Unterscheidungsmerkmal, meint Sue Morse, sei, daß beim Hund die zweite und dritte Zehe fast symmetrisch sind, während bei der Katzenpfote, wie bei der menschlichen Hand, der Mittelfinger meist etwas länger ist als die anderen. Und so unterscheidet ein asymmetrischer Abdruck nicht nur eine Katzen- von einer Hundepfote, sondern auch die linke Pfote von der rechten. Von Sue Morse stammt auch die vielleicht interessanteste Beobachtung, die je bezüglich Hunde- und Katzenspuren gemacht worden ist: Wenn ein Hund auf weichem Untergrund wie etwa Staub, Schlamm oder Schnee läuft, bildet der Untergrund zwischen den Zehen und dem großen Ballen eine winzige Erhöhung, wie – wenn ein Mensch einen ähnlichen Abdruck hinterlassen könnte – zwischen den Spit-

* Susan G. Morse, mündliche Mitteilung.

zen der gekrümmten Finger und dem vorderen Rand des Handtellers. Mit anderen Worten, ein Hund packt den Boden beim Gehen und drückt den Untergrund, wenn er weich genug ist, etwas zusammen. Eine Katze hingegen setzt die Pfoten sehr sanft auf und hinterläßt keine Spur außer den schwachen Mulden der Ballen, und das auch nur bei optimalen Bedingungen, wie zum Beispiel in frischgefallenem Schnee. Für mich ist Sue Morses Beobachtung ebenso anrührend wie scharfsichtig und originell, und sie zeigt einen grundlegenden emotionalen Unterschied zwischen Hunden und Katzen auf – daß Katzen nämlich dazu neigen, dem Leben vorsichtig und reserviert zu begegnen, während Hunde immer ein wenig nervös und ungeduldig sind, immer drängend, wenn auch noch so sanft.

Es erklärt auch, warum Katzen so leise gehen, und es erklärt sogar, warum Katzen häufiger als alle anderen Tiere vergleichbarer Größe beim Laufen keinerlei Spuren hinterlassen. Auf diese Weise bringen es viele Wildkatzen fertig, dicht bei uns zu leben, ohne daß wir etwas davon merken. Wir sehen sie nicht, wir hören sie nicht, und wir finden keine Spuren.

Anläßlich einiger meiner Besuche bei Lissa Gilmour, der Besitzerin des Pumaweibchens Ruby, suchte ich in Rubys Gehege nach Spuren und anderen Zeichen. Ich wollte Hinweise auf die Gegenwart eines Pumas finden, Hinweise, die ich eventuell später wiedererkennen würde. Und ich fand wirklich welche. Im Staub des Geheges sah ich, unter Laub verborgen, einen Teil eines toten Stücks Wilds; ein Stück weiter sah ich Pumahaare und -exkremente und Kratzspuren; dahinter sah ich einen ausgetretenen Pumapfad, und am Ende des Pfads, oben auf seiner Hütte, sah ich den Puma selbst, die hübsche Ruby, die meine Annäherung mit großen gelben Augen verfolgt hatte. Pfotenabdrücke jedoch entdeckte ich nirgends.

Selbst den Puma sah ich nicht lange. Als Lissa spielerisch rief: «Huhu! Berglöwe!», duckte sich Ruby und verschwand im achtzehn Zentimeter tiefen Gras. Sie war buchstäblich verschwunden. Wir sahen sie nicht mehr, zumindest nicht mehr als das, was sie war. Sie hatte sich so flach gemacht, daß man nur noch die Rundung des Rükkens sah, die an einen sandfarbenen Stein oder einen trockenen Erdhügel erinnerte.

Einen Augenblick lang regte sich nichts. Aber als Lissa sich umdrehte und losrannte, erschien der riesige Puma plötzlich wie aus dem Nichts und sauste durch die Luft. In zwei Sätzen war er bei Lissa und warf sich auf sie. Beide gingen zu Boden, wobei Rubys mächtige Tatzen Lissas Leib umklammerten und die dolchspitzen Eckzähne sich sehr nah an ihrem Kopf befanden. All dies vollzog sich vollkommen lautlos. Im nächsten Moment trat Ruby einen Schritt zurück, sah weg und nieste leise. Lissa stand auf und bürstete sich den Staub von den Kleidern. Doch als wir drei dann ruhig auf Lissas Wohnzimmer zuschlenderten, wo wir gleich in aller Freundschaft zusammen Tee trinken würden, fiel mir auf, daß diese anstrengenden Aktivitäten zwar ein paar Kratzer auf Lissas Sandalen hinterlassen hatten, vom Puma aber keinerlei Spuren zu entdecken waren.

Soviel zur Theorie, die Abwesenheit von Spuren bedeute die Abwesenheit von Katzen. Experten, die dergleichen behaupten, kann man nicht als Experten bezeichnen.

Aber das ist noch nicht alles. Wo Wildkatzen gejagt werden, hinterlassen sie ungern Spuren, was wohl der zwingendste Grund dafür sein dürfte, daß wir nie welche zu Gesicht bekommen. In afrikanischen Wildparks marschieren Löwen unbekümmert an den staubigen Straßen entlang und hinterlassen, genau wie Menschen, eine lange Spur. In der Neuen Welt jedoch halten sich Pumas, Luchse und Rotluchse, die normalerweise unbefestigte Straßen benutzen, ganz bewußt an die festgetretenen Teile des Wegs, auf denen sie keine Abdrücke hinterlassen. Auf schneebedecktem Boden wird dies besonders anschaulich, vor allem dann, wenn die Katze an eine Stelle kommt, die sie nicht überspringen oder umgehen kann, und auf der sie folglich eine verräterische Spur hinterlassen muß. Wenn möglich, schlängelt sich die Katze um die verschneiten Stellen herum und bleibt auf dem kahlen Boden, auch wenn dies einen Umweg bedeutet.

Warum so vorsichtig? Die fast perfekte Vorsicht der Katzen, die auf Heimlichkeit angewiesen sind, gehört zu ihrer Tarnung, ihrer Fähigkeit, sich zu verbergen. Für ein Tier, das selbst jagt oder gejagt wird oder beides, wie es bei den Katzen der Neuen Welt der Fall ist, ist umfassende Vorsicht sehr ratsam. Das ist der Grund, daß man mitten unter Katzen leben kann, ohne sie zu bemerken – eine Situation, die es im Miozän wahrscheinlich ebenso gab wie in Rubys Gehege in Colorado oder selbst in den Wäldern des heutigen Neuengland.

Die meisten Bücher über Katzen enthalten ein Kapitel über den Körper der Katze, und auch dieses Buch bildet da keine Ausnahme; es wird jedoch nicht Binsenweisheiten wiederholen, wie etwa, daß Katzen sich putzen und einziehbare Krallen haben. Ich komme hier vielmehr auf zwei Besonderheiten zu sprechen, die in der Literatur über Katzen selten Erwähnung finden: die furchteinflößende Kraft und die hochentwickelten Sinne der Katzen.

Pfund um Pfund sind Katzen bei weitem die stärksten Tiere, die viele von uns je zu Gesicht bekommen. Als mein Mann und ich kürzlich versuchten, unseren Kater Rajah zu baden, brauchten wir allen Ernstes noch eine dritte Person, die ihn einseifte. Eigentlich wollten wir Rajah nur von Flöhen befreien, aber wir trugen beide schlimme Kratzer davon, und das ganze Bad war überschwemmt. In all der Hektik ergriff der arme Rajah die Flucht, putzte sich trocken und wollte dann tagelang nichts mehr von uns wissen.

Wenn man die Kraft dieser sieben Pfund schweren Katze auf einen siebenhundert Pfund schweren Tiger überträgt, bekommt man eine ungefähre Vorstellung von der Macht dieses Tiers. Es ist also gut, daß Tiger sich selber baden, wie das zumindest der Wissenschaftsautor Sy Montgomery behauptet.

Auch die Sinnesorgane der Katzen sind bis zu einem für uns unvorstellbaren Grad entwickelt. Katzen haben sechs oder mehr Sinne, falls, was manche Menschen glauben, auch noch übersinnliche Kräfte im Spiel sind. Zum Tasten haben Katzen Schnurrhaare, Zähne und Haut; zum Sehen, Hören und Riechen dienen Augen, Ohren und Nase; zum Schmecken die Zunge; und schließlich dient ein fast unsichtbares System von porenartigen Vertiefungen im Palatum, bekannt als Jacobsonsches Organ, dazu, die Umgebung auf bestimmte chemische Stoffe hin zu überprüfen. Unter anderem dient das Jacobsonsche Organ zur Wahrnehmung der Brunstpheromone.

Von allen Sinnen ist dieser sechste Sinn noch am wenigsten erforscht. Die Meeressäuger und die höheren Primaten galten als die einzigen Säugetiere, denen dieser Sinn fehlt, obwohl man annahm, daß ihn einige der höheren Primaten, wie etwa wir Menschen, in rudimentärer Form besitzen – das verkümmerte Organ sei vermutlich der kleine Höcker im Gaumen. Zumindest schien es so bis 1993, als eine Untersuchung veröffentlicht wurde, die besagte, daß das Jacobsonsche Organ beim Menschen womöglich doch eine Funktion habe. Um welche genau es sich handelt, muß erst noch festgestellt werden.

Um das Organ zu benutzen, öffnet ein Tier das Maul, wodurch die Poren freigelegt werden; diesen Gesichtsausdruck nennt man «Flehmen». Ein Tiger grinst fürchterlich dabei und streckt die Zunge heraus. Eine Hauskatze lächelt verkniffen, wobei die oberen Zähne von der straff gespannten Oberlippe bedeckt sind. Katzen machen diesen Gesichtsausdruck zum Beispiel oft, wenn sie auf Urinspritzer anderer Katzen stoßen. Bei unserer Katze Lilac, der Mutter der jagenden Katers Rajah, kann man das langsame, bedächtige Flehmen beobachten, wenn sie an einem Glas Weißwein vorbeikommt. Andere Katzen scharren Erde über Wein- und Bierlachen, als handle es sich um Urin. Warum? Keiner weiß es. Wahrscheinlich liegt die Antwort in den chemischen Eigenschaften des Alkohols und seiner Zusätze. Diese chemischen Eigenschaften sind dergestalt, daß die meisten Tigerdompteure vor Dressurstunden oder Zirkusvorstellungen keinen Alkohol trinken. Tiger finden eine Alkoholfahne angeblich so unerträglich, daß sie den Trinker, wenn sich die Gelegenheit ergibt, in Stücke reißen.

Vielleicht ist der wichtigste Sinn der Katze ihr Sehvermögen. Um zu verstehen, welche Bedeutung die Sehkraft für Katzen hat, kann es hilfreich sein, die Reaktion von Hunden und Katzen auf Fernsehfilme zu vergleichen. Obwohl viele Hunde genau zu wissen scheinen, daß die Fernsehbilder nicht real sind, zeigen manche trotzdem Reaktionen – meist auf Geräusche, vor allem auf Hundegebell, manchmal aber auch auf das Bild. Meistens passiert dies einfältigen Hunden. Einmal hatte ich eine Hündin namens Koki, eine Schlittenhündin, deren Leben in Nordkanada an einer Kette begonnen hatte. Auf den Anblick eines Rehs in einem Heimvideo reagierte sie mit verhaltener Erregung. Sie sprang ungeduldig auf einen Sessel, um den

Bildschirm besser sehen zu können. Nachdem sie aber rasch erkannt hatte, daß es sich nur um eine Illusion handelte, sprang sie leise wieder hinunter. Bei einer anderen Gelegenheit stand der Fernseher auf dem Boden, und eine junge Dingohündin namens Viva reagierte völlig fasziniert auf eine Tierfutterwerbung, in der eine kleine Schar Pferde durch ein Zimmer galoppierte und in einem Schrank verschwand. Viva rannte um den Fernseher herum, um die Pferdchen zu erwischen, von denen sie annahm, daß sie hinten wieder herausgaloppiert kämen. Aber diese beiden Hunde waren Ausnahmen – Viva vermutlich aufgrund ihrer Jugend, Koki aufgrund ihrer ländlichen Herkunft. In der Regel lernen Hunde schnell, die Fernsehbilder zu ignorieren. Auch Koki erkannte ihren Irrtum rasch, und die junge Viva ließ sich, beschämt, kein zweites Mal täuschen, obwohl ich und andere laut lachend alles versuchten, damit sie den Irrtum wiederholte.

Im Vergleich dazu scheinen Katzen von dem flimmernden Bildschirm fasziniert zu sein. Zur Schlafenszeit erscheinen unsere drei Katzen wie magisch angezogen, legen sich aufs Fußende des Betts und schauen sich wie Theaterbesucher in der ersten Reihe die Spätnachrichten an. Speziell für Katzen entwickelte Videos lieben sie besonders. Als wir Rajah einmal ein Katzenvideo mit flatternden Vögeln zeigten, konnte er nicht genug davon bekommen – breit hockte er vor dem Bildschirm, vor dem sich der Umriß seiner Ohren abzeichnete, mit großen Augen und nervös zuckenden Schnurrhaaren. Wenn es ihm hie und da zuviel wurde, sprang er gegen die Scheibe und plumpste zu Boden. Eingeholt von der Realität. An diesem Punkt verließ er für eine Weile das Zimmer, um kurz darauf auf leisen Pfoten zu dem fesselnden Schauspiel zurückzukehren. Rasch hatte er sich die Geräusche eingeprägt, und das Gezwitscher des Soundtracks lockte ihn aus den entferntesten Winkeln des Hauses. Auch jetzt noch, zum Zeitpunkt dieser Niederschrift, schaut sich Rajah – obwohl er es als Illusion durchschaut hat – das Video an und ist fast immer noch genauso aufgedreht wie beim erstenmal.

Auch Christmas schaut sich dieses spezielle Video inzwischen an. Ab und zu springt sie gegen den Bildschirm und ist von den Bildern so gefesselt, daß sie manchmal nach dem Sprung an sich hinunterschaut und etwas zurücktritt – in der Annahme, der gefangene Vogel sei wieder entwischt, sieht sie nach, ob er sich vielleicht unter ihr versteckt, wie es Mäuse manchmal tun.

Manch einer würde diese Anekdote von Katzen und ihren Videos als Beweis dafür anführen, daß Katzen dumm sind. Aber das trifft nicht zu. Die Anekdote illustriert nur, wie der Jagdtrieb der Katzen beschaffen ist. Und wenn Katzen dumm sind, weil sie diesen Trieb besitzen, sind wir es auch. Eine der wichtigsten Beobachtungen, die mir je zu Ohren kam, betraf den menschlichen Jagdtrieb und stammt von Ken Jafek, einem Jäger und Jagdausstatter in Malta, Idaho. Sie wird jedem, der die Natur liebt, bekannt vorkommen. Ken sagte einmal, daß die starke Erregung beim Anblick des Wilds im Lauf der Zeit durch Wiederholung oder Gewöhnung keineswegs gedämpft wird. Ken, inzwischen schon Großvater, erlebt beim Anblick eines Rehs (oder eines anderen Wilds) noch immer denselben unwiderstehlichen Drang wie einst als junger Mann, obwohl er in seiner Eigenschaft als Führer und Jäger inzwischen Hunderten oder gar Tausenden von Tieren begegnet ist. Ich bin sicher, daß sich dieser wichtige Reflex bei vielen von uns findet. Bei mir bestimmt. Und hier haben wir schließlich doch etwas mit den Katzen gemeinsam – auch unser Jagdtrieb wird durch visuelle Eindrücke angeregt.

Der Geruchssinn einer Katze hingegen scheint für die Jagd relativ wenig Bedeutung zu haben, ist aber äußerst nützlich, um etwas über andere Katzen zu erfahren. Im Gegensatz zu den meisten Jägern, inklusive Wölfen und Menschen, ignorieren die Großkatzen (soweit ihr Verhalten erforscht ist) beim Jagen manchmal die Windrichtung, obwohl sie bestimmt wissen, daß sie selbst einen starken Geruch ausströmen. Manche Katzen pirschen sich ebensooft *mit* dem Wind an ihre Beute heran wie gegen den Wind, was nicht immer von Vorteil ist.

Die schwache Reaktion der Katzen auf in der Luft liegende Gerüche erscheint besonders interessant, wenn man bedenkt, daß Katzen ihren Geruchssinn dazu benutzen, Dinge aufzufinden und andere Tiere zu identifizieren. Ein Beispiel für letztere Fähigkeit habe ich in unserem Haus in New Hampshire beobachtet, nachdem eine Elefantendame und ihr Dompteur, ein Bekannter von uns, an unserem Haus vorbeigegangen waren. Solange der Elefant in der Nähe war, hatten wir unsere Katzen zusammen mit den Hunden in eine fensterlose Garage gesperrt. Als sie wieder herausdurften und freudig aufs Haus zuliefen, blieben die Katzen bei der Elefantenspur plötzlich wie angewurzelt stehen. Brrrr! Sie wußten zwar nicht, was für ein Geruch es war – sie hatten ja noch nie einen Elefanten gerochen oder gesehen –, aber sie *hätten* es gern gewußt! Mit gesträubtem Fell beschäftigten sie sich lange mit den Fußspuren und drückten, hörbar schnuppernd, die Nase an die Erde. Die Hunde dagegen rannten zu meinem größten Erstaunen an der Geruchsspur vorbei. Dann wurde mir klar, daß wahrscheinlich schon während sie eingesperrt waren etwas zu ihnen hinübergeweht war, so daß sie der Geruch nicht mehr überraschte.

Ihre jeweiligen Reaktionen waren ebenso typisch wie aufschlußreich. Nachdem sie eine Weile von uns getrennt gewesen waren, wollten die Hunde vor allem wieder mit uns, ihrer sozialen Gruppe, zusammen sein, während die Katzen sich mehr um ihre Umgebung kümmerten. Sie wollten wissen, was für ein seltsames Tier ihr Zuhause besucht hatte. Wenn es stimmt, daß meine Hunde den Geruch vor den Katzen wahrgenommen haben, beweist das für mich übrigens nicht, daß Katzen diese Fähigkeit abgeht, sondern eher, daß sie in der Luft liegenden Gerüchen weniger Beachtung schenken als Hunde. Schließlich benutzen die gleichen Katzen alljährlich an Weihnachten ihren Geruchssinn, um die versteckten Geschenke zu entdecken, dann aus dem Berg von Päckchen ihre eigenen herauszufinden, und sie dann auch noch zu öffnen. Unsere Katzen irren sich nie; sie machen nur die für sie bestimmten Geschenke auf, keine anderen. Das sei doch klar? Eigentlich nicht. Warum sucht eine Katze, die Katzenminze finden kann, nicht auch nach Gerüchen, die der Wind mit sich führt? Ich glaube, daß Katzen Gerüche als Wolke wahrnehmen und nicht, wie Hunde, als Spur. Ein Jungkätzchen findet seine Mutter, indem es in die Wolke ihres Geruchs eintaucht, und schnuppert sich dann durch das Fell am Bauch der Mutter zu seiner persönlichen Zitze hin.

Was dies für eine Katze bedeutet, kann man daraus ersehen, wie gerne Katzen Kleidungsstücke ihrer Besitzer mögen. Auf dem Pullover ihres Herrchens oder Frauchens zu liegen, umhüllt von einer Wolke seines oder ihres Geruchs, erweckt wohl ein angenehmes Gefühl der Geborgenheit.

Die wichtigste Funktion des Geruchssinns ist bei Katzen wahrscheinlich die Kommunikation mit den Artgenossen. Katzen haben winzige Duftdrüsen im Gesicht – auf den Lippen, am Kinn, an den Wangen und an der Unterseite der Schnurrhaare –, die sie an uns, aneinander und sogar an Gegenständen reiben, wobei sie in einer Geste der Eintracht ihren Geruch mit dem anderer Katzen mischen. Auch auf dem Rücken an der Schwanzwurzel haben Katzen ähnliche Drüsen, mit denen sie andere vertraute Katzen und Gegenstände ihrer Umgebung markieren. Wenn eine Katze einen Buckel macht und sich an einem Menschen reibt, markiert sie ihn wahrscheinlich mit diesem freundschaftlichen Duft. Auch zwischen den Zehen und im Anus befinden sich Drüsen, die Sekrete absondern, die womöglich eine feindselige Botschaft überbringen. Daheim verscharren Katzen ihren Kot, vielleicht, um die Botschaft zu verbergen. Weit weg von zu Hause hinterlassen Katzen jedoch absichtlich Exkremente auf Felsbrocken, Hügeln oder anderen exponierten, dem Wind ausgesetzten Orten zur Nachrichtenübermittlung an andere Katzen. Und so signalisiert der Geruch auch «Zutritt verboten».

Das ganze Gesicht einer Katze, einschließlich der Lippen, der feinen Ohrenhaare, der Spitzen der Eckzähne, der Enden der Schnurrhaare und vielleicht sogar der Augenumgebung ist äußerst sensibel und funktioniert vielleicht auf die gleiche Art wie der Tastsinn für Blinde. Wenn eine Katze läuft, zeigen die Schnurrhaare nach vorn – nach vorn und unten, wenn sie ruhig ist, nach vorn und oben, wenn sie ängstlich oder erregt ist. Zirkustiger betreten die Arena oft mit weitgeöffneten Augen und weit nach vorn gesträubten Schnurrhaaren, als seien sie unsicher, was sie erwartet, nachdem sie den Gittertunnel verlassen haben. Grund der Beunruhigung ist meist ein anderer Tiger, der bereits in der Arena ist. Hat der Neuankömmling seinen Sitz ohne Belästigung erreicht, fühlt er sich sicherer und wartet ruhig auf sein erstes Stichwort, die Schnurrhaare zur Seite gerichtet. Wenn sich dann sein Dompteur nähert und ihn anspricht, oder wenn er zufällig neben einen Tiger zu sitzen kommt, mit dem er sich gut versteht, dann kann es sein, daß er zur Begrüßung schnaubend den Kopf neigt, die Schnurrhaare flach an die Wangen gelegt. Wird dann jedoch ein schwieriger Dressurakt von ihm erwartet, kommen die Schnurrhaare, schon während er sich innerlich sammelt, nach vorn. Interessanterweise können Menschen diese Emotionen nachahmen, indem sie die Mundpartie in ähnlicher Weise bewegen, bei Unsicherheit die Lippen schürzen (wodurch sich die Schnurrhaare, wenn wir sie hätten, nach vorn schieben würden), sanft lächeln, wenn sie heiter und gelassen sind (wodurch sich die Schnurrhaare an die Wangen schmiegen würden).

Unter Verwendung ihres Gesichts und aller Sinne hält eine jagende Katze ihre Schnurrhaare nach vorn gerichtet, sie öffnet leicht die Lippen, spitzt die Ohren und reißt weit die Augen auf. Selbst die Eckzähne der Katzen sind mit hochempfindlichen Nerven ausgestattet, so daß die Katze, wenn sie ihre Beute am Nacken packt und zubeißt, mit den Eckzähnen die Stellen zwischen den Wirbeln erspürt, wo sie das Rückgrat durchbeißen kann. Kleinkatzen umfangen ihr Opfer dann manchmal mit den Schnurrhaaren, um zu spüren, ob noch Vibrationen wahrzunehmen sind – mit anderen Worten, ob das Opfer noch lebt. Kleinkatzen beginnen meist erst dann zu fressen, wenn das Opfer tot ist. Und so stellt eine Katze durch ihre empfindlichen Schnurrhaare womöglich den Moment fest, in dem sie mit Fressen beginnen kann.

Wenn sich Katzen im wesentlichen so ähnlich sind, wodurch sind dann fünfunddreißig verschiedene Arten entstanden? Wahrscheinlich durch die Gewohnheit der Katzen, herumzustreunen. Manchmal können wir uns nur schwer vorstellen, daß es in prähistorischer Zeit möglich war, fast überallhin zu gelangen. Im Grunde sehen wir das Festland der Erde fälschlicherweise als zwei große Inseln: Die Neue Welt gleitet auf der einen Seite des Planeten dahin, die Alte Welt auf der anderen. In dieser aus Europa stammenden Vorstellung spielt der Atlantik eine große Rolle. Und so war es auch. Die ersten Säuger, die jemals den Atlantik überquerten, waren die Wikinger.

Der Pazifik ist viel größer, aber er konnte überquert werden, wenn man wußte, wo sich die Landbrücken und Trittsteine befanden. Es wäre deshalb besser, sich die Erde so vorzustellen, daß man das Festland als einen einzigen Kontinent betrachtet, der sich wie ein Hufeisen um den Planeten krümmt. Stünden wir am einen Ende dieses

Kontinents – sagen wir mal, an der schottischen Küste – und würden (statt westlich über den Atlantik zu blicken und zu überlegen, wie wir mit dem Schiff hinüberkommen) dem Ozean den Rücken kehren und anfangen, Richtung Osten zu wandern, dann bestünde unser größtes Problem darin, den Ärmelkanal zu überqueren, der zeitweise kaum breiter war als ein Fluß. Am Ostufer angelangt, würden wir nach Europa und Asien weitermarschieren. Schließlich würden wir die Bering-Landbrücke erreichen, die heute zwar unter dem Wasserspiegel liegen mag, vor noch nicht allzu langer Zeit jedoch eine kalte, stürmische Tundra war, in die sie sich eines Tages vielleicht auch wieder verwandeln wird. Wir würden die Landbrücke überqueren und ostwärts durch Alaska und Kanada nach Neufundland wandern, wo wir dann wieder zum Atlantik kämen. Und dort wäre unsere Wanderung zu Ende.

Am Anfang der Reise hätten wir einen ausgedehnten Abstecher hinunter nach Afrika machen können und gegen Ende der Reise einen ähnlichen Ausflug nach Südamerika. Und so war jenen Tieren, die zumindest zu gewissen Zeiten übers Festland streunten, dessen größter Teil zugänglich. Und genau das taten die Katzen, sie streunten umher. Nicht nur ein- oder zweimal, sondern unzählige Male, und zwar in alle Himmelsrichtungen.

Wie ihre entfernten Verwandten, die heutigen Luchse, lebten wahrscheinlich auch die luchsartigen Urkatzen, *Pseudaelurus*, in den Wäldern. Niemand weiß genau, was sie gefressen haben, aber man kann sich ohne weiteres vorstellen, daß sie große Nagetiere und bodennistende Vögel jagten. Doch der Wechsel der Habitate blieb nicht ohne Einfluß auf den Körperbau der Urkatze, die sich irgendwann zu verändern begann, um das jeweilige Nahrungsangebot besser nutzen zu können. In Südamerika zweigten vor etwa zehn Millionen Jahren die Ozelots vom Urstamm ab und wurden, mit anderen kleinen gefleckten Mäusejägern, die in den Dschungeln der Neuen Welt lebten, als Familie der Ozelots bekannt.

Mittlerweile tauchten in der Alten Welt Wildkatzen auf. Um optisch mit den schattigen Wäldern zu verschmelzen, hatten sie ein gestreiftes Fell; es gab eine große, langhaarige Form, *Felis sylvestris*, für die Wälder Europas, und eine kleinere, kurzhaarige Form, *Felis sylvestris lybica*, für die Wälder Nordafrikas.

Die Wälder Nordafrikas? Ja, Nordafrika war bis zum Neolithikum grün; dann domestizierten die Menschen einen Großteil der Huftiere, erfanden den Begriff des Reichtums und begannen ihren sozialen Status mit der Größe ihrer Herden zu verknüpfen. Das Buch Hiob zum Beispiel berichtet von dem großzügigen Schadensersatz, der Hiob als Lohn für seine Leiden zuteil wird – 23 000 Stück Vieh, weit mehr, als er je brauchen würde. Mit all diesen Tieren muß Hiob einer der reichsten und mächtigsten Hirten und Viehzüchter der damaligen Zeit oder sogar aller Zeiten gewesen sein, ein sehr bedeutender Mann. Der Bibel zufolge (Hiob 42, 12) waren nur 13 Prozent seiner Tiere vom Wasser abhängig, während 87 Prozent, die Schafe und Kamele, wüstentauglich waren, woraus sich schließen läßt, daß der Urheber dieses Geschenks offenbar genau wußte, wie man eine dürre, abgegraste Weide am besten nutzt. Daß Schafe und Kamele den Vorzug erhielten, weist darauf hin, daß die malträtierte Landschaft längst kahlgefressen war, als Hiobs Tiere sich darüber hermachten. Das Resultat war Wüste, von der Negev bis zur Sahara.

Immer noch mit der Tarnfärbung für die nicht mehr existierenden Wälder versehen, blieben die afrikanischen Wildkatzen auch nach der Desertifikation, jagten Mäuse in den Kornkammern Nordafrikas und Kleinasiens und wurden zu Hauskatzen, *Felis sylvestris catus*. Und so stammen unsere Katzen, genau wie wir, aus Afrika, und die Wildkatzen und ihre domestizierten Verwandten sind heute als die Familie der Hauskatzen bekannt.

Unterdessen muß es ja auch irgendeine Erklärung für Siamkatzen, Himalajakatzen, Burmakatzen und ihre Verwandten geben. Also war die asiatische Version der Wildkatze, *Felis sylvestris ornata*, offenbar auch nicht faul gewesen. Vielleicht, weil sie die Kornspeicher Indiens und Chinas durchkämmten, scheinen die grazilen Verwandten der afrikanischen Katzen auch dort den Menschen für sich gewonnen zu haben. Anders als die ägyptischen Katzen erhielten sie zwar keine Bürgerrechte und wurden auch nicht als asiatische Variante der Göttin Bastet verehrt. Aber sie wurden doch zu hochgeschätzten Haustieren der Herrscher und werden, aus welchem Grund auch immer, bis zum heutigen Tag von Liebhabern häufig als Katzen höheren Ranges betrachtet. Diese Maßstäbe sind natürlich vom Menschen geschaffen und haben absolut nichts mit vortrefflichen Eigenschaften und Fähigkeiten zu tun, die auf die asiatischen und afrikanischen Varianten der Hauskatze gerecht verteilt zu sein scheinen und nicht vom Stammbaum, sondern von der einzelnen Katze abhängen.

Ein weiterer großer Schritt in der Evolution der Katzen war die Entstehung der Pantherartigen. Es herrscht immer noch Uneinigkeit darüber, in welcher Beziehung die Urformen zueinander standen, aber zumindest eine Version ordnet den Pantherartigen der Neuen Welt als Vorfahre eine Wildkatze zu, wahrscheinlich eine Wildkatze, die sporadisch über die Landbrücke gewandert war. Dieser Vorfahre ließ sich Zeit, ein richtiger Pantherartiger zu werden, und gestattete sich auf dem Weg dorthin viele Experimente. Das einfachste dieser Experimente war vielleicht, sehr groß zu werden. Nicht zu groß allerdings – die Großkatzen der Neuen Welt waren bereits die Säbelzahntiger, die die großen Pflanzenfresser jagten und wahrscheinlich in Rudeln lebten. Angesichts einer solchen Konkurrenz blieb man lieber mittelgroß – zwar groß genug, um Wild zu jagen, wenn es die Umstände erlaubten, aber klein genug, um sich auch von Hasen ernähren zu können, wenn es kein Wild gab. Das Ergebnis war der Puma, wirklich nur eine großgewachsene Kleinkatze, die immer noch zu den Kleinkatzen gezählt wird und sich auch wie eine solche verhält. Zum Beispiel schnurren Pumas laut und ausdauernd wie Hauskatzen und sitzen über ihr Fressen gekauert. Bald schon hatten sich die Pumas über die gesamte Neue Welt verbreitet, von den Buchten bis zu den Küstenwäldern des Pazifiks, von den Gipfeln der Rocky Mountains bis zu den Sümpfen Louisianas, von der immergrünen Taiga Kanadas hoch oben im Norden bis zu den weiten Savannen Argentiniens.

Nur wenige Tiere sind so leistungsfähig und wendig wie die Pumas, und nur wenige haben sich so erfolgreich behauptet. Selbst heute, nachdem sie in vielen ihrer früheren Lebensräume ausgerottet wurden, vermehren sich Pumas wieder in Kanada und Neuengland. Ihr Verhalten scheint sich insofern von dem der westlichen Pumas zu unterscheiden, daß sie *noch* scheuer sind. Trotzdem, es gibt sie, und sie werden immer häufiger gesichtet.

War der Vorfahre des Pumas auch der Vorfahre der Geparden? Die beiden Katzen haben viel gemeinsam. Wie die Pumas streiften auch die Geparden durch die Neue Welt. Wie die Pumas machten auch die Geparden Jagd auf Wild und Huftiere ähnlicher Größe und konnten sich in Notzeiten auf Beutetiere von Kaninchengröße umstellen. Doch trieben die Geparden ihre Beute auf die freie Ebene hinaus, wogegen sich die Pumas im hohen Gras und dichten Wald an die Beute heranpirschten. So kamen sich diese verwandten Katzen nicht in die Quere und konnten in der Neuen Welt koexistieren.

Vielleicht, weil man die Geparden Afrika zuordnet und die Pumas Amerika, werden sie so selten miteinander verglichen. Trotzdem gibt es starke Ähnlichkeiten. Zum Beispiel klingen sie gleich; beide zirpen und trillern wie Vögel oder stoßen durchdringende, klare Pfiffe aus, als pfiffe ein Mensch auf zwei Fingern. In Wirklichkeit werden diese Pfiffe aber durch die Stimmbänder erzeugt und sind extrem dünne, hohe *Miaus*, die zur Kommunikation zwischen Müttern und Jungen dienen oder zwischen den Raubkatzen und Menschen oder anderen Wesen, zu denen sie eine positive Beziehung haben. Da der dünne Ton nicht weit trägt, verrät er nicht den Aufenthaltsort der Lieben.

Bei Geparden und Pumas bleiben die Pupillen rund und verengen sich nicht zu Schlitzen wie die Pupillen von

Wildkatzen und Hauskatzen. Geparden und Pumas haben lange Hinterbeine, die ihr Hinterteil hochdrücken und ihnen einen graziösen, wiegenden Gang verleihen. Beide Katzen haben wegen des Gleichgewichts lange, schwere Schwänze. Beide Katzen können beinahe schneller laufen, als es unser Auge wahrnimmt, wobei Geparden viel ausdauernder sind und als die schnellsten Tiere der Erde gelten. Andererseits kann man sich kaum ein schnelleres Tier als den Puma vorstellen – dies kann vielleicht folgender Bericht belegen, in dem ich erzählen will, wie sich Ruby, Lissa Gilmours Puma, einmal an einem ruhigen Nachmittag auf Lissas schönem Teppich die Zeit vertrieb. Vor Langeweile scheinbar halb eingeschlafen, lag Ruby auf der Seite und verfolgte mit ihren gelben Augen den Spiralflug einer Mücke. Plötzlich zuckte blitzschnell ihre Vorderpfote hoch, und die Fliege war verschwunden. Ruby hatte sie sich aus der Luft geschnappt, nicht mit den Krallen, sondern mit der Handfläche. Träge drehte sie die Pfote um, mit der Innenfläche nach oben. In einer Falte von Rubys ledriger Tatze gefangen – einer Falte, die eine Handleserin vielleicht ihre Lebenslinie genannt hätte –, strampelte die Mücke mit den winzigen Beinchen.

Bald entspannte sich Rubys Pfote. Die Mücke drehte sich um und flog unversehrt davon. Ruby beobachtete sie – unauffällig, als wolle sie die Fliege nicht erschrecken. Kaum kam die Fliege näher, zuckte die Pfote erneut hoch, und sie hatte sie schon wieder geschnappt. Welches andere Tier brächte so etwas fertig?

Geparden und Pumas sind für einen Großteil ihrer Information auf weite Sicht angewiesen, und beide benutzen so etwas wie Hochsitze – hochgelegene Plätze, von denen aus sie beobachten, was geschieht. Sowohl Geparden- als auch Pumaweibchen werfen drei bis vier Junge, meist in einem Versteck, zum Beispiel einer Felshöhle, und beide Raubkatzen können sich zu jeder beliebigen Jahreszeit fortpflanzen. Fortpflanzung rund ums Jahr mag einem bei Geparden nicht so ungewöhnlich erscheinen, da sie in warmen Klimazonen leben, wo auch viele andere Tiere sich das ganze Jahr über fortpflanzen. Bei Pumas jedoch erscheint es erstaunlich, denn diese Fähigkeit findet sich bei den in Nordamerika heimischen, wildlebenden Säugetieren äußerst selten, wenn der Puma nicht sogar das einzige Tier mit dieser Fähigkeit ist.

Die Wege der Pumas und Geparden trennten sich, als die Geparden die Bering-Landbrücke nach Asien überquerten, weiter nach Indien wanderten, in den Mittleren Osten, nach Afrika und Europa vordrangen, und sich somit auf der ganzen Welt ausbreiteten. Weiter konnte keine Katze kommen.

Warum folgten die ähnlich erfolgreichen Pumas nicht nach? Wahrscheinlich liegt die Antwort, wie immer, beim Fleisch, und dies erklärt auch, warum die Tiger ihrerseits nicht herüberkamen. Diese Raubkatzen hätten die Landbrücke vermutlich gar nicht überqueren können – eine Tundra ohne Bäume oder Dickicht –, denn da sie sich bei der Jagd an ihre Beute heranpirschen, hätten sie hier kaum jagen können. Auf der Tundra hätten zwar viele Tiere gegrast, aber dies waren Wandertiere wie Bison, Elch und Karibu, die die Landbrücke im Hochsommer aufgesucht hätten. Wie die heutigen Rentiere benutzten wahrscheinlich auch die Wanderherden der damaligen Zeit die sturmgepeitschten Schneefelder als Zuflucht vor den schrecklichen Moskitos und Stechfliegen der Arktis. Schnelle Läufer wie die Geparden, Rudeljäger wie die Höhlenlöwen (und wahrscheinlich auch die Säbelzahntiger) hätten sich in der weiten Steppe ernähren können, so wie sich Löwen und Geparden in den weiten Steppen Afrikas am hellichten Tag Nahrung beschaffen können. Auch kleinere Katzen wie die Wildkatze, von der der Puma abstammt, konnten in der weiten Tundra jagen – ihnen genügte zum Verstecken schon flaches Gras –, und in der Tat überquerten Wildkatzen und Luchse die Landbrücke viele Male. Tiger und Pumas jedoch brauchen gute Verstecke und wären auf den exponierten Ebenen der Landbrücke zu gut sichtbar gewesen. In den weiter südlich gelegenen Steppengebieten Amerikas und Asiens hätten Pumas und Tiger ihre Beute auch nachts fangen können, doch auf der Landbrücke gab es im Hochsommer keine Nacht. Erst im Herbst wurde es dunkel, aber bis dahin waren die Zugherden schon auf dem Weg zur Baumgrenze, zu ihren geschützten Winterweiden. Im Gegensatz dazu wanderten die kleinen Wühlmäuse und Lemminge, von denen sich die Kleinkatzen ernährten, im Winter nicht ab. Vielmehr verbargen sie sich in Grasbüscheln oder in Gängen unter dem Schnee und boten streunenden Wildkatzen und Luchsen das ganze Jahr über Nahrung.

Und so sind die vielleicht interessantesten Mitglieder der Abstammungslinien der Pantherartigen die Luchse, Erben der angestammten Größe und Verhaltensweisen der Katzen. Im Lauf der Zeit gab es zahlreiche Luchsarten, manche in Afrika, ein paar in Europa, noch andere in Asien. Besonders einer, ein asiatischer Luchs, verbreitete sich sowohl nach Osten als auch nach Westen. Die Westwanderer trafen in Europa auf einen dort bereits heimisch gewordenen europäischen Luchs, und die Ostwanderer traten in Kanada mit einem dort ansässigen Luchs in Konkurrenz, einem früheren Einwanderer, dem Rotluchs.

Heute leben die beiden Luchsarten in Kanada und im Norden der USA Seite an Seite. Der spätere Immigrant, bekannt als Kanadischer Luchs, ist für den Schnee im hohen Norden mit riesigen Pfoten und dickem Pelz ausgestattet; der Pelz sieht aus wie weiß bereift (vielleicht weil der Luchs später über die Berling-Tundra gekommen und einfach in einem Gebiet geblieben war, das ihm vertraut schien; der frühere Ankömmling, der Rotluchs, hat leicht gescheckte Tupfen, die in bewaldeten, buschreichen Habitaten von Kanada bis Mexiko eine gute Tarnung sind. Und so haben diese beiden in Größe und Aussehen ähnlichen Tiere den Anteil der luchsgroßen Katzen der Neuen Welt unter sich aufgeteilt.

Zwei einander ähnliche Tiere, die sich ein Habitat teilen, finden immer Möglichkeiten, sich in verschiedener Weise zu entwickeln, so daß die Ähnlichkeit eher ab- als zunimmt. Die beiden Luchsarten bildeten da keine Ausnahme, doch scheint interessanterweise einer der Abweichungsfaktoren die Mentalität gewesen zu sein. Warum das so ist, weiß niemand. Doch gelten Kanadische Luchse als ruhig, ja beinahe sanft, Rotluchse hingegen als angriffslustig. Vielleicht liegt die Erklärung in ihrer unterschiedlichen Lebensweise – viele kanadische Luchse ernähren sich hauptsächlich vom Schneeschuhhasen, an den sie besonders gut adaptiert sind, während viele Rotluchse gezwungen sind, Rehe und Hirsche zu jagen (jedenfalls war das zumindest im Nordosten so, seit die Zahl der Hasen zurückgegangen ist). Wahrscheinlich sind nur große männliche Rotluchse in der Lage, Rehe und Hirsche zu töten, was selbst für sie extrem schwierig sein dürfte und Mut und Aggression erfordert, oder zumindest die Fähigkeit, Furcht zu überwinden und die Aufgabe ohne Zögern in Angriff zu nehmen. Vielleicht hat sich die Wildheit der Rotluchse durch Jahrhunderte der Not entwickelt. Genau kann das natürlich niemand sagen. Und nur sehr wenige Leute interessieren sich dafür. Die Studien, die zum Thema Rotluchs finanziert werden, befassen sich meist mit ihrer Rolle als Pelzlieferanten, damit eitle, egoistische Frauen in Fellfetzen herumstolzieren können, die man diesen leistungsfähigen Tieren abgezogen hat. Außer den Methoden, wie man sie am besten einfängt, wissen wir so wenig über den Alltag der wildlebenden Katzen, daß uns sogar Mittel und Wege fehlen, um die komplexeren Fragen anzugehen, die gestellt werden könnten.

Aus der Familie der Luchse gingen die sogenannten Großkatzen hervor: Löwen, Tiger, Irbisse, Leoparden und die Jaguare der Gattung *Panthera.* Wie die Luchse sind auch alle Großkatzen gefleckt – zumindest während einer bestimmten Phase ihres Lebens –, bis auf die Tiger, die gestreift zur Welt kommen und deren Zeichnung sich, anders als etwa beim Löwen, auch nicht im Lauf des Erwachsenwerdens ändert. Aber sind Tiger auch wirklich gestreift? Vielleicht doch nicht. Die Streifen eines Tigers sind nämlich in Wirklichkeit verlängerte Flecken, ein Geheimnis, das mancher Tiger verrät, dessen Streifen sich in der Mitte deutlich öffnen, so daß man jeden Streifen als das erkennt, was er ist: die Rosette des Leoparden, wie ein gedehntes Gummiband stark in die Länge gezogen.

Seit vor etwa zwei Millionen Jahren der Nebelparder erschien (der den schönen Namen *Neofelis nebulosa* trägt), wurden die Großkatzen immer größer, um immer größer werdende Beutetiere erlegen zu können. Heutzutage sind die größten von Raubkatzen gejagten Tiere vermutlich Wildrinder wie der afrikanische Büffel und der asiatische Gaur; die Raubkatzen teilen diese Populationen unter sich auf, so daß die Tiger sie im Wald jagen können, die Löwen in der Steppe.

Die meisten Großkatzen waren in der Besiedelung neuer Gebiete sehr erfolgreich. In der Alten Welt waren die Leoparden weit verbreitet, wobei der Irbis (*Panthera unica*) und der Leopard (*Panthera pardus*) in einer ähnlichen Beziehung zueinander standen wie der Kanadische Luchs zum Rotluchs – der Irbis paßte sich an die schneebedeckten Berge an, die vielen Spezies und Subspezies des Leoparden an Dschungel und Busch. In der Neuen Welt gelang es dem Jaguar, außer hoch oben im Norden, die meisten Wälder der beiden Amerika zu besiedeln, wodurch er in Konkurrenz zu seinem älteren, zierlicheren Verwandten, dem Puma, trat.

Nur wenige Tiere jedoch waren so erfolgreich wie der Löwe. Als jüngste der *Panthera* entwickelten sich die Löwen erst vor 700000 Jahren in der afrikanischen Savanne (wahrscheinlich zur Bestürzung unserer Vorfahren), und bald darauf besiedelten sie – lange bevor unsere Ahnen ihrerseits an etwas Ähnliches dachten – den Rest des Planeten. Bis vor sehr kurzer Zeit befanden sich Löwen fast überall dort, wo es keine Gletscher gab. Sie lebten in Nord- und Südamerika, in ganz Asien und bis nach Indien hinunter; sie lebten in Europa und auf den Britischen Inseln; sie lebten im Mittleren Osten und über den ganzen afrikanischen Kontinent verbreitet, wo man sie bis zum heutigen Tag findet. (Australien und die Pazifik-Inseln waren so ungefähr die einzigen Orte, die die Löwen nicht entdeckt hatten.)

Gemäß der Tendenz, daß Tiere in den nördlichen Regionen ihres Lebensraums sehr groß sind, waren die Löwen, die hoch im Norden lebten, riesig. Es waren Höhlenlöwen. Da sie die Eiszeit überlebt haben, dürfte ihr Fell länger gewesen sein als das ihrer südlichen Verwandten. Vermutlich war es ziemlich flauschig. Erst vor kurzem ausgestorben, dürften sie mit den Menschen Europas, Asiens und beider Amerika koexistiert haben und von mindestens einem chinesischen Maler beobachtet worden sein; er hat eine Zeichnung angefertigt, die eine riesige, flauschige Raubkatze zeigt – tigerähnlich, aber kein Tiger –, deren helles Fell nur um Schwanz und Knie herum ein paar Streifen aufweist. Womöglich zeigt diese Zeichnung einen Höhlenlöwen. Wenn ja, dann wäre dies keineswegs die einzige Darstellung eines Berglöwen von Menschenhand. In einigen europäischen Ausgrabungsstätten des Magdalénien haben Künstler des Paläolithikums große Basreliefs von Löwen gemeißelt, die in den dunkelsten Höhlenwinkeln lauern.

Heute ordnen wir Tiger Asien und Löwen Afrika zu, aber das ist ein Mißverständnis; die beiden Spezies koexistierten in Asien vom Kaukasus bis China und von Korea bis zum Iran. Einige wenige asiatische Löwen leben noch in Zoos, und eine winzige Restpopulation verbleibt in Gir, einem der indischen Nationalparks, wo jedes Tier jeden Ranger persönlich kennt und umgekehrt.

Löwen und Tiger ähneln sich in Größe und Form so sehr, daß man ihr Skelett kaum unterscheiden kann. Sie können sich sogar paaren und fortpflanzen (so entstehen die für Zoos, Zirkusse und private Tierschauen gezüchteten Tigons und Ligers. Daß sich die beiden Raubkatzen in der Natur nicht untereinander vermehren, liegt zum Teil an ihrer Wahl der Habitate und sogar an ihrem Lebensrhythmus: Tiger sind eher nachtaktive Waldbewohner und Löwen, wenn auch vielleicht weniger ausgeprägt, tagaktive Steppenbewohner.

In der Mitte des Pleiozäns bevölkerten Katzen aller Größen die ganze Erde, bis auf Australien. Aber die Katze war so perfekt konzipiert und so erfolgreich, daß die australischen Beuteltiere sich eine eigene Katze schufen. *Thylacoleo carnifex* oder «Beuteltierlöwentöter» (wörtlich: «Fleischmacher») genannt, entwickelte sich dieses Tier rührenderweise aus dem Opossum. Diese Opossums, die ihre eigene Luchsvariante schufen, übernahmen die am weitesten verbreitete Größe der Katzenfamilie – klein genug, um sich von mausähnlichen Tieren zu ernähren, und doch auch groß genug, um mit Wild fertig zu werden. Während die längsten Zähne einer echten Katze jedoch die Eckzähne sind, waren die längsten Zähne dieses Opossum-Löwen die Vorder- oder Schneidezähne. Seine Drohgebärden haben wohl eher an ein Eichhörnchen erinnert. *T. carnifex* starb vermutlich schon vor langer Zeit aus, aber trotzdem glaubt eine Handvoll Optimisten, daß er bis zum heutigen Tag existiert, und falls diese äußerst unwahrscheinliche Tatsache zutrifft, klammert er sich noch irgendwo im riesigen australischen Busch ans Leben.

Mittlerweile gelang es den echten Katzen, während sie sich über die ganze Erde verbreiteten, größtenteils, sich durch die Wahrung von Distanz, die Jagd auf unterschiedliche Beutetiere und durch verschiedene Lebensrhythmen so perfekt einander anzupassen, daß nun verschiedene

Katzenarten auf engstem Raum koexistieren können. Drei Quadratmeilen Nationalpark in Idaho zum Beispiel könnten einen Puma, ein oder zwei Rotluchse und vielleicht noch ein paar wildlebende Hauskatzen ernähren. Während der Puma Wild jagen würde, würden die Rotluchse und Hauskatzen Vögel und kleinere Nager erbeuten und dem Puma tunlichst aus dem Weg gehen. Auf ähnliche Weise könnten ein paar Meilen tropischen Regenwalds einem Jaguar, einem Puma, einem oder zwei Ozelots und einer bis zwei der kleineren gefleckten Katzen Nahrung bieten. In einem europäischen Wald könnte, zur Bestürzung der streunenden Hauskatzen, der Lebensraum eines Luchses auch ein paar Wildkatzen mittragen, und in den asiatischen Dschungeln würde der Lebensraum eines Tigers wahrscheinlich einen Leoparden und eine oder mehrere Arten der kleinen, so seltenen wie schönen Sumpfluchse ernähren. Und schließlich wäre der Lebensraum eines Löwenrudels in der afrikanischen Savanne wahrscheinlich ausreichend für bis zu fünf andere Katzenspezies, die meisten davon in leicht verschiedenen Umgebungen. Man könnte dort eine Schwarzfußkatze finden, einen Serval (die afrikanische Version des Ozelots) und vielleicht einen Karakal (die afrikanische Version des Luchses). Auch größere Raubkatzen könnten hier leben, vielleicht ein Leopard, der in Dickicht und hohem Gras, und ein Gepard, der auf der weiten Ebene jagt. Unter solchen Raubkatzen herrscht Rivalität und Feindseligkeit; einerseits suchen und töten sie den gegnerischen Nachwuchs, andererseits meiden sie sich wie die Pest. Trotz dieses Umstands haben sich die Katzen dadurch, daß sich ihre Lebensräume überschneiden, so perfekt arrangiert, daß praktisch alles, was da kreucht und fleucht, in nahezu jeder Situation, von der einen oder anderen Katze gebraucht werden kann. Zumindest war es so, bevor zahllose Raubkatzen dem Tierhandel, Pelzhandel und der Zerstörung ihres Lebensraums zum Opfer fielen.

Katzen sind bekannt für ihre Fähigkeit, wieder nach Hause zu finden. Auf einer Weihnachtsfeier in unserer Stadt prahlte kürzlich einer der Gäste, er habe seine Familie erfolgreich von ihrer Katze befreit, indem er sie nach Concord, die dreißig Meilen entfernte Hauptstadt, gefahren und dort aus dem Wagen geworfen habe. Schockiert fragten einige der anderen Gäste, warum er die Katze nicht zum hiesigen Tierschutzverein gebracht habe, der kostenlos Tiere aufnimmt und viel näher gewesen wäre als Concord. Doch der Mann verstand die Frage falsch. Er habe deshalb bis nach Concord fahren müssen, erklärte er, weil die Katze bei früheren Aussetzversuchen jedesmal zurückgekommen sei.

Aus Concord ist die Katze, soviel ich weiß, nicht zurückgekehrt, was darauf schließen läßt, daß die Härte des Besitzers größer war als die Fähigkeit der Katze, nach Hause zurückzufinden. Doch warum kehrte die Katze immer wieder zu diesen Leuten zurück?

Die Antwort lautet, daß vielen Katzen ihr Heim wichtiger ist als ihre Besitzer. Hauskatzen, aber auch andere Katzenarten, haben offenbar eine starke Beziehung zu ihrem Heim, und viele Katzen – Hauskatzen und wilde Arten – haben einige sehr beeindruckende Reisen unternommen, mit Hilfe navigatorischer Fähigkeiten, die kaum erklärlich sind. Ein Puma zum Beispiel, an dessen Halsband ein Funksender befestigt war, wurde von Forschern in einer verschlossenen Kiste per Flugzeug in eine neue Umgebung umgesiedelt; offenbar gefiel ihm die neue Umgebung jedoch nicht, denn vier Monate später kam er nach einer Reise von dreihundert Meilen wieder zu Hause an.*

Warum besitzt das Heim eine dermaßen starke Anziehungskraft? Wieder liegt die Antwort beim Fleisch. Jede Katze muß in einer Population von Beutetieren leben, ob Mäuse oder Bisons, an einem Ort mit geeigneter Nahrung, damit die Beutetiere nicht abwandern. Außerdem braucht jede Katze Wasser und einen geschützten Unterschlupf, vor allem, wenn es sich um ein Weibchen handelt, das sogar mehrere Verstecke braucht, falls es mit seinen Jungen umziehen muß. Um diesen Erfordernissen gerecht zu werden, versucht jede Katze, ein Revier zu erobern und zu halten, dessen jeweilige Größe natürlich von der Spezies und dem Lebensraum der Beutetiere abhängt. Außerdem hängt die Reviergröße auch vom Geschlecht der Katze ab. Weibliche Katzen der meisten Spezies neigen dazu, sich mehr oder weniger dicht aneinandergrenzende Reviere von relativ bescheidener Größe zu erobern. Diese

* Maurice Hornocker, «Learning to Live with Mountain Lions», *National Geographic*, Band 182, Nr. 1 (Juli 1992), S. 52.

Reviere breiten sich fächerförmig über einen Dschungel oder einen Berghang aus. Manchmal überlappen sie sich ein wenig oder berühren sich an den Ecken wie die Blätter einer wilden Rose. Männliche Katzen tendieren zu einem größeren Revier, das sich teils mit den Revieren von Weibchen überschneidet, oder sie umschließt. Sind die Reviere der Weibchen die Blütenblätter, so ist sein Revier die Rose.

Wenn eine Katze einen Platz gefunden hat, der alle Bedingungen erfüllt, markiert sie die Grenzen mit Exkrementen, deponiert ein paar Häufchen an hochgelegenen Orten und verspritzt überall Urin. Manche Spezies tun dies sogar auf zwei Arten: sie verspritzen den Urin wie den Strahl einer Wasserpistole oder wie den Nebel aus einem Pflanzensprüher. Zumindest einer menschlichen Nase kommen die beiden Gerüche verschieden vor; der eine riecht besser, und so könnte es sein, daß Katzen beim Versprühen ihrem Urin ein Sekret beimischen, das Sekret jedoch zurückhalten, wenn sie nur ihre Notdurft verrichten. Und so gibt es bei Katzen (abgesehen davon, daß sie zu häufigem Revierwechsel neigen) ebenso Grenzen wie bei Menschen, nur daß diese Grenzen statt aus Zäunen und Videokameras aus Kothäufchen und Urin bestehen. In beiden Fällen jedoch haben die Grenzen eine psychologische Wirkung auf Mitglieder derselben Spezies. Nur wenige Menschen schaffen es, ein Schild mit der Aufschrift «Zutritt verboten» zu ignorieren. Und wenn sie es schaffen, dann meist mit schlechtem Gewissen und gegen einen inneren Widerstand. Bei Katzen verhält es sich ebenso. Wenn sie auf den verspritzten Urin eines Revierinhabers stößt, hält eine Katze inne, verzieht schnüffelnd das Gesicht und weicht zurück, um eine Weile nachzudenken. Vielleicht setzt sie ihren Weg dann trotzdem fort, aber erst nach einiger Überlegung.

Und so ist ein Katzenrevier wie eine Ranch. Der Raum innerhalb der Grenzen entspricht dem Weideland des Viehs (egal ob es sich dabei um Wild oder Mäuse handelt). Das Vieh gehört allein dem Eigentümer, der es nur aufscheucht, um die Ernte einzufahren.

Wenn neues Land schwer zu finden ist, leben Mutterkatzen oft mit ihren Kindern zusammen, behalten ihre Söhne bei sich, bis sie erwachsen sind, und Töchter noch länger, wobei sie ihr Revier manchmal sogar mit einer oder mehreren Töchtern teilen. Löwen und Hauskatzen praktizieren das so extrem, daß die Mitglieder eines Rudels – eine Gruppe verwandter Weibchen, Großmütter, Mütter, Töchter, Schwestern, Nichten und Enkelinnen – ein riesiges Revier gemeinsam besitzen. Das Gebiet eines Löwinnenrudels kann Hunderte Quadratkilometer groß sein, vor allem in Südafrika, wo Wild rar ist. Eine Gruppe von Hauskatzen lebt dagegen meist auf einer Farm, speziell in der Scheune und ihrer Umgebung, wo es die meisten Mäuse gibt. Katzenschwestern haben gemeinsame Verstecke und helfen sich gegenseitig bei der Geburt sowie bei Aufzucht, Fütterung und Schutz der Jungen.

Bei dem Bild von Katzen als Ranchbesitzern bilden Geparden eine Ausnahme, da Gepardenweibchen anscheinend kein Land besitzen. Männliche Geparden allerdings schon. Sie schließen sich zu Gruppen von Brüdern und Freunden zusammen, die sich ein Revier teilen. Von Zeit zu Zeit gesellt sich ein Gepardenweibchen dazu. Wenn die männlichen Tiere erfolgreich sind, verteidigen sie ihr Territorium gegen Übergriffe anderer Männchen und bieten dem Weibchen einen sicheren Platz für die Aufzucht der Jungen.

Wenn die Notwendigkeit, Fleisch zu fressen, den Körperbau der Katze erklärt, dann erklärt die Notwendigkeit einer Ranch, auf der dieses Fleisch gezüchtet wird, das Gemeinschaftsleben der Katzen. Die Struktur der Katzengemeinschaft unterscheidet sich so sehr von der unsrigen, daß wir sie selten richtig erkennen. Aber es gibt diese Struktur, und sie ist sehr wichtig für die Katzen, die ja, bis auf einige Ausnahmen, nur verschiedene Varianten des Familienlebens praktizieren. Uns kommt es so vor, als seien die Löwen, die in einem Rudel in der Savanne leben, völlig anders organisiert als die einzelgängerischen Tiger im Wald, und doch könnte sich die Organisation der beiden Spezies aus der Sicht einer Katze stark ähneln. Man stelle sich zum Beispiel einen schlaffen Ballon vor, auf dem sich Punkte befinden, die ein Löwenrudel symbolisieren sollen. Bläst man den Ballon auf, könnten dieselben Punkte eine Gemeinschaft von Tigern oder anderen sogenannten Einzelgängern darstellen. Die Distanz zwischen den einzelnen Gruppenmitgliedern mag unterschiedlich sein, doch die Beziehungen der Tiere untereinander gleichen sich.

Da sich Katzen auch sonst in ihren Bedürfnissen und Verhaltensweisen ziemlich gleichen, sind die Übereinstimmungen im Gemeinschaftsleben nicht überraschend. Zum Beispiel gibt es bei Tigern, entgegen der herrschenden Meinung, nicht nur erkennbare soziale Gemeinschaften, sondern sie leben auch in kleinen Gruppen zusammen, die meist aus einer Mutter und zwei bis drei zwar körperlich ausgewachsenen, aber noch nicht ganz erwachsenen Jungen besteht. Doch selbst erwachsene männliche Tiger gesellen sich manchmal zu diesen Gruppen. 1989 wurde in einem Rundschreiben der International Union of Nature and Natural Resources (IUCN) davon berichtet, daß die Filmemacherin Belinda Wright im Kanha Park in Indien die Begegnung eines Tigermännchens mit einer Tigermutter, ihren zwei Jungen und ihrem ausgewachsenen Sohn aus einem früheren Wurf beobachtet hatte. Die fünf Tiere begrüßten einander mit zärtlicher Begeisterung und entfernten sich schließlich als Gruppe.

Daß nicht alle Katzen in Rudeln leben, mag weniger mit ihrer sozialen Veranlagung zusammenhängen als mit dem bestehenden Nahrungsangebot. Schließlich ist ein Tiger ungefähr so groß wie ein Löwe und frißt etwa die gleichen Mengen. Doch ist die Größe der vorhandenen Beutetiere von Gegend zu Gegend verschieden. Draußen in der Savanne reicht eine große afrikanische Antilope für mehrere Löwen, wodurch der Hang zu Geselligkeit und gemeinsamem Jagen gefördert wird.

In vielen Tigerhabitaten jedoch gibt es hauptsächlich Rehe, Hirsche und Schweine. Im dichten Wald verstreut und zu klein, um mehrere Tiger auf einmal zu ernähren, fördert die potentielle Beute das Einzelgängertum der Tiger.

Und doch bleibt das Rätsel bestehen. Wodurch erklärt sich das Paradox, daß es Gebiete gibt, in denen Löwen zumindest zeitweise allein leben, selbst wenn größeres Wild im Überfluß vorhanden ist? Diese Frage hat möglicherweise mit Wasservorkommen zu tun und wird später erörtert werden. Wie viele andere Fragen im Zusammenhang mit Tieren, ist das Problem ebenso faszinierend wie komplex.

Ist die Vorstellung, daß Katzen Grund und Boden besitzen, so abwegig? Ich glaube nicht. Alle wildlebenden Katzen brauchen einen bestimmten Lebensraum – deshalb erobern sie sich ein Revier. Aber wie weit geht dieser Gedanke? Obwohl diese Frage nicht leicht zu beantworten ist, sollte man sie stellen. Warum ein Revier besitzen, wenn man keine Nahrung darin findet? Die Katze beansprucht nicht nur das Revier, das ihr gehört, sondern auch das darin enthaltene Nahrungsangebot. Sich diese Nahrungsquelle zu sichern ist der Hauptgrund dafür, daß die Katze ein Gebiet für sich beansprucht. So gesehen betrachten Hauskatzen auch ihre Besitzer als ihr Eigentum, markieren sie mit den Lippen, zerkratzen ihnen die Beine, spritzen sie und ihre Sachen gelegentlich an und verteidigen sie gegen die Annäherungsversuche anderer Katzen. Warum? Weil so, wie eine bestimmte Savannenregion den Katzen Weißschwanzgnus bietet oder ein paar Quadratkilometer Taigawald für sie Polarhasen bereithalten, auch der Katzenbesitzer die Katze mit Nahrung versorgt. Ein menschliches Beispiel kann man bei Wildbeutern finden – etwa den Juwa-Buschmännern –, deren Auffassung von Landbesitz stark dem gewisser anderer Spezies ähnelt und aus genau denselben Gründen: Die Menschen müssen Zugang zu Nahrung und Wasser haben und diese Dinge gegen Übergriffe schützen. Den Zugang zu einem bestimmten Nahrungsangebot kontrollieren zu können bedeutet Überleben. Das ist so einleuchtend, daß es kaum der Erwähnung bedarf, und gilt für uns ebenso wie für jede andere territoriale Spezies.

Wenn man sie fragte, würde eine Gruppe Juwa-Buschmänner wohl kaum behaupten, daß sie ein Stück Land besäßen. Und in unserem Sinn besitzen sie es auch nicht. Für sie ist Land weder käuflich noch verkäuflich, noch sonstwie übertragbar, da es keine Ware ist. Das Land gehört ihnen eher so, wie uns die Luft gehört. Wie wir sagen könnten, wir hätten ein Recht auf die Reinerhaltung der Luft, damit wir gesund bleiben, könnten die Juwasi sagen, sie hätten das Recht, in einem bestimmten Gebiet zu jagen, Wildpflanzen zu sammeln und Wasser zu trinken, und alle Neuankömmlinge, die dasselbe wollen, müßten erst um Erlaubnis bitten. «Wegen allem?» fragen wir vielleicht.

«Ja», würden die Juwasi antworten.

«Sogar, wenn wir Hyänen jagen möchten?» fragen wir vielleicht. «Brauchen wir dafür auch eine Erlaubnis?»

«O nein, für Hyänen nicht», könnten die Juwasi antworten. «Hyänen sind *chi dole*, nutzlose Tiere. Das wäre uns egal. Sie könnten so viele Hyänen töten, wie Sie wollten. Komisch, daß Sie deshalb um Erlaubnis bitten würden!»

Hyänen gehören also nicht dazu, sagt man sich. «Und

Elenantilopen?» fragen Sie. «Und Kudus? Was ist, wenn ich Elenantilopen und Kudus jage?»

«Na ja – Elenantilopen und Kudus», antworten die Juwasi. «Bevor Sie Wild töten, fragen Sie lieber. Elenantilopen und Kudus sind nützliche Tiere, Huftiere. Die sind wichtig für uns.»

Könnte man sagen, daß den Buschmännern in diesem Szenario die Elenantilopen und Kudus *gehörten*? Sicher nicht nach unseren Maßstäben, nach denen man diese Tiere kaufen, verkaufen oder leihen könnte. Aber nach einem anderen Maßstab gehörten sie den Buschmännern: nach dem Maßstab des Landbesitzes und der Landverwaltung, dem Maßstab eines mit Flora und Fauna ausgestatteten Territoriums, in dem man ohne Konkurrenz anderer Mitglieder derselben Spezies leben konnte und wo man bereit war, andere Raubtiere, lästige Rivalen ähnlicher Größe, wie etwa Geparden, Leoparden und Hyänen, aus dem Weg zu räumen. Mit einem Wort, das Eigentumsrecht funktionierte für die Buschmänner nach altertümlichen Maßstäben, die so lange galten, wie die Eigentümer die alte Lebensweise beibehielten. Auf diese Weise besitzen auch Katzen ein Stück Land und das Wild, das darin lebt. Man könnte sagen, den Löwinnen eines Rudels gehören die Weißschwanzgnus ihres Reviers so lange, wie die Weißschwanzgnus dort leben.

Eine «Ranch» zu besitzen, ob gemeinsam oder allein, entscheidet für eine Katze oft zwischen Leben und Tod. Sie bietet der Katze nicht nur Schutz, Nahrung und Wasser, das Land und seine Bewohner werden der Katze auch sehr vertraut, was jedem Jäger äußerst hilfreich ist. Katzen liegen oft an Stellen, von denen aus sie ihren Besitz sehen –

sie beobachten die Bewegungen der Herden und können die Verfassung der einzelnen Tiere abschätzen. Aller Wahrscheinlichkeit nach kennen sie sogar einige der Beutetiere von nahem, so daß sie immer wissen, welches Tier altert oder krank ist, welches geworfen hat, in einen Kampf verwickelt war oder durch Zecken geschwächt ist. Dieses Wissen sowie das Wissen um Verstecke und die Topographie der Gegend kann zum Erfolg der Beutezüge beitragen. Einmal wurde mir in Idaho der Kadaver eines Wilds gezeigt, das von einem Pumaweibchen erlegt worden war. Das Pumaweibchen hatte offenbar gewußt, daß die Fährte des Wilds durch dichten Baumbestand führte, und hatte sich durch einen seichten Wasserlauf herangepirscht. Es war wohl kein Zufall, daß sie genau in dem Moment zur Stelle war, als das Wild vorbeikam. Vermutlich hatte sie vorausgeplant, sich durchs schützende Dikkicht geschlichen und vielleicht sogar auf das Wild gewartet. Nachdem sie es getötet und sich satt gefressen hatte, hatte sie den Kadaver zum Schutz vor Vögeln mit Laub bedeckt und sich in kurzer Entfernung zur Ruhe niedergelegt. Aber sie hatte ihre Beute nicht aus den Augen gelassen und war immer wieder zu ihr zurückgekehrt, bis alles Fleisch verzehrt war. Wir fanden nur noch die Schienbeinknochen mit den Hufen und ein paar Fellfetzen – die Teile, die Pumas aussortieren, bevor sie sich ans Fressen machen.

Ein Jahr später lagen diese Teile immer noch am Rand des Wasserlaufs als Zeugnis einer hervorragenden Jägerin, einer Diana der Douglastannen, die sich nicht nur mit ihrer Beute, sondern auch in der Topographie der Gegend auskannte.

Das Gegenteil war ein scheinbar heimatloses Pumaweibchen aus Idaho. Es hatte vier Kätzchen, vielleicht sein erster Wurf. Ich konnte ihr Schicksal mit Hilfe Ken Jafeks verfolgen, dessen Fachkenntnis und phantastische Jagdhunde eine Langzeitstudie über Pumas ermöglichen. Einige Tage bevor ich Ken traf, hatte er Spuren dieses jungen Pumas entdeckt. Da das junge Weibchen noch nicht in der Studie erfaßt worden war, als Ken ihre Spuren in der Nähe einer alten, verlassenen Farm entdeckte, war es sicher, daß sie von weit her gekommen sein mußte. Ihre vier Kinder folgten ihr auf dem Fuß, alle drei Monate alt, das Fell noch flaumig und getüpfelt. Warum hatte sie sich für ihre Wanderung die kälteste Zeit des Winters ausgesucht? Warum war sie in dieses unfruchtbare Tal gekommen, in dem es kein Wild gab? Kein Puma, dem klargewesen wäre, wie wenig Wild diese Gegend bot, hätte sich hier eine neue Heimat gesucht. Also bedeutete ihre Gegenwart, daß in ihrem früheren Revier irgend etwas schiefgelaufen war. Sie hatte sich für das Tal entschieden, weil sie sonst nirgends hinkonnte.

Immerhin durchzog ein Fluß das Tal, dessen Ufer von Dickicht gesäumt war, so daß das Pumaweibchen und ihre Jungen wenigstens Trinkwasser hatten und sich von Hasen und anderen Kleintieren ernähren konnten. Bald entdeckte Ken, daß es dem Pumaweibchen gelungen war, ein Stachelschwein zu töten. Sie und die Jungen hatten es gefressen und nur noch die Stacheln auf der gefrorenen, zerkratzten Haut übriggelassen. Als man mir die Überreste zeigte, hatte die junge Mutter sie mit Schnee bedeckt, als wolle sie sie für später aufheben.

Kurz nach ihrer Ankunft ließen die Forscher einen

Hund los, der das Pumaweibchen auf einen Baum treiben sollte, damit sie ihm einen Halsbandsender anlegen konnten. Aber das fremde Pumaweibchen kletterte in seiner Panik nicht auf einen Baum. Statt dessen rannte es leider weiter, gefolgt von seinen Jungen. Die kleine Familie lief durch einen Tannenwald, der sie gerettet hätte, auf einen weiten verschneiten Hang hinaus. Dort holte der Hund sie ein und erwischte eins der Jungen. Es war nichts mehr zu machen – das Junge war tot, bevor die weit abgebliebenen Forscher eingreifen konnten.

In jener Nacht schneite es. Die Familie hatte zwar wieder zusammengefunden, das Tal aber noch nicht verlassen. Statt dessen hatte die Mutter ihre restlichen Kinder zu einem leerstehenden, halbzerfallenen Farmhaus gebracht, das neben einer kleinen Straße stand. Als Ken und ich uns vor Anbruch des eisigen Morgens näherten, fanden wir ihre Spuren im Schnee. Man sah, daß Mutter und Kinder auf das Haus zugerannt waren, nicht hintereinander wie normal, sondern zu viert nebeneinander, als hätten sich alle über den Anblick des Hauses gefreut.

Drinnen suchten sie unter den zerbrochenen Brettern des Wohnzimmerbodens Schutz vor der bitterkalten Nacht. Wir näherten uns vorsichtig, in der Hoffnung, die Pumas zu sehen, aber die Mutter hörte uns. Sie floh mit ihren Jungen zum hinteren Ausgang hinaus, als wir uns der Haustür näherten. Die Spuren zeigten uns, daß die Jungen in den Fußstapfen ihrer Mutter gerannt waren.

Da wir sie für die Studie kennzeichnen wollten, ließ Ken einen Hund frei – diesmal aber keinen erfahrenen alten Kämpfer wie den, der das Pumajunge getötet hatte, sondern einen sanften jungen Hund, nur wenige Monate älter als seine Beute. Mit der Nase am Boden und für ein so junges Tier erstaunlich geschickt, stöberte der Hund zwischen den Weiden am Fluß umher und wedelte bei jeder ermutigenden Fährte kurz mit dem Schwanz. Diesmal kletterten zwei der Jungen auf einen Baum und das dritte, ein Weibchen, kletterte in einen Strauch, der weder hoch noch kräftig genug schien, es lange zu tragen. Der junge Hund bellte, und wir liefen hin.

Wir blieben den ganzen Tag da, banden die Hunde an Bäume und verständigten die Forscher in Pocatello, die Stunden später eintrafen. Sie betäubten die Pumajungen, wogen und maßen sie und versahen zwei davon mit einem Halsbandsender, bevor sie sie wieder laufenließen. (Für das dritte hatten sie kein Halsband dabei.) Da die angebundenen Hunde in immer neuen Richtungen Witterung aufnahmen, vermutete ich, daß die Mutter um uns herumschlich. Stellvertretend für sie versuchte ich die Jungen warm zu halten, bis die Betäubung nachließ. Sie wogen etwa zwölf Pfund, was für gute Pflege sprach, aber trotzdem kamen sie mir überraschend leicht vor, wie kleine Wölkchen, und man konnte unter dem feinen, weichen, langen Fell kaum die Konturen ertasten. Am meisten erstaunten mich aber die Pfoten dieser jungen Katzen. Groß wie Seifenschalen, schienen diese Tatzen gar nicht zu den kleinen Körpern zu passen. Als ich die samtigen Zehen leicht drückte, kamen große dolchartige, hornfarbene Krallen zum Vorschein, stark und gebogen wie Adlerklauen. Eine verfing sich in meinem Parka und fuhr durch den dicken Stoff wie eine Rasierklinge durch Seide. Diese zwanzig wirkungsvollen Waffen, die jedes der Kätzchen aufwies, ließen schon die

Raubkatze ahnen, zu der sie einmal heranwachsen würden.

Als die Kätzchen wieder bei Bewußtsein waren, brachten wir sie auf einem Baum in Sicherheit und gingen. Am nächsten Morgen kamen wir zurück, um zu sehen, wie es ihnen in der Nacht ergangen war. Die Mutter muß unseren Aufbruch durch die Bäume beobachtet haben – sie hatte ihre Jungen sofort abgeholt und weit weggebracht. Den Spuren nach waren sie dorthin zurückgekehrt, wo sie hergekommen waren.

Wir untersuchten das verlassene Haus und fanden Pelze, Köpfe, Pfoten und Pansen zweier kleiner Waschbären, die die Pumas gefressen hatten. Keine große Mahlzeit, aber immerhin besser als nichts. Wir fanden auch den Abdruck der jungen Pumamutter im Schnee, den es durch die offene Tür hereingeweht hatte. Sie hatte die ganze Nacht an der Tür gelegen und gewacht, wie es alle Eltern tun würden.

Diese bruchstückhafte Beobachtung zeigt, wie benachteiligt ein Tier in fremdem Terrain ist, gar nicht zu reden von einer Gegend, in der es an Nahrung und Behaglichkeit mangelt. Etwa zwei Meilen weiter gab es zahlreiche Maultierhirsche – wir sahen später ein beachtliches Rudel von zirka fünfzig Tieren, die einen hohen Berg hinaufliefen. Doch die junge Mutter schien nichts davon zu wissen. Und sie kannte auch keine Verstecke. Ken Jafek hat seine Hunde auf Dutzende von Pumas losgelassen (in den letzten Jahren nur noch zu Forschungszwecken), und er hat erlebt, daß Pumas den Hunden entwischen, indem sie auf Felsen klettern und damit zeigen, daß sie die Gegend in- und auswendig kennen – mit anderen Worten, das waren

Pumas, die sich zu Hause fühlten.* Das junge Pumaweibchen jedoch war nicht zu Hause. Fremd in der Gegend, war es ziellos davongerannt, als es das erste Mal von den Hunden verfolgt wurde, und nach dem zweiten Mal hatte es die Gegend verlassen, um weiter nach einem Platz zu suchen, an dem es leben und seine Jungen aufziehen konnte.

Die Geschichte ist typisch für die meisten heutigen Raubkatzen, deren Lebensraum gedankenlos zerstört wird oder von Menschen überlaufen ist. Wenn wir an Katzen oder überhaupt an Tiere denken, beruhigen wir uns damit, daß sie in den Wald gehören, und wenn wir sie dort finden, dann muß es ihnen wohl gutgehen. Doch selbst die Tiere, die Gras und Laub fressen, haben sehr reale, ja, festgelegte Bedürfnisse, so daß nicht ein Platz wie der andere ist, sondern viele Faktoren erfüllt sein müssen, nicht nur das Nahrungsangebot. So wie ein New Yorker in Sutton Place andere Lebenserfahrungen macht als ein New Yorker aus der South Bronx, ist auch die Natur nicht monolithisch. Die meisten Menschen, vor allem die in westlichen und asiatischen Kulturen, sind von der Natur so abgeschnitten, daß ihnen jedes Gefühl für diese Wahrheiten abhanden gekommen ist.

Mit Anfang Zwanzig durfte ich an mehreren anthropologischen Expeditionen zu den Juwa- und Gwi-Buschmännern teilnehmen, die in einem riesigen, größtenteils

* Pumas oder andere mittelgroße Raubkatzen mit Hunden zu jagen ist im allgemeinen eine ziemlich ungefährliche Sache. Bis auf wenige Ausnahmen klettert eine von Hunden verfolgte Raubkatze meist nur auf einen Baum, und die Hunde bellen hinauf. Wenn der Jäger weder auf den Puma schießt noch ihn auf andere Weise verwundet oder ihn vom Baum jagt, so daß er sich den Hunden stellen muß, wartet der Puma einfach ab, bis sich die Situation beruhigt hat, klettert dann wieder hinunter, und niemand ist zu Schaden gekommen.

unerforschten Teil des südlichen Afrika lebten. Ich war dort mit meinen Eltern Laurence und Lorna Marshall und meinem Bruder John, um über das Leben der Buschmänner zu berichten. Während wir durch einen der abgelegensten Teile der Wüste reisten, begegneten wir einer kleinen Gruppe von zehn Leuten – zwei Männer, drei Frauen, vier Jungen und ein Baby –, die, wie das Pumaweibchen und seine Jungen, kein Zuhause hatten. Als Buschmänner waren sie Jäger und Sammler und nahmen alles, was sie zum Leben brauchten, und alle ihre Besitztümer aus der Natur, so wie unsere Vorfahren dies vor langer Zeit getan hatten und wilde Tiere es noch heute tun.

Während der Trockenzeit, wie es sie in der Savanne seit urdenklichen Zeiten gibt, zogen die Menschen in die Nähe von Wasserlöchern, und in der Regenzeit, wenn es überall Wasser gab, zogen sie übers Buschland, um die dort wachsende Nahrung auszunutzen. Die Buschmänner hatten sich in jenen Tagen ziemlich gleichmäßig verteilt, und dies offenbar schon seit langer Zeit, so daß in der Umgebung jedes Wasserlochs nicht mehr Menschen lebten, als das Land ernähren konnte. Folglich litten die Menschen nicht mehr und nicht weniger Hunger als die anderen Lebewesen. Natürlich litten sie unter lang anhaltenden Dürrezeiten, aber sie entgingen den schrecklichen Folgen, die Hungersnöte heutzutage in anderen Teilen der Welt nach sich ziehen. Im Gegensatz dazu, was die sogenannten zivilisierten Menschen irrtümlicherweise von den Buschleuten glaubten, die fälschlicherweise als Nomaden bezeichnet wurden und angeblich ziellos auf Nahrungssuche durchs Buschland zogen, hatten sie, genau wie die übrigen Savannenbewohner, Gebietsansprüche, die die Ressourcen des Gebiets so unter ihrer Population aufteilten, daß alle davon leben konnten.

Indem sie nach den alten Regeln lebten, erfuhren die Gwi-Leute damals das Leben völlig anders als wir heute. Ihre kulturelle Erfahrung ähnelte viel mehr der anderer Lebewesen, mit denen wir immer noch die Erde teilen. Folglich war die aus zehn Menschen bestehende Gruppe, als sie ihre Heimat verlor, in der verzweifelten Situation, von ihrem Wasservorrat für die Trockenzeit abgeschnitten zu sein. Auf welche Weise hatten sie ihre Heimat verloren? Genau wie viele Tiere – ihr Territorium befand sich zufällig auf einem Stück Land, das von einem europäischen Farmer aufgekauft worden war. Natürlich erkannte er ihr älteres Besitzrecht nicht an. Schließlich hatten sie das Land nie bestellt und besaßen auch keine Besitzurkunde oder irgendein ähnliches schriftliches Dokument.

Da er das Wasserloch anfangs noch nicht ausschließlich für seine eigenen Zwecke nutzen wollte, duldete er die Gwi-Familie, wie wir vermutlich ein paar Füchse oder andere wilde Tiere dulden würden, deren Tun und Treiben uns nicht sonderlich interessiert. Als er aber zu dem Schluß kam, daß er das Wasser für sich brauchte, vertrieb er die Menschen, so, wie man vielleicht einen Sumpf trokkenlegt oder vergißt, ein Vogelhäuschen nachzufüllen, ohne zu bedenken, daß eine solche Vorgehensweise irgend jemandem schaden könnte. Schließlich handelte es sich um Menschen, die wild im Busch lebten. Warum sollte er, ein vielbeschäftigter Farmer, sich Gedanken über sie machen? Warum konnten sie nicht einfach im Busch verschwinden und sich weiter um ihre eigenen Angelegenheiten kümmern?

Der Gwi-Familie erging es genauso wie vielen Tieren, die ihre Heimat verlieren – sie suchten sich keinen neuen Lebensraum zum Leben, da es so etwas in der Trockenzeit nicht gab. Obwohl sie dies wußten, versuchten sie es trotzdem und zogen an einen Ort, den sie schon früher benutzt hatten, allerdings nur in der Regenzeit. Sie vertrauten auf das größte Geschick ihres Volks, aus unerwarteten Quellen in der Wüste Wasser zu gewinnen. Als wir ihnen mitten in der Trockenzeit tief im Busch begegneten, hatten sie zwar überhaupt kein Wasser mehr, kamen aber dennoch zurecht. Doch trotz ihres großen Wissens und Könnens erwies sich sogar für sie das Leben im trockensten Teil der Wüste während der heißesten Dürrezeit als zu gefährlich, und sie kehrten an ihren alten Platz zurück. Da sie der Farmer aber immer noch nicht dulden wollte, löste sich die Familie auf. Sie waren nicht vom Glück begünstigt, wohin sie sich auch wandten, und einige Jahre später gab es nur noch drei Überlebende. Ein Blick auf die Überlebensstatistik anderer Säuger in ähnlichen Zwangslagen legte nahe, wer diese drei sein würden: die jungen Männer. Frauen, Alte und Kleinkinder starben. Diese Situation traf Tiere und Wildbeuter häufiger, als sich das irgend jemand vorstellen kann, und genau das widerfuhr auch dem kleinen Pumaweibchen und seinen überlebenden flaumigen Jungen.

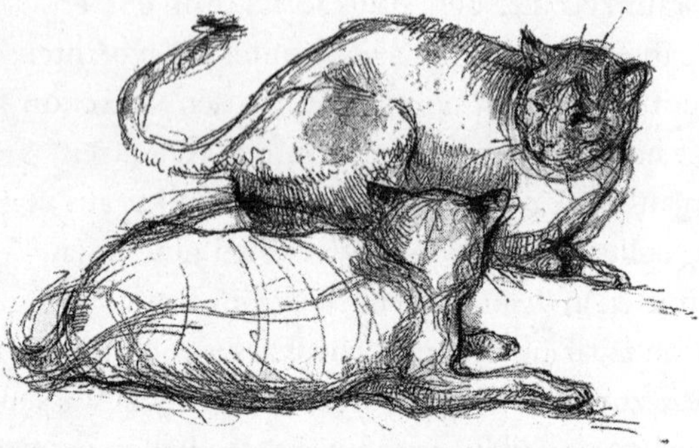

Obwohl Katzen nicht weniger gesellig sind als viele andere Tierarten, stellen wir sie uns eher als Einzelgänger vor. Das kommt daher, daß alle Katzen, die wir sehen, so weit von anderen Mitgliedern ihrer Gruppe entfernt sind, daß man denkt, sie seien allein. Rudyard Kipling pries die Katze, die allein durch die wilden, feuchten Wälder streift und, ungezähmt, mit ihrem Schwanz die Luft durchpeitscht. In Wirklichkeit aber sind Katzen, selbst dann, wenn sie verstreut in ihren Revieren leben, sehr gesellige Wesen. Wären sie es nicht, bräuchten sie nicht dieses riesige Repertoire an Lauten, Duftdrüsen oder Schwanz- und Körperhaltungen, um anderen Katzen eine fast unbegrenzte Zahl von Gefühlsäußerungen zu vermitteln. Ebensowenig bräuchten sie ihr bewegliches Gesicht – die mit feinsten Muskeln versehenen Ohren, die Augenlider, Lippen, Wangen, Schnurrhaare – für ihre lebhafte, ausdrucksvolle Mimik. Die Gesichter der Katzen sind sogar noch beweglicher als die von Hunden oder Menschen. Im

Gegensatz dazu brauchen ungesellige Tiere keine Mimik, und deshalb wirken ihre Gesichter starr.

Welche wichtige Rolle die Mimik für Katzen spielt, erlebten mein Mann und ich sehr eindrucksvoll, als eine unserer Katzen, die schöne weiße Aasa, erblindete. Wir hatten keine Ahnung, daß ihr irgend etwas fehlte. Ihre Blindheit hatte sich ganz allmählich entwickelt und beruhte auf einer erblichen Veranlagung, von der wir nichts gewußt hatten. Da Aasa unser Haus und seine Umgebung seit ihrer Kindheit kannte, kam sie auch nach ihrer Erblindung nahezu perfekt zurecht. Uns fiel nur auf, daß sie sehr ruhig und gedämpft wirkte, daß sie nicht mehr einfach aufs Bett sprang, sondern verstohlen die Pfote ausstreckte, das Bett betastete und dann hinaufkletterte, und schließlich, daß insgesamt weniger Mäuse und Vögel ins Haus gebracht wurden.

Die anderen Katzen jedoch bemerkten gewaltige Unterschiede. Der wichtigste war vielleicht, daß Aasas Reaktionen nicht mehr stimmten. Selbst wir fanden es unheimlich und beunruhigend, wie sie einen Gegenstand vor dem Hinaufspringen betastete, vielleicht, weil sie es so verstohlen zu tun schien, ohne uns anzusehen, und sich ihr Gesichtsausdruck nicht einmal dann veränderte, wenn wir sie aus nächster Nähe beobachteten. Zweifellos fühlten sich die anderen Katzen durch ihr Unvermögen, angemessen zu reagieren, zutiefst provoziert, denn sie begannen sie zu schikanieren. Besonders schlimm schienen sie ihr zuzusetzen, wenn wir außer Haus waren. Bei unserer Rückkehr fehlte dann von Aasa jede Spur, bis auf einige weiße Fellbüschel, die ihr die anderen Katzen ausgerissen hatten. Nach langer Suche fanden wir sie in irgendeinem

Versteck, meist in einem dunklen Kellerwinkel. Wenn wir dann nach ihr riefen, kam sie ein Stück auf uns zu, sehr langsam, sehr vorsichtig, vor allem dann, wenn sie einen Teil des Katzenwegs überquerte, der einen tiefen, offenen Brunnen enthielt. Wenn ich mir im Rückblick vorstelle, wo sie stand und wie sie sich auf dem Katzenweg bewegte, wird mir klar, daß sie sich an den Brunnen erinnerte und ihm ausweichen wollte.

Irgendwann nahmen wir sie dann auf den Arm und trugen sie nach oben. Manchmal jagten die drei anderen Katzen sie dann von neuem, und es passierte oft, daß Aasa auf der Flucht knapp eine Tür verpaßte und gegen die Wand rannte. Selbst da ging uns kein Licht auf. Wir wußten, daß ihr irgend etwas Schlimmes fehlte, hatten aber keine Ahnung, was. Nach kurzer Zeit mußten wir das Haus zwischen Aasa und den übrigen Katzen abteilen. Doch die anderen belagerten sie immer noch und beobachteten sie durch eine Fliegengittertür. Sie merkte es nicht und konnte deshalb nicht angemessen reagieren, was die Katzen erneut in Rage versetzte. Da wir nicht wußten, was los war, kamen wir auch nicht dahinter, welche Art von Fehlverhalten diese Attacken auslöste, aber ich vermute, daß Aasa, ein junges Weibchen, nicht merkte, wenn eine ältere Katze sie ansah. Weder konnte sie den Blick einer anderen Katze erwidern, noch konnte sie den eigenen Blick abwenden, was für Katzen niedrigeren Rangs sehr wichtig ist. Auch konnte sie nicht um zärtliches Reiben werben – ein weiterer Fauxpas. Die anderen Katzen müssen den Eindruck gewonnen haben, daß Aasa sie absichtlich zu frustrieren versuchte, was eine Katze normalerweise nie tun würde.

Schließlich beschlossen wir, ein neues Zuhause für sie zu finden. Dort wurde Aasas Blindheit von den wundervollen, aufmerksamen Menschen entdeckt, die sie adoptiert hatten. Es waren dies Peter Schweitzer und seine inzwischen verstorbene Frau Susanna, ganz außergewöhnliche Katzenbesitzer. Und so fanden die merkwürdigen Verfolgungsjagden endlich eine Erklärung. Aasa findet sich jetzt in Peters Haus zurecht und versteht sich gut mit einer jungen Katze, die dort ebenfalls lebt. Da diese Katze jünger ist als die blinde Aasa und erst nach ihr ins Haus kam, besteht für sie keinerlei Grund, an irgendwelchen möglichen Fehlern Anstoß zu nehmen.

Warum erkennen wir die Gesellschaftsstruktur der Katzen nicht? Wahrscheinlich, weil sie sich so stark von der unsrigen unterscheidet. Bei Hunden erkennen wir die Hierarchie, weil wir dieselbe Rangordnung haben wie sie, eine soziale Sprossenleiter, auf der das ranghöchste Individuum alle übrigen übertrifft, das nächste alle bis auf das erste, und so weiter. Das Katzensystem ist mehr wie ein Rad: Eine hochrangige Katze sitzt im Zentrum, und die anderen sind außen herum verteilt. Alle erkennen widerstrebend die Überlegenheit des Despoten an, messen sich aber nicht unbedingt miteinander. Katzen, die auf einer Farm leben, und Katzen anderer eng verknüpfter Gruppen scheinen meist gleichberechtigt zu sein. Aber ich habe den Eindruck, daß es auch bei Katzen eine Art sozialer Sprossenleiter gibt, allerdings nicht wie die der Hunde und Menschen mit einem Individuum pro Sprosse, sondern mit mehreren Katzen pro Sprosse. Aber selbst dann wäre die Katzenhierarchie so subtil, daß wir sie mit unserer schlechten Beobachtungsgabe kaum erkennen würden. Sanfte Ergebenheit drückt eine Katze dadurch aus, daß sie ihr Gesicht leicht am Gesicht dessen reibt, dem sie eine Freude machen möchte: überlegene Katzen, Hunde, Herrchen oder Frauchen – jedes vertraute Wesen, das ihr im Rang überlegen und kein Rivale ist. Ebenso kann ein hocherhobener Schwanz bei Hauskatzen ein Zeichen der Ergebenheit sein, so wie ein gekrümmter «Skorpionschwanz» bei Leoparden, Tigern und Löwen. Es ist wichtig, darauf hinzuweisen, daß ein hochgereckter Schwanz bei einer Katze etwas anderes bedeutet als bei einem Hund, denn bei einem Hund bedeutet es den höheren Rang, das heißt, wenn sich zwei Hunde begegnen, richtet Hund Nummer eins den Schwanz auf, während Hund Nummer zwei ihn unten läßt. Treffen sich jedoch zwei Katzen, können beide den Schwanz aufrichten, wobei Katze Nummer eins ihn vielleicht aus lauter Selbstbewußtsein höher reckt. Meine Katzen gehen meist mit hängendem Schwanz auf die Jagd und kehren mit hochgerecktem Schwanz heim.

1993 hatte ich im Harvard Yard in Cambridge eine reizende Begegnung mit einer Katze, die gerade im Gebüsch Vögel jagte. Als sie sah, daß ich sie beobachtete, unterbrach sie die Jagd und kam auf mich zu. Im Näherkommen reckte sie den Schwanz hoch und sah zu mir auf. Als sich unsere Blicke trafen, miaute sie einmal und ging dann ihrer Wege. *Du hast mich gestört, deshalb verlasse ich jetzt diese Gegend*, besagte diese Geste. *Aber da du ein Mensch bist, begrüße ich dich trotzdem. Hallo!* Manchmal jedoch zeigt der Schwanz auch gar nichts an. Zwei Katzen beäugen sich, und jede weiß, wer wo steht.

So wie sich der gesellschaftliche Code der Katzen vom unsrigen unterscheidet, unterscheidet sich auch ihr soziales Verhalten. Auch hier ähneln die Menschen eher den Hunden, deren soziale Neigungen wir sofort erkennen. Ein gutes Beispiel für die Unterschiede sind meine drei Hunde und drei Katzen, die mich jeden Morgen zu meinem Büro begleiten, das sich, abseits vom Haus, in einem Schuppen befindet. Ich fordere sie nicht dazu auf. Ich füttere sie auch nicht, wenn wir dort angekommen sind; sie können mitkommen oder nicht, wie es ihnen paßt. Mit einem Wort, ich biete ihnen keinen Anreiz außer meiner Gesellschaft. Wenn ich mich auf den Weg mache, drängen sich die Hunde mit mir aus der Küchentür und werfen mich fast um, ohne sich um irgendwelche Hundetüren zu kümmern; denn morgens sind sie in geselliger Stimmung und suchen meine Nähe. Von den Katzen ist nichts zu sehen. Auf halber Strecke jedoch merken die Hunde und ich, daß sich auch die Katzen auf den Weg gemacht haben und in dieselbe Richtung laufen. Die Hunde und ich gehen weiter, tauschen Blicke, Worte und Berührungen aus, während die Katzen uns und einander zu ignorieren scheinen. Doch kaum sind die Hunde und ich im Büro, erscheinen die Katzen dort ebenfalls. Das Zusammensein ist ihnen ebenso wichtig wie den Hunden, nur zeigen sie es auf andere Weise.

Und so scheint mir, daß Katzen uns nur deshalb ungesellig vorkommen, weil wir nicht die Fähigkeit besitzen, die Signale einer anderen Art wahrzunehmen. Katzensignale zum Beispiel interpretieren wir so, als würden sich die Katzen nichts aus uns machen und uns nicht vermissen, wenn wir weg sind. Wenn Menschen ähnliche Signale aussenden würden, träfe diese Deutung zu. Da Katzen aber keine Menschen sind, irren wir uns. Wenn mein Mann und ich eine Reise machen, lassen wir unsere drei Katzen mit viel Futter und Wasser versehen im Haus zurück. Die Hunde bringen wir in eine Hundepension, was die Katzen aber nicht wissen, weil wir die Hunde dort erst auf dem Weg zum Flugplatz abliefern. Für die Katzen stellt es sich so dar, daß wir und die Hunde zusammen wegfahren und sie allein zurücklassen. Und *das* macht ihnen offenbar etwas aus.

Kein Wunder. Die Katzen brauchen die Menschen und die Hunde, ob sie es sich anmerken lassen oder nicht. Wenn sich zum Beispiel ein Gewitter zusammenbraut, kommen die Katzen ins Haus, um bei mir oder meinem Mann zu sein. Ist keiner von uns da, bleiben die Katzen bei den Hunden, vor allem bei Sundog, dem Hund meines Mannes, der in unserer Familie Hund Nummer eins ist. Obwohl Sundog die Katzen nicht mag, schauen sie zu ihm auf in dem Glauben, daß er im Katastrophenfall schon wissen wird, was zu tun ist. Deshalb fühlen sie sich wirklich verlassen, wenn wir mit Sundog und den anderen Hunden wegfahren und sie, die Katzen, allein zu Hause lassen. Wenn wir aufbrechen, ziehen sie sich in den ersten Stock zurück, liegen mit eingezogenem Schwanz und ordentlich untergeschlagenen Pfötchen auf den Betten und reagieren auf nichts mehr – ein Verhalten, das dem menschlichen Schmollen entspricht und vielleicht einen emotionalen Rückzug aus einer unangenehmen Situation darstellt. Weder antworten sie, wenn man nach ihnen ruft, noch kommen sie herunter.

Bei unserer Rückkehr jedoch haben sie den Wagen

schon gehört und erwarten uns mit hocherhobenen Schwänzen an der Tür, schmiegen sich an unsere Füße und recken sich, um den Hunden Küßchen zu geben (nur bei Sundog nicht immer, der sie auf Distanz hält, indem er die Spitze eines Eckzahns sehen läßt und die Katzen aus dem Augenwinkel beobachtet).

Einmal sah ich eine Gruppe von vier männlichen Geparden eine afrikanische Steppe durchqueren. Sie liefen nicht hintereinander, wie es die meisten Landsäuger tun würden, sondern jeder auf eigene Faust, jeweils etwa zwanzig Meter voneinander entfernt, verstreut wie die Krähen. Da diese Geparden sich zusammengeschlossen hatten und ein gemeinsames Gebiet besaßen, hätten sie sich – aus meiner Sicht als Primatin – doch ab und zu einen Blick zuwerfen können. Wir Primaten würden das in einer ähnlichen Situation tun, vielleicht um zu sehen, ob wir uns über die Richtung einig sind, oder einfach nur, um uns des Bündnisses zu vergewissern. Auch Hunde würden sich Blicke zuwerfen. Geparden haben offenbar kein Bedürfnis danach. Mit hochgerecktem Kinn, die halbgeschlossenen Augen auf Berge, Wälder, Himmel, Horizont gerichtet, nur nicht auf ihre Gefährten, streiften sie völlig selbstvergessen dahin. Mein erster Eindruck, der mir jetzt dumm vorkommt, war der, daß keiner von der Gegenwart der anderen wußte. Nachdem sie wie durch Zufall gleichzeitig das Ende der Steppe erreicht hatten, zockelte jeder für sich durch die Bäume davon.

Was Kiplings Katze betrifft, die genauso denkt wie die Geparden: sie hat sicher nie angenommen, sie laufe allein herum. Im Gegenteil, sie hat vielleicht gedacht, sie laufe mit Kipling herum und hat vermutlich – den Schwanz hochgereckt wie ein Signal – versucht, den Autor aus den feuchten, wilden Wäldern herauszuführen.

Der vielleicht spektakulärste Beweis für die Geselligkeit der Katzen ist ihre Lautsprache – ein notwendiges Verständigungsmittel für Tiere, die durch ihre ökonomischen Bedürfnisse voneinander weggetrieben werden, obwohl sie sich eigentlich zueinander hingezogen fühlen. Wer sowohl Hunde als auch Katzen besitzt, kann diese Behauptung überprüfen: Ruft man nach Hunden, kommen sie meistens her, ruft man jedoch nach Katzen, antworten sie.

Auf Löwen jedenfalls trifft das sicher zu. In den fünfziger Jahren habe ich mich eine Zeitlang in Nyae Nyae, in der Wüste Kalahari im südlichen Afrika, aufgehalten und beobachtet, daß die Löwen durch Brüllen in Verbindung blieben. Wenn einer brüllte, antwortete nach kurzer Zeit von weit her ein anderer Löwe. In bestimmten Nächten verteilten sich die Löwen im Busch in einer Reihe – ihre Länge betrug eine Meile oder mehr – und schienen diese Reihe dadurch in Ordnung zu halten, daß sie nacheinander Antwort gaben. Erst brüllte der am weitesten entfernte Löwe, dann der nächste, dann wieder der nächste, bis sich sechs oder acht zu erkennen gegeben hatten. Auf diese Weise konnten sie sich mitteilen, daß alle da waren und die Reihe einigermaßen gerade verlief. In der Regenzeit antworteten diese Löwen sogar auf Donner. Das gefiel mir sehr: eine dunkle Nacht, der endlose, regennasse Busch, ein Blitz, ein gewaltiger Donnerschlag, eine kleine Pause und dann, schwach und weit entfernt, das Brüllen eines Löwen!

«WO BIST DU, MEIN LÖWE?»

«... (ich?) ... HIER!»

Bei allen Säugetieren und auch bei den meisten anderen Wirbeltieren besteht die grundlegende soziale Gruppe aus einer Mutter und ihren Kindern. Aber die sogenannten geselligen Tiere bilden weit über die Mutterbindung hinaus starke, elementare Gemeinschaften. Bei Hunden ist diese Gruppe das Rudel, klassischerweise ein Paar mit aus mehreren Würfen stammenden Jungen. Beim Menschen ist die Gruppe die erweiterte Familie, eine Wildbeuter-Gemeinschaft. Katzen jedoch, zumindest die erforschten Arten, sind durch polygame Beziehungen verbunden.

Die Löwen praktizieren eine Form der Polygamie, die zum Beispiel auch bei Menschen in manchen Teilen Nordafrikas und des Mittleren Ostens herrscht. Ein Mann, seine Ehefrauen und die Kinder leben alle zusammen. Die einzelnen Mitglieder einer solchen Familie gruppieren sich von Tag zu Tag immer wieder neu und reisen gemeinsam als Gruppe. Diese Bedingungen könnte man auf ein Löwenrudel übertragen.

Die sogenannten einzelgängerischen Katzen sind genauso polygam wie Löwen, richten ihr Leben jedoch anders ein. Man könnte sagen, sie leben wie gewisse Mormonenfamilien in Idaho oder Utah, wo ein Mann jeder seiner Ehefrauen und deren Kindern eine eigene Wohnung zur Verfügung stellt, dann von einem Haushalt zum nächsten zieht und abwechselnd mit jeder seiner Ehefrauen zusammenlebt. Genauso unterhält ein männlicher Puma oder Tiger ein großes Revier, das er gegen Einfälle feindlicher Rivalen verteidigt; dieses Revier überlappt ein paar kleinere Reviere, die den Ehefrauen gehören, oder grenzt an sie an.

Als ich in den Bergen Süd-Idahos einmal kurze Zeit an einer Telemetrie-Studie über Pumas beteiligt war, fand ich es belustigend und auch anrührend, die Pumafamilie, die wir gerade an einem Berghang beobachteten, mit einer menschlichen Familie drunten im Tal zu vergleichen. Die Familie am Berghang gehörte einem polygamen Puma. Er selbst war während unserer Studie wahrscheinlich gar nicht anwesend, dafür sahen wir zwei bis drei seiner Weibchen mit fünf beinahe erwachsenen Jungen; ein Weibchen hatte einjährige Zwillingssöhne, das andere Weibchen acht Monate alte Drillinge – eine Tochter und zwei Söhne.

Die Familie im Tal gehörte einem polygamen Mann, der seine Heimstatt mitten im Nationalpark errichtet hatte. Auch er war offensichtlich nicht anwesend, dafür aber Mitglieder seiner Familie in den weitverstreuten Hütten und Campingwagen – den Wohnungen seiner Ehefrauen.

Die sieben Pumas schliefen den ganzen Tag dicht beieinander (die beiden Mütter befanden sich vierhundert

Meter voneinander entfernt und die Jungen dazwischen – für Pumas eng wie in einer Sardinenbüchse); den ganzen Tag schwiegen ihre Halsbandsender – offenbar lagen die Katzen hinter großen Felsen im Schatten. Den ganzen Tag blieben die Leute unten im Tal in ihren Hütten und Wohnwagen, jede Frau mit ihren Kindern. Jede dieser Gruppen ging so in ihrem normalen Tagesablauf auf, daß wir sie nur ein einziges Mal zu Gesicht bekamen, als von einem nahe gelegenen Stützpunkt eine Kampfjet-Formation so tief und mit solchem Getöse über unsere Köpfe hinwegschoß, daß ich dachte, ich würde in den Sog gerissen. Auch die beiden polygamen Familien reagierten auf die Störung – die Pumas hoben erschreckt den Kopf (wir sahen es zwar nicht, aber ihre Sender gaben Signale), und einige Frauen und Kinder rannten aus den Hütten und schauten zum Himmel. Natürlich waren die Jets inzwischen verschwunden, und so ließen die Pumas wieder müde den Kopf sinken, und die Leute gingen nach drinnen. Im weiteren Verlauf des Tages bewegte sich nichts mehr außer der Sonne, die sich langsam zum Horizont hinunterschob.

Doch als es dunkel wurde und die Sterne herauskamen, vertauschten Menschen und Pumas ihre Aktivitäten. Einige der Leute, die den Tag getrennt verbracht hatten, kamen aus ihren Hütten, stiegen in einen Kleinbus und fuhren zusammen weg, während die Pumas, die den Tag zusammen verbracht hatten, aufstanden und getrennte Wege gingen. Die Mutter der Drillinge ging nach Westen und folgte einem Pfad ins nächste Tal. Die Mutter der Zwillinge wandte sich nach Süden, kletterte zum Bergkamm hinauf und verschwand. Und beiden Müttern folgten in einigem Abstand ihre Jungen. Obwohl sie schon groß waren, beherrschten sie die Kunst des Jagens noch nicht richtig und tappten ihren Müttern hinterher, da sie wußten, diese würden für Nahrung sorgen.

Woher wir wußten, um welche Pumas es sich handelte und in welcher Beziehung sie zueinander standen, da wir sie ja nicht sahen, sondern nur über das leise Piepsen der Halsbandsender kannten? Um ehrlich zu sein, waren wir uns, außer über die Mutter-Kind- und die Geschwisterbeziehungen, nicht hundertprozentig sicher. Man hatte den armen Tieren beim Anlegen der Halsbänder kleine Gewebsproben entnommen und sie zwecks einer DNA-Analyse an die National Institutes of Health in Bethesda, Maryland, geschickt, aber das Ergebnis war noch nicht gekommen. Einmal sagte mir der Leiter des Forschungsprojekts, daß die beiden Weibchen vermutlich Mutter und Tochter seien, ein anderes Mal jedoch, er sei beim Anlegen der Halsbänder zu der Einschätzung gelangt, die beiden Weibchen seien etwa gleich alt. Trotzdem erschien es ihm am wahrscheinlichsten, daß es sich um Mutter und Tochter handelte, und ich glaube, die meisten Leute würden ihm zustimmen. Die Studie ergab keinen Hinweis auf einen männlichen Puma.

Trotzdem war ich der Meinung, irgendwo in der Nähe müsse sich zumindest bis vor kurzem ein großer männlicher Puma herumgetrieben haben. Warum? Weil ich den Eindruck hatte, sein Bild, sein Schatten liege über den anderen Pumas. Hier lebten zwei Pumaweibchen praktisch Seite an Seite, aber die Jungen der einen waren drei bis vier Monate älter als die Jungen der anderen. Da männliche Katzen junge Kätzchen töten, die nicht ihre eigenen sind, war der Vater des zweiten, jüngeren Wurfs, der Drillinge, wohl auch der Vater der Zwillinge und Beherrscher des Reviers. Er konnte sich irgendwo in einem anderen Teil seines Gebiets aufhalten, denn schließlich kann das Revier eines männlichen Pumas zehnmal größer sein als das eines Weibchens. Vielleicht patrouillierte er weit entfernt an den Grenzen seines Besitzes entlang oder besuchte andere Weibchen.

Daß es ihn irgendwo gab, schien wahrscheinlich zu sein, zumindest kam es mir wahrscheinlich vor. Andere Möglichkeiten gab es kaum. Wäre der Vater der jüngeren Kätzchen neu in der Gegend gewesen, hätte er wohl gleich nach seiner Ankunft die älteren Kätzchen getötet. Warum verhält sich eine Katze so? Weil sie dazu gezwungen ist. Was Gaia von den männlichen Katzen erwartet, ergibt eine dramatische, komplizierte Geschichte, an deren Anfang die Tatsache steht, daß Katzen, im Gegensatz zu vielen anderen Tieren, zwei unterschiedliche Strategien der Fortpflanzung haben, eine für die Männchen und eine für die Weibchen. Das soziale System bringt die beiden Strategien in Einklang.

Im Gegensatz zum Menschen und vielen anderen Tieren, wie etwa den Gänsen, suchen sich junge, ausgewachsene Katzen nicht einen Partner des anderen Geschlechts, um sich zu paaren, eine Familie zu gründen und möglichst bis ans Ende ihrer Tage glücklich zusammenzuleben. Männliche Katzen ähneln eher den Jahreskönigen von Eleusis, von denen es heißt, daß sie nach einer Wanderperiode ein Land erreichten, das von Frauen beherrscht und jeweils für eine gewisse Zeit von einem König regiert wurde. Der Neuling kämpfte gegen den König und übernahm im Fall eines Siegs die Herrschaft. Sein Lohn für den Sieg war die Krone und die Gunst der Frauen, doch da ihn unweigerlich das Schicksal seines Vorgängers ereilte, konnte ein König nie längere Zeit bei den Frauen verbringen. Man fragt sich, welchen positiven genetischen Effekt das Jahreskönigs-System auf die Bevölkerung von Eleusis gehabt haben mag oder zumindest auf die königliche Familie.

Die Familie der Katzen hat dieses Verfahren jedenfalls stärker und widerstandsfähiger gemacht, da praktisch jedes Männchen vom ansässigen Revierbeherrscher getestet wird und dann der Stärkere von beiden die nächsten Würfe zeugt. Dadurch, daß sie sich dem Sieger zur Verfügung stellen, erreichen die Weibchen eine ständige Verbesserung des Erbguts ihrer Jungen.

Somit wird der Preis für die Vortrefflichkeit der Katzen vorwiegend von den männlichen Tieren bezahlt, die meist wirklich kein leichtes Leben haben. Den besten Start ins Leben hat eine männliche Katze dann, wenn sie möglichst lange bei der Mutter bleiben kann, um alles von ihr zu lernen und während der Wachstumsphase genügend Nahrung zu haben. Solange das Männchen bei seiner Mutter ist und es sich beim Revierbesitzer um seinen eigenen Vater handelt, wird es wahrscheinlich an Ort und Stelle bleiben, bis es körperlich und geistig soweit ist, sein Glück zu versuchen. In manchen Fällen duldet es der Vater erstaunlich lange neben sich, vor allem dann, wenn der Sohn sich zurückhält, den Vater nicht provoziert, sich nicht durch Gejaule (falls er eine Kleinkatze ist) oder Gebrüll (falls er eine Großkatze ist) produziert und keinen Urin zur Markierung versprüht. Früher oder später jedoch treibt ihn sein junges männliches Temperament dazu, eins der Verbote zu übertreten, und dann jagt ihn der Vater davon.

Er geht und läßt sich vom Zufall treiben, auf der Suche nach Weibchen und einem eigenen Revier. Jetzt kommt die Schwierigkeit. Schließlich bevölkert seine Spezies die Erde seit über einer Million von Jahren (700 000 Jahre, falls er ein Löwe ist) und hatte eine Menge Zeit, jeden verfügbaren Lebensraum zu besiedeln. Katzen vollbringen teils atemberaubende Extremleistungen, um diese Schwierigkeiten zu überwinden – ein New Yorker Hauskater etwa balancierte tapfer über einige riskante, hochgelegene Mauervorsprünge, um durch ein Fenster im sechsten Stock einen Blick auf eine Katze namens Bubastis zu werfen. (Leider muß man sagen, daß ihn Bubastis, als sie seiner ansichtig wurde, nur kratzbürstig anfauchte.) Vielleicht könnte sich ein Kater ein Revier an der Fassade eines New Yorker Wolkenkratzers einrichten, ohne allzu viele Rivalen befürchten zu müssen, doch in den meisten Fällen sind geeignete Reviere, wenn die Population der Spezies der männlichen Katze gesund ist, schon besetzt. Jedes dieser Reviere wird von einem großen, erfahrenen Kater bewacht, der Bäume so weit oben mit Kratzern markiert hat, daß unser junges Männchen noch gar nicht hinkommt, und dessen Urin von einer erstaunlich großen Zahl von Blättern tropft. Das junge Männchen lernt, daß ihm kein Revier offensteht.

Also lebt es eine Weile am Rand der Territorien anderer Katzen, in den Regionen, die sie am wenigsten benutzen, wo ihre Kratzer verwischt, ihr Kot getrocknet ist und ihre Urinspritzer schal riechen. Nachdem es von einen oder zweien überrascht worden ist und vielleicht ein paarmal übel zugerichtet wurde, lernt es, noch vorsichtiger zu sein. Es versucht, keine Spuren zu hinterlassen, es verscharrt seinen Kot, pinkelt diskret in Löcher, die es extra für diesen Zweck gegraben hat, und hütet sich, seinen Urin zu versprühen. Jagen muß es natürlich, sonst würde es verhungern. Aber es streift nicht in der Gegend herum, um überall nach Tieren zu suchen, wie es sein Vater getan hat. Vielmehr lernt es, heimlich zu jagen, kauert geduldig neben Mauselöchern (falls es eine Kleinkatze ist) oder (wenn es eine Großkatze ist) in der Nähe von Wildwechseln oder im Schilf von Wasserlöchern und wartet, bis seine Opfer zu ihm kommen. So ist es weniger wahrscheinlich, daß es von den Revierbesitzern, deren Beute es stiehlt, entdeckt wird. Es hingegen weiß natürlich über sie Bescheid. Schließlich haben sie viel Zeit dafür aufgewandt, ihre Runden zu drehen, die Grenzen zu überwachen, immer auf der Hut vor Eindringlingen wie ihm. Es kann sogar vorkommen, daß es einen von ihnen vorbeilaufen sieht, da sie sich im Gegensatz zu ihm ja nicht verstecken müssen, zumindest nicht vor den anderen Katzen. Nachts hört es sie jaulen (wenn es Kleinkatzen sind) oder brüllen (wenn es Großkatzen sind). Eine Weile gelingt es ihm, ihnen auszuweichen. Wahrscheinlich vermuten sie seine Gegenwart, doch haben sie keine Beweise. Früher oder später passiert es jedoch, daß es ebenfalls jault, Urin verspritzt, von ihnen entdeckt wird oder sonst einen Fehler macht, der ihnen Gewißheit gibt, daß es in der Nähe ist. Dann geraten sie alle in große Aufregung und machen Jagd auf es.

Da Katzen so gefährliche Zähne und Klauen besitzen, können sie sich im Kampf gegenseitig schwer verletzen und neigen deshalb selbst bei Revierstreitigkeiten eher dazu, Kämpfen auszuweichen. Statt dessen bringen sie die Emotionen, die der Anblick des anderen in ihnen weckt, durch Miene und Körperhaltung zum Ausdruck. Oft reicht dies, um der Herausforderung ein Ende zu setzen und den Neuankömmling abzuschrecken, der sich daraufhin möglichst schnell und unauffällig aus dem Staub macht – mit angelegten Ohren, Schwanz und Bauch dicht am Boden –, um nie mehr zurückzukommen, sondern sein Glück lieber im Revier anderer Katzen zu versuchen.

Eines Tages jedoch kann es geschehen, daß unser Kleiner ein Stück Land ohne männlichen Besitzer findet und es zu seinem Revier macht. Oder er entdeckt, während er umherstreift oder unrechtmäßig in einem fremden Revier lebt, daß die Markierungen des Eigentümers an den Bäumen nicht ganz so hoch sind wie seine eigenen. Dies läßt den Schluß zu, daß der Bewohner kleiner ist als er. In diesem Fall kann es gut sein, daß er die Konfrontation sucht, und da für beide Katzen viel auf dem Spiel steht, könnte es zum Kampf kommen. Warum? Der junge Herausforderer, der hier eine Zukunftschance wittert, kämpft, weil er alles zu gewinnen hat, während der Revierbesitzer kämpft, weil er alles zu verlieren hat, inklusive sein Leben und seine Kinder.

Nehmen wir also einmal an, die beiden Kater kämpfen, und der jüngere gewinnt. Während der junge Held langsam anfängt, seine Wunden zu lecken, sieht er mit seinen runden Augen der sich entfernenden Gestalt des blutenden, besiegten Rivalen nach. Und dann beginnt die Jagd auf dessen Ehefrauen. Es können Mütter und Töchter sein, deren Reviere (wenn es sich zum Beispiel um Luchse,

Jaguare, Ozelots, Rotluchse, Tiger oder Pumas handelt) in der für Katzen typischen Wildrosen-Konfiguration aneinandergrenzen. Diese Reviere spürt er nach und nach auf, und wenn möglich, macht er auch die Lager mit den jungen Kätzchen ausfindig. Für die Weibchen hat er durchaus Pläne, doch die Jungen des besiegten Rivalen kommen in diesen Plänen nicht vor. Er sucht nach den Kätzchen, und wenn er sie findet, tötet er sie, häufig mit einem Nackenbiß.

Inzwischen wissen die Weibchen über ihn Bescheid. Jedes Weibchen, das Junge hat, fürchtet ihn. Sie läßt ihre Jungen nicht länger als nötig allein, und wenn das neue Männchen ihr Lager findet, verteidigt sie es. Manchen Weibchen gelingt es, die Männchen zu vertreiben. Die meisten männlichen Katzen kämpfen in dieser Situation nämlich nicht allzu wild – wenn man Hauskatzen beobachtet, gewinnt man den Eindruck, daß der marodierende Kater, statt sich auf einen Kampf einzulassen und Verletzungen zu riskieren, lieber einen Rückzieher macht und dafür später, wenn die Mutterkatze weg ist, einen zweiten Versuch unternimmt. Da sie ihm später ja zu Willen sein soll, nimmt er lieber eine abwartende Haltung ein, als ihr die Stirn zu bieten. Und so gelingt es dem Weibchen, obwohl das Männchen größer und stärker ist, meistens, die ersten Angriffe auf ihre Jungen abzuwehren.

Aber sie weiß, daß er wiederkommt. Und deshalb trägt sie die Kätzchen, wenn sie noch klein genug sind, vorsichtig eins nach dem anderen in ein neues Versteck. Die meisten Katzen mit neugeborenen Jungen haben für diese Situation einige Ersatzverstecke parat. Doch kann es passieren, daß sie eins ihrer Jungen fortgetragen hat und bei ihrer Rückkehr die anderen reglos, mit durchbissenem Genick, vorfindet. Und während sie sie ableckt und versucht, sie wieder zum Leben zu erwecken, kann es passieren, daß das Männchen ihre Spur zum neuen Nest zurückverfolgt und auch noch das letzte überlebende Junge tötet. Rührenderweise begreift offenbar selbst ein ganz junges Kätzchen, was passiert, und versucht sich zu wehren, indem es den Angreifer fauchend anstarrt.

Sind die Jungen zum Zeitpunkt der Landübernahme bereits alt genug, kann es sein, daß die Mutter sie weit wegführt. Und wenn ihr angestammtes Revier zu klein ist, führt sie sie womöglich in eine neue, unbekannte Gegend. Dieser Versuch ist nicht unrealistisch, da die jungen Kätzchen schon erstaunlich kräftig sind. Ken Jafek entdeckte, wie ich bereits erzählte, die Spur eines Pumaweibchens, das aus unbekannten Gründen beschlossen hatte, seine drei sechs Wochen alten Jungen durch tiefen Schnee an einen über drei Meilen entfernten Ort zu bringen, was für die drei Kätzchen eigentlich ein unmögliches Unterfangen war: Der Schnee war zu tief für sie und zu schwer, um sich hindurchzupflügen. Und doch schafften sie es. Natürlich hatte ihnen ihre Mutter einen Teil der Schwerarbeit abgenommen, indem sie ihnen den Weg bahnte; aber da die Kätzchen viel kürzere Beine hatten, waren ihre Schritte kleiner als die der Mutter. Die Pfotenabdrücke der Mutter waren groß wie Untertassen, die der Kätzchen wie Fünfmarkstücke. Und doch waren die Kätzchen, wie Kens Fotografien belegen, den ganzen Weg durch die von ihrer Mutter geschaffene Rinne gelaufen und von einem tiefen Pfotenabdruck über den Schnee in den nächsten gesprungen; hinauf, über den Schnee und hinunter; hinauf, über den Schnee und hinunter; dieses anstrengende Manöver hatten sie nicht weniger als fünftausendmal wiederholt, einmal für jeden der fast einen Meter langen Schritte ihrer Mutter.

Sind die jungen Katzen zum Zeitpunkt der Landübernahme schon ausgewachsen, machen sie sich eventuell auch allein auf den Weg. Die jungen Söhne des besiegten Herrschers fliehen angesichts der Bedrohung so weit wie möglich. Manche der jungen Töchter hingegen versuchen womöglich, bei der Mutter zu bleiben, aber in diesem Fall hängt ihr Schicksal davon ab, als was sie der neue Stiefvater sieht. Sieht er sie als Ehefrauen, läßt er sie in Ruhe. Sieht er sie aber als Kinder, dann sind sie ebenfalls in Gefahr. George Schaller berichtet in seinem Buch *The Serengetti Lion* von einer mysteriösen Beobachtung, die G. Dove gemacht hat. Aus meiner zugegebenermaßen unerfahrenen Sicht könnte sie mit diesem Phänomen zusammenhängen. In der Nähe des Lagaja-Sees sah Dove, wie sich eine Löwin einem fressenden Löwen näherte. Erst lief sie auf ihn zu, doch als sie näher kam, begann sie zu kriechen, als wolle sie den Löwen gnädig stimmen. Der Löwe erhob sich von seinem Mahl, griff die Löwin an und tötete sie nach kurzem Kampf mit einem Nackenbiß. Dann kehrte er zu seiner Mahlzeit zurück. Als er satt war, ging er hinüber und legte sich gesellig neben den reglosen Körper.

Wie Schaller selbst geschrieben hat: «Einem Beobachter ist die Geschichte des Tiers, das er sieht, in den seltensten Fällen bekannt, doch wird das Verhalten des Tiers und die Art, wie andere Tiere darauf reagieren, oft von Ereignissen der Vergangenheit beeinflußt.» Doves unheimliche Geschichte wirft die Frage auf, ob es sich vielleicht um eine junge Löwin gehandelt hat, eine Tochter des Rudels, die den neuen Stiefvater besänftigen wollte.*

Wie lange kann ein Männchen sein Revier beherrschen und die Jungen schützen, die es kurz nach der Eroberung des Reviers mit den ihrer Kinder beraubten Weibchen gezeugt hat? Das hängt natürlich vom jeweiligen Männchen ab. Wenn es jedoch seinen genetischen Beitrag leisten will, muß es die Jungen über die Zeugung hinaus noch so lange gegen potentielle Rivalen schützen, bis sie für sich selbst sorgen können. Das heißt, für die meisten Kleinkatzen etwa neun bis zwölf Monate, für Katzen mittlerer Größe vierzehn bis achtzehn Monate und für Großkatzen mindestens zwei Jahre. Es heißt natürlich nicht, daß die Jungen nach so kurzer Zeit ganz ausgewachsen sind – Löwen und Tiger sind es zum Beispiel erst nach drei bis vier Jahren –, sondern nur, daß sich einige der Jungen unter günstigen Bedingungen notfalls selbst durchschlagen können. Sie haben dann sozusagen ein Mindestalter erreicht. Wünschenswert ist, daß ein Männchen sein Revier so lange beherrschen kann, bis die Jungen ein Alter erreicht haben, in dem sie ganz sicher allein zurechtkommen. Dann können sich die Töchter in oder bei den Revieren der Mütter niederlassen, und die Söhne können sich auf den Weg machen, wie ihr Vater früher auch, um eigene Familien zu gründen und die Linie fortzusetzen. Manchmal kann ein Männchen sogar über ein Gebiet herrschen, bis seine Weibchen mehr als einen Wurf aufgezogen haben. Doch

* George Schaller, *The Serengetti Lion*, University of Chicago Press, Chicago 1972, S. 55 u. 189.

wie bei den Jahreskönigen wird ein Männchen im Durchschnitt nur relativ kurz regieren, wobei die Länge dieser Zeit von seiner Intelligenz und Stärke abhängt und seiner Fähigkeit, Herausforderer in die Flucht zu schlagen. Und wenn er schließlich von einem jüngeren, stärkeren Fremden besiegt wird und diese Niederlage überlebt, wird er wieder zum Vagabunden, zum Wanderer, der sich zeitweilig in den Revieren anderer Katzen herumtreibt, ihre Beute stiehlt und ihrer Aufmerksamkeit zu entgehen versucht.

Eigentlich müßte dies zur Folge haben, daß es eine große Population älterer männlicher Katzen gibt, die kein Revier besitzen, aber dem scheint nicht so zu sein. Bei den relativ wenigen Katzenarten, die bisher erforscht sind, könnte die Zahl der alten, heimatlosen Männchen sogar geringer sein, als es der normale Schwund nahelegen würde. Andererseits gibt es sehr viele junge heimatlose Männchen. Eine mögliche Erklärung für diese Diskrepanz ist die Tatsache, daß die älteren Katzen ja nicht nur gegen einen, sondern gegen viele Kontrahenten kämpfen müssen. Diese Kämpfe sind strapaziös und bringen, da Katzen so gefährliche Tiere sind, unweigerlich schwere Verwundungen mit sich. Im Gegensatz zu einer jungen aufstrebenden Katze, die sich im Fall einer Niederlage zurückziehen kann, um den Kampf zu einem Zeitpunkt ihrer Wahl zu wiederholen, muß sich der alte Revierbesitzer, ob er bereit ist oder nicht, gegen jeden ernstzunehmenden Herausforderer mit aller Kraft verteidigen und kann sich nie den Luxus gönnen, sich zurückzuziehen. Zwei mögliche Gründe für die geringe Zahl älterer, revierloser männlicher Katzen sind meiner Meinung nach, daß sie oft von Eindringlingen getötet werden oder, falls sie den entscheidenden Kampf überleben, durch Erschöpfung, Entkräftung und Verletzungen leichter alltäglichen Gefahren zum Opfer fallen.

Einmal genoß ich das Privileg, den Schädel eines Säbelzahntigers zu untersuchen. Der Schädel war ein Relikt der La-Brea-Teergruben bei Los Angeles und hatte einem männlichen *Smilodon fatalis* gehört, einer der größten Katzen, die die Welt je gesehen hat. Allein schon die Größe des Schädels war eindrucksvoll, aber die berühmten Eckzähne waren furchteinflößend – kräftig, gebogen, spitz und fast fünfzehn Zentimeter lang. Durch die großen Augen und das schmale Kinn muß selbst dieses riesige Gesicht etwas Katzenhaftes gehabt haben. Darüber hinaus jedoch waren die Unterkieferknochen ziemlich schmal und die Knochenfortsätze links und rechts nur zwei kleine Punkte, so daß der Kiefer wie eine Falle zuschnappen konnte.

Andere Katzen können das Maul nicht so weit aufreißen, weil sie schwerere Kiefer mit weiteren Scharnieren haben, in denen die Muskeln verankert sind, die die Zähne zusammenpressen. Aber der Smilodon mußte die Zähne nicht zusammenpressen. Für ihn war nur wichtig, daß sein Unterkiefer herunterklappte und er die Säbelzähne entblößen konnte. Verschiedene Rekonstruktionen* stellen dar, wie er das bewerkstelligt haben könnte, und obwohl sie in der Frage des Angriffs voneinander abweichen, stimmen doch alle überein, daß der Smilodon nicht

* In: Andrew Kitchener, *The Natural History of the Wild Cats*, Comstock, Ithaka 1991, Seite 29–34.

den Unterkiefer gegen die Eckzähne preßte wie andere Katzen, sondern sie mit der schraubstockartigen Kraft von Hals und Schultern und mit einer Windung des ganzen Körpers in sein Opfer schlug.

Wenn man bedenkt, wie groß und stark dieser Körper war und wie lang jene Zähne, dann muß es eine furchtbare Erfahrung gewesen sein, von einem Smilodon angefallen zu werden. Hätte er einen Menschen attackiert – was durchaus möglich gewesen wäre, da die menschliche Spezies damals die Neue Welt mit seiner Spezies teilte –, hätte er sein Opfer wie ein kleines Würstchen aufgespießt. Er wurde zu Recht *fatalis* genannt!

Während mir solche Gedanken durch den Kopf gingen, hatte ich den Schädel von der Seite und von oben betrachtet und noch ein paar Sekunden gezögert, ihm direkt ins Gesicht zu sehen. Ich wollte mich innerlich vorbereiten, weil ich mit einem eiskalten Schauer rechnete. Ich erwartete, ins Antlitz des Todes zu blicken, in das aufgerissene Maul und die leeren Augenhöhlen des Großen Zerstörers! Als ich jedoch meine Hände unter die Säbelzähne schob, um den schweren Schädel anzuheben und umzudrehen, hörte das Gefühl der Scheu und Ehrfurcht schlagartig auf – der spitzen Zähne wegen, die fast meine Hände durchbohrten.

Was hatten wir denn da? Diese Zähne befanden sich in einwandfreiem Zustand, sogar nach zehntausend Jahren im Teer! Sie zeigten keine Beschädigung durch Kerben, Dellen oder Rillen, wie es zum Beispiel bei einem ausgewachsenen afrikanischen Löwen der Fall sein würde. Das war nicht das Antlitz des Todes – es war das Gesicht eines jungen männlichen Smilodons, der durch einen tragischen

Unfall ums Leben gekommen war. Und da sich junge Kätzchen nur mit viel Beistand zu ausgewachsenen Katzen entwickeln, hatte sich seine Mutter zwei bis drei Jahre um ihn kümmern müssen, bis er so riesig geworden war. Ihre warmen Schenkel hatten seinen Körper vor dem eisigen Wind geschützt. Ihre langen Hinterfüße hatten ihm den Weg gezeigt, wenn er durchs Gras hinter ihr herstolperte. Warum war ihre Mühe vergeblich gewesen? Warum war ein so prächtiges junges Tier wie er in eine Teergrube geraten?

Das kann natürlich niemand wissen, aber der Zahl der Leichen nach zu urteilen, die man dort außer dem jungen Säbelzahntiger fand, scheint der Teer auf Smilodons wie ein Magnet gewirkt zu haben. Sie fielen häufiger hinein als alle übrigen Tiere. Warum dies geschah, ist nie wirklich geklärt worden. Ich vermute, eine Teergrube war genau die Art von Gefahr, von der sich junge Smilodons herausgefordert fühlten, die zum erstenmal, von ihrer Mutter getrennt, allein unterwegs waren und zu Unfällen neigten. Ihre großen jungen Körper brauchten Unmengen zu fressen. Kleine Beutetiere wären bei weitem nicht nahrhaft genug gewesen. Um ohne allzu großen Einsatz von Kraft ausreichend Nahrung zu haben, mußten junge Smilodons ziemlich große Beutetiere erlegen. Genau das hatten sie wohl auch gelernt, wenn sie ihre Mutter bei der Jagd beobachteten. Aber andererseits ist es gar nicht so leicht, sehr große Tiere zu jagen, vor allem nicht für einen Anfänger. Gewiß verschärfte sich das Problem, als immer mehr der größeren nordamerikanischen Säugetiere ausstarben – ein Ereignis, das vor dem Verschwinden der Smilodons stattfand. Da man annimmt, daß die

Smilodons wie Löwen in Rudeln gelebt haben, hätte eine Revierübernahme außerdem zur Folge haben können, daß die Jungen mehrerer Würfe plötzlich in dicht beieinanderliegenden Gebieten auf sich selbst gestellt gewesen wären, woraus sich ein äußerst harter Konkurrenzkampf um die zu erobernde Beute ergeben hätte. Wie verlockend muß da für einen hungrigen jungen Säbelzahntiger der Anblick eines zappelnden, schreienden Tiers gewesen sein, das in einem seichten See zu stehen schien und offenbar in Not war!

Was geschieht bei einer Revierübernahme mit den weiblichen Katzen? Wie reagieren sie darauf, daß ihr gegenwärtiger Ehemann herausgefordert wird? Für mich deutet ihr Verhalten auf gemischte Gefühle hin. Zumindest bei Hauskatzen, aber sicherlich auch bei anderen Katzenarten kommt es vor, daß die Weibchen an der Seite des Männchens gegen den Eindringling kämpfen, besonders dann, wenn er sich ihren Verstecken mit den Jungen nähert.

Hält der Neuankömmling aber Distanz, bleibt er zum Beispiel am Rand des Reviers und ruft von dort nach den Weibchen, dann kann es sein, daß sie ihn näher kennenlernen wollen und sogar intim mit ihm werden. Ist es ein Bauernkater, gründet er ein Revier am Waldrand, in einiger Entfernung vom Hauptschauplatz des Katzentreibens auf der Farm, und lockt ein bis zwei Weibchen her, damit sie ihn sehen oder sich sogar mit ihm paaren. Dies tun die Weibchen oft sehr bereitwillig. Es ist in ihrem eigenen Interesse für den Fall, daß der Neuankömmling den jetzigen Revierinhaber besiegen und das Revier übernehmen sollte. Hat dem Neuankömmling die sexuelle Begegnung gefallen, wird er sich nach dem Sieg an die betreffenden Weibchen erinnern. Und wenn seine neuen, promisken Ehefrauen ihm lang genug Grund zu der Annahme gegeben haben, daß ihre Jungen auch seine sind, liegt es in seinem eigenen Interesse, diese Kätzchen zu schonen.

Als junge Frau lebte ich auf einer Farm, auf der es viele Bauernkatzen gab und männliche Revierübernahmen wohl an der Tagesordnung waren. Das Feldsteinfundament des Farmgebäudes wies im Keller Lücken auf, durch die die Katzen hereinkamen und jeden Abend auf entrahmte Milch warteten, wenn wir die Milchzentrifuge reinigten und sterilisierten. Das folgende ist eine Anekdote, keine Beobachtung, da es schon so lange her ist. Ich erinnere mich, daß wir eines Abends nach der Arbeit jemanden im Keller «singen» hörten. Ein fremder Kater war hereingekommen und rief. Nie zuvor hatte ich ein so betörend schönes Lied gehört. Da er es lange sang, lernte ich die Melodie und konnte sie noch Jahre später vor mich hin summen.

Die Tür zur Kellertreppe stand einen Spalt offen, und ein getigertes Weibchen stahl sich zu ihm hinunter. Ich ging ihr nach und sah im Dämmerlicht noch eins der anderen Katzenweibchen, eine dreifarbige Katze; sie kauerte unter dem Wasserbehälter und guckte mit runden Augen hervor. Als ich kam, versteckte sich der Kater und verstummte. Doch als ich wieder ging, hob sein Gesang im dunklen Keller des Farmgebäudes von neuem an. Ein Orpheus der Katzenwelt.

Nach diesem Abend sahen wir den orangeroten fremden Kater des öfteren am Feldrand und im Schatten der

Nebengebäude, und zwei Monate später warfen das getigerte und das dreifarbige Weibchen Junge, von denen einige sein orangerotes Fell hatten. Diese orangeroten Kätzchen wuchsen direkt vor den Augen des Revierherrschers auf, einem schwarzen Kater mit weißem Kinn, weißem Wams und vier weißen Socken. Er sah tatsächlich aus wie der berühmte Socks, die Katze des gegenwärtigen amerikanischen Präsidenten, war aber massiger gebaut und von Kampfspuren übersät. Wer hatte die orangeroten Kätzchen gezeugt? Orangerot ist die männliche Variante der Dreifarbigkeit und war dort so verbreitet, daß man keine Rückschlüsse auf den Vater ziehen konnte. Aber letztlich wäre es auch nicht wichtig gewesen, wer der wirkliche Vater war. Wichtig war nur, daß keiner der Kater die Jungen tötete, da beide mit den Müttern verkehrt hatten und davon ausgehen konnten, daß es sich um ihre eigenen Jungen handelte.

Lieben sich Katzen? Es scheint so. Die Weibchen des schwarzweißen Katers hoben ihm das Gesicht entgegen, wenn sie ihm begegneten, und schienen seine Nähe zu suchen, vor allem, wenn sie ruhten. An kühlen Vormittagen entschied er sich fürs Dach des Lieferwagens oder eine windgeschützte Ecke, wo die weiße Stallwand die Sonne reflektierte. Dort lag er dann mit fast geschlossenen Augen, den Schwanz um den Körper gekringelt, die Pfoten unter die Brust gezogen, Ohren und Schnurrhaare entspannt. In wechselnder Entfernung, zum Beispiel auf der Kühlerhaube, lagen ein bis zwei seiner Weibchen in ähnlicher Stellung. Sie berührten ihn nicht, sahen ihn nicht einmal an, waren aber trotzdem sehr stark auf ihn bezogen.

Nicht so unsere jetzigen Katzen, die heute auf der gleichen Farm leben – Rajah, der Jäger, Lilac, seine Mutter, und Christmas, deren Halbschwester. Hätte das oben geschilderte Verhaltensmuster keine bestimmte Bedeutung, dann würden es vermutlich alle Katzen blindlings nachahmen, und auch Lilac und Christmas würden sich nach Rajah ausrichten, ordentlich zusammengerollt in einiger Entfernung von ihm schlafen, aber trotzdem auf ihn bezogen. Aber sie tun nichts dergleichen. Obwohl er viel größer ist als sie, ist er ihr Kleiner, ihr Sohn und Neffe, nicht ihr Mann. Fauchend verjagen sie ihn von ihren Lieblingsplätzen und reagieren wütend, wenn er sie verfolgt.

Deshalb glaube ich inzwischen, daß die Bindung zwischen Männchen und Weibchen bei Katzen eine große Rolle spielt. Kätzinnen haben ihre eigene Vorstellung davon, was einen guten Ehemann ausmacht, und an dieser Vorstellung orientieren sie sich bei der Wahl und Unterstützung ihres Partners. Je stärker ein Kater ist, desto erfolgreicher kann er schließlich seine Jungen verteidigen, so daß die Mühe des Gebärens nicht umsonst war. Wenn sich eine Katzenfamilie fest an einem Ort niedergelassen hat, ohne daß ihre Sicherheit von an der Grenze lauernden Rivalen bedroht wird, herrscht zwischen den Familienmitgliedern eine zärtliche, entspannte Atmosphäre. Die Bauernkatzen, die ich als Erwachsene am besten kannte – sie gehörten der Familie meines Sohnes im nördlichen New Hampshire –, begrüßten sich mit hochgerecktem Schwanz und zärtlichem Nasenreiben, eine Begrüßung, die von der tieferrangigen Katze ausgeht. Die jungen Katzen wuchsen unter einem milden Herrscher auf, Rollo, der Vaterstelle an ihnen vertrat, obwohl er kastriert und nicht ihr Vater war. Ihre wirklichen Väter müssen einige Kater aus den benachbarten Farmen und Wohnhäusern gewesen sein, aber Rollos Auftreten hielt diese Männchen in Schach. Vielleicht wirkte sein niedrigerer Testosteronspiegel besänftigend und hielt ihn vom Kämpfen ab, wenn sie auf der Bildfläche erschienen. Für die Weibchen war es ein ideales Arrangement. Sie konnten ihre Jungen ohne Angst vor marodierenden Katern aufziehen. Und Rollo ging, wie viele Katzenväter, wunderbar mit den Kleinen um, leckte ihnen von Zeit zu Zeit das Fell und ließ sie mit seinem Schwanz spielen.

Der Eindruck, daß Katzenväter ihren Familien viel bedeuten*, wurde von späteren Studien an einigen britischen Katzen erhärtet, die sich genauso verhielten wie die Bauernkatzen in New Hamsphire vor so langer Zeit. Als der britische Kater aus unerklärten Gründen in einen Weidenkorb gesperrt wurde, ließen ihn die Weibchen nicht etwa im Stich, sondern lagen die ganze Nacht oben auf dem Korb. Wo er war, wollten auch sie sein. In ähnlicher Weise richten sich Hauskatzen nach ihren Menschen oder manchmal nach den Kleidungsstücken dieser Menschen und legen damit ein gewisses Gefühl des Einklangs an den Tag, auch wenn es im Vergleich zu Hunden oder Primaten nur schwach ausgeprägt scheint.

Angesichts der Zärtlichkeit, die in Gruppen lebende Katzen einander entgegenbringen, könnte man es fast als tragisch bezeichnen, daß die meisten jungen Katzen, ob sie

* D. W. Macdonald, P. J. Apps, G. M. Carr und G. Kerby, «Social Dynamics, Nursing Coalitions and Infanticide among Farm Cats, *Felis Catus*», *Advances in Ethology*, Paul Parey Scientific Publishers, Berlin 1987.

wollen oder nicht, ihre Gruppe früher oder später verlassen. Sie werden von praktischen Erwägungen geleitet. Außer in der Umgebung von Bauernhöfen, wo Kornspeicher genügend Mäuse und Ratten garantieren und der Bauer noch zufüttert, fördert die Ernährungsweise der Katzen das Leben in der Gruppe nicht. Abstand ist wichtig, und Katzen spüren das. Sie brauchen keinen feindseligen Stiefvater, der sie vertreibt – früher oder später müssen sie sowieso gehen. Wir haben das mit unseren eigenen Katzen auf überraschende Weise erlebt – sie bemerkten Entwicklungen in unserem Haushalt, die sie zur Auswanderung zwangen, während wir Menschen gar nichts mitbekamen.

Unsere Katzen entstammen alle der Population, die im Haus und in der Scheune unseres Sohnes lebte. Diese Katzen waren durch die weibliche Linie miteinander verwandt. Hin und wieder kamen Kater aus der Nachbarschaft, um neue Würfe zu zeugen. Unsere erste Katze, der weiße Kater Orion, war von der höchstrangigen Katze unseres Sohnes geboren worden, der Stammesmutter Manas, was vielleicht Orions Status in der Gruppe erhöht hat. Seine hohe Stellung könnte sein ungewöhnliches Selbstvertrauen erklären. Schon als junges Kätzchen wagte er es, in die Dachsparren zu klettern, um Schwalben zu jagen – er war das einzige Junge in dieser Population, das je so hoch geklettert war.

Als er zu mir und meinem Mann kam, war er unsere einzige Katze und machte unser Haus zu seinem Haus. Er war die ganze Zeit bei uns, außer wenn er durch die Katzentür zum Jagen ins Freie schlüpfte. Nach etwa einem Jahr nahmen wir auch seine Halbschwester zu uns, die pechschwarze Wicca, die damals etwa vier Monate alt war, ein mageres junges Kätzchen. Da Orion älter war als Wicca und viel größer, rechneten wir eigentlich damit, daß er sie beherrschen würde. Doch zu unserer Überraschung vertrieb sie ihn. Schon etwa eine Woche nach ihrer Ankunft kam er nur noch zu den Mahlzeiten ins Haus und richtete sich in dem Gebäude ein, das mein Büro beherbergt – eine Art Stall, der auch als Garage und Holz- und Werkzeugschuppen dient und mehreren Mäusefamilien Unterschlupf bietet. So hätte es ewig weitergehen können, mit Wicca im Haus und Orion im Nebengebäude, hätte man uns nicht noch eine dritte Katze geschenkt – die junge Aasa, eine Kusine der anderen, die sie aber nie gesehen hatte. Obwohl Aasa die jüngste und kleinste der drei Katzen war, übernahm sie das Haus, genauso wie Wicca es getan hatte, und Wicca, inzwischen ein reifes, fähiges Tier, zog zu Orion ins Nebengebäude.

Was war der Grund für diese Auswanderungen? Sex schied aus, da alle unsere Katzen kastriert oder sterilisiert waren, weshalb Fortpflanzung bei ihrer Revieraufteilung keine Rolle spielte. Das Verhalten von Katzen wird sehr von individuellen Vorlieben bestimmt, so daß wir diese Revierabsprachen erst als persönliche Vorlieben abtaten – wieder mal ein Katzengeheimnis, das Menschen verschlossen bleibt. Aber dann bekamen wir Besuch, der seine Katze mitbrachte, und Aasa zog aus. Als die Gastkatze ging, kam Aasa zurück. Offenbar geschah irgend etwas, das die Katzen verstanden, wir aber nicht.

Und schließlich fiel mir ein, wie sich den Katzen die Situation darstellen mochte. Wahrscheinlich spielte ich für sie die Rolle der Mutterkatze. Wenn dem so war, könnte ihnen jede neue Katze wie ein Junges aus einem neuen Wurf vorgekommen sein, ein Signal für die älteren Kätzchen des vorangegangenen Wurfs, ihre eigenen Wege zu gehen. Sehr interessant wird dieses Phänomen durch den Umstand, daß wildlebende Jungkatzen manchmal im Revier der Mutter bleiben. Und wenn sie das tun, sind sie sicher von der Mutter dazu eingeladen worden. Da ich nicht wußte, wie diese Einladung auszusehen hatte, konnte ich sie nicht aussprechen. Und so zogen meine Katzen in für Bauernkatzen sehr typischer Manier vielleicht deshalb ins Nebengebäude, damit ich und mein neuer «Sprößling» genügend Platz hatten. Dort blieben sie bis ans Ende ihres Lebens, obwohl wir alles versuchten (inklusive Einsperren), sie wieder ans Haus zu gewöhnen. Sie blieben, solange wir sie einsperrten, aber kaum ergab sich die Gelegenheit, liefen sie hinaus und überließen der jungen Aasa das Haus. Bauernkatzen aus einer Welt der Felder, Scheunen, Ställe und Nebengebäude – sie taten das, was sie für richtig hielten.

In einer menschlichen Wohnstatt auf der Insel Zypern entdeckten Archäologen die aus dem Jahr 7000 v. Chr.* stammenden Überreste einer Katze, die somit älter war als die frühesten bekannten Hauskatzen Ägyptens. Selbst in jener Zeit lebten auf Zypern keine Wildkatzen – diese Katze war per Schiff gekommen. Es war ein mächtiges Tier von der Größe einer Wildkatze. War es nur zufällig zahm gewesen, oder hatte die Domestizierung der Katzen bereits begonnen? Das weiß niemand. Fest steht nur, daß die Seeleute zu dieser Katze eine solche Beziehung hatten, daß sie sie mit nach Zypern nahmen.

Wie hat es der Mensch geschafft, Katzen zu domestizieren, und dazu noch vor so langer Zeit? Mit ihrer Promiskuität und Polygamie, ihrem Individualismus und ihrer Abneigung gegen Leittiere unterscheiden sich Katzen

* Juliet Clutton-Brock, *Cats Ancient and Modern*, Harvard University Press, Cambridge 1993, S. 26.

stark von unseren sonstigen Tiersklaven. Ironischerweise ist die einzige Katze, der man, wenn auch nur oberflächlich, die üblichen Voraussetzungen für die Domestizierung zusprechen könnte, der Löwe. Doch bevor wir vorschnell versuchen, einen Löwen zu zähmen, könnten wir uns fragen, warum die meisten Zirkusse zur Raubkatzendressur ausschließlich Tiger benutzen. Warum so selten Löwen? Die Antwort ist, daß Löwen durch 700000 Jahre Gruppenleben sehr selbstbewußt geworden sind, eine typische Reaktion von Katzen auf die Konkurrenz auf engem Raum. Löwen stehen zu Tigern im gleichen Verhältnis wie die reizbaren, schwierigen Rotluchse zu den ruhigeren Luchsen. Trainer ziehen Tiger vor, weil sie gefügiger sind als Löwen. Außerdem, beeilen sich Dompteure zu versichern, neigen Löwen dazu, sich gegen den Dompteur zu verbünden, was sie als Sklaven unbrauchbar macht.

Natürlich gibt es auch Ausnahmen. Ich kenne zum Beispiel eine Dompteuse, der ihre Löwinnen zu Hilfe kamen, als ein Tigermännchen sie während der Vorstellung angreifen wollte. Wahrscheinlich halfen die Löwinnen der Dompteuse, weil sie ebenfalls weiblich war und somit bis zu einem gewissen Grad ein Gruppenmitglied – jedenfalls mehr, als es der angriffslustige Tiger je hätte sein können. Oder die Löwinnen empfanden die brenzlige Situation in der Manege als mögliche Bedrohung und wollten sie im Keim ersticken. Was auch immer der Grund war, der Vorfall hätte niemanden dazu ermutigt, Löwen zu zähmen, denn gemeinsame Aggression zählt nicht gerade zu den Eigenschaften, die man sich von seinen Sklaven wünscht.

Wie haben wir es also geschafft, eine Spezies dieser Familie zu zähmen? Die Antwort lautet: Gar nicht. Sicher, heute sind Hauskatzen völlig domestiziert und weisen die üblichen Charakteristika dafür auf: kleinerer Wuchs, kleinere Hirnkapazität und eine höhere Toleranz für enges Zusammenleben. Aber zu diesen Eigenschaften kamen die Katzen durch Zufall, da die Domestizierung der Katzen ein zufälliges Nebenprodukt der Kultivierung des Grases war.

Ja, des Grases. Als der Mensch lernte, bestimmte Getreidearten zu ernten, die natürlich wiederum zu den Gräsern gehören, erntete er dabei unbeabsichtigterweise auch einen kleinen Teil des Ökosystems mit. Wie überall ernährten auch die Grassamen unserer Vorfahren eine Unmenge kleiner Tiere, darunter die heimische Spezies der *Muridae*, der Familie der Ratten und Mäuse. Logischerweise folgten die Mäuse und Ratten dem geernteten Futter in die Kornkammern. Und wer sollte wiederum den Mäusen und Ratten folgen, wenn nicht ihr natürlicher Feind, der sie schon immer gejagt hatte, die heimische Wildkatze, *Felis sylvestris lybica*, die bald zu *Felis catus* werden sollte.

Das kultivierte Getreide verbreitete sich in Nordafrika, Asien und Europa. Mit dem Getreide kamen die Mäuse und Ratten. In deren Gefolge wiederum kamen die Katzen, vermutlich von den Menschen ermutigt, die bis dahin sicher gelernt hatten, daß Katzen nicht nur bessere Mäusejäger als Hunde, sondern auch reinlicher und ruhiger sind und kaum menschliche Nahrungsmittel stehlen. Katzen verschmähten die Getreideprodukte, die für die Menschen und ihr Vieh zur Hauptnahrungsquelle wurden. Das konnte man von Hunden nicht behaupten.

Dann erfanden die Menschen Schiffe und begannen

Handel zu treiben, wobei Getreide nicht mehr nur als Nahrungsmittel, sondern auch als Tauschobjekt diente. Die Mäuse und Ratten kamen mit, abermals gefolgt von den Katzen. Auf diese Weise hat sich eine noch heute, Jahrtausende später, bestehende Nahrungskette, die vom Grasland des südlichen und östlichen Mittelmeerraums ausging, in alle Teile der Welt ausgebreitet.

Heute wird diese Nahrungskette in unseren Häusern wie auf kleinen Inseln konserviert. Unser Brot entsteht aus Getreide aus Kleinasien. Die Hausmäuse sowie die braunen und schwarzen Ratten, die sich von diesem Getreide ernähren, leben in unseren Mauern und Kellern und unterscheiden sich in Verhalten und Aussehen erheblich von wildlebenden Mäusen und Ratten. Die ehemaligen Wildkatzen schlafen auf unserem Bett. Sogar die alten Namen sind den Katzen auf ihrer lang zurückliegenden Reise von den Grasebenen hierher gefolgt – das Wort *puss* (englischer Rufname für Katze) scheint eine Spielart von Bastet, der ägyptischen Göttin, zu sein; das Wort *tabby* (englischer Ausdruck für eine getigerte Katze) scheint vom türkischen *utabi* zu kommen, einem gestreiften Stoff; und das Wort *cat* scheint vom arabischen Wort für Katze, *qutaah**, abzustammen. Aber es hat sich viel verändert. Die Mäuse und Ratten sind im Lauf der Jahrhunderte größer und stärker geworden, die Katzen kleiner und schwächer, woraus man ersehen kann, was die natürliche Selektion bei den Ratten und der besänftigende, verkleinernde Prozeß der Domestizierung bei den Katzen bewirkt hat.

* F. E. Zeuner, *A History of Domesticated Animals*, Harper and Row, New York 1963, S. 390.

Die John Hopkins University hat eine sehr informative Studie über die streunenden Hauskatzen von Baltimore erstellt. Sie zeigt, daß diese Straßenkatzen einen Unterschied machten zwischen Ratten, die in Stadtparks lebten und Grassamen und andere natürliche Nahrung fraßen, und Ratten, die sich in den Gassen von Abfällen ernährten. Die Parkratten waren sozusagen wild und erhielten nur durchschnittliche Nahrungsmengen. Von ganz normaler Größe, waren sie ideale Opfer für die streunenden Katzen. Die Gassenratten jedoch waren durch die herumliegenden Abfälle über Erwarten gut genährt und so groß und stark geworden, daß die Katzen vor ihnen zurückschreckten.*

Das gleiche galt für die Ratten, die in meiner Kindheit auf den Farmen New Hampshires lebten. Wie die meisten Ratten, die unsere Habitate heimsuchen, waren es auch hier Wanderratten, die ursprünglich aus Ostasien stammen. Das Korn für das Vieh wurde in verschlossenen Holzsilos aufbewahrt. Die Ratten knabberten an der Rückseite Löcher hinein und fraßen sich so voll, daß sie dick und fett wurden – zu groß für die unterernährten Bauernkatzen. Aggressiv in der Verteidigung ihres gut organisierten Gemeinwesens und im Besitz eines uneinnehmbaren Systems von Gängen und Schlupflöchern innerhalb der Scheune, konnten die Ratten manchmal wirklich gefährlich werden. Selbst die Hunde nahmen sich vor ihnen in acht. In dieser Hinsicht waren die Menschen mit den Katzen sehr unzufrieden.

Andererseits waren die Katzen auch nicht immer hun-

* James Childs, «And the Cat Shall Lie Down With the Rat», *Natural History*, Juni 1991, S. 16–19.

dertprozentig mit den Menschen zufrieden. Schließlich sind Bauernkatzen weder Haustiere noch Vieh. Sie haben keinen finanziellen Wert und werden belustigt geduldet, solange sie nur gelegentlich zur Melkzeit um Milch betteln. Da sie sich überwiegend in Stall und Scheune aufhalten, hatten mit diesen Katzen nur die Männer zu tun, nicht die Frauen, und nur wenige Bauern hatten eine persönliche Beziehung zu den Katzen. Zumindest nicht im ländlichen New Hampshire meiner Kindheit. Bauernkatzen wurden selten von Menschen gefüttert; sie wurden nie kastriert, nie geimpft, nie zum Tierarzt gebracht. (Der war in ländlichen Gemeinden sowieso auf Vieh spezialisiert, und seine Aufgabe war es, die Einkünfte des Farmers zu maximieren, nicht, seine Tiere zu verhätscheln. Der Tierarzt unserer Gemeinde zum Beispiel war der erste, der dafür plädierte, daß chirurgische Eingriffe grundsätzlich unter Narkose ausgeführt wurden, die Narkose also im Honorar inbegriffen war und nicht mehr als überflüssiger Luxus galt.) Erschien dem Farmer die Katzenpopulation zu groß, wurden die Katzen einfach in Säcke gesteckt und vergast oder ersäuft. Schließlich macht genau das die Landwirtschaft aus – daß man eine Zeitlang für eine Gruppe von Tieren sorgt, sie dann aber plötzlich zusammentreibt und ohne Vorwarnung tötet.

War unsere Beziehung zu Katzen für beide Seiten also nur teilweise befriedigend, so war sie doch auch weniger streng geregelt als unser Verhältnis zu den übrigen Haustieren. All die anderen Haustiere hatten ursprünglich in hierarchisch strukturierten Gruppen mit Leittieren gelebt. Dieses System funktioniert dadurch von selbst, daß gutgeführte Gruppen eine höhere Überlebensrate aufweisen als Gruppen mit unfähigen Leittieren. Ein kluges Weibchen, das eine Herde Bergziegen anführt und sich mit Lawinen auskennt, kann seine jüngeren Schwestern, Töchter, Nichten und Enkelkinder im Frühjahr, beim Erklimmen höherer Gebirgsregionen, über Steilhänge führen, da es weiß, wann man gefährliche Schneewächten betreten darf. Da ihre Familie so vor dem Absturz bewahrt wird, weist sie eine hohe Überlebensrate auf, und wenn sich die Anlage, einem klugen erfahrenen Leittier zu gehorchen, weitervererbt, wird die Familie des klugen Bergziegenweibchens diese Anlage von einer Generation zur nächsten weitergeben.

Um Tiere wie die Bergziegen zu domestizieren – was schon bald geschah –, brauchte der Mensch nur die Stelle des Leittiers einzunehmen. Unsere Sklaven, die Tiere, waren von ihren eigenen vorzüglichen Leittieren zum Gehorsam erzogen worden.

Katzen jedoch folgen, mit Ausnahme der Löwen, keinem Leittier. Junge Kätzchen folgen zwar ihren Müttern, aber danach hat jede Katze ihre eigenen Pläne und übernimmt für sich selbst die Verantwortung. Eine ausgewachsene Raubkatze kann von ihrer Mutter dadurch Hilfe erhalten, daß diese ihr ein Stück Land schenkt, auf ihre Jungen aufpaßt oder ihr Schutz gewährt, aber die alltäglichen Entscheidungen trifft eine Katze selbst. Was also bindet Katzen und Menschen aneinander?

Es gibt verschiedene Bindungen, von denen die wichtigste wohl auch die simpelste ist – die durch Besitz. Katzen gehören uns so wie unser sonstiges Eigentum auch – wir können damit machen, was wir wollen. Einige lasche Gesetze sollen sie zwar vor unserem Hang zur Grausamkeit bewahren, doch diese Gesetze sind leicht zu umgehen und werden selten angewendet. Interessant jedoch ist, daß wir Katzen ebenso gehören wie sie uns. So wie eine wildlebende Katze ein Revier besitzt, in dem sie rechtmäßig Mäuse oder Wild jagen kann, so besitzt eine Hauskatze eine menschliche Wohnstatt und das Recht auf die Menschen. Natürlich sind Menschen keine Beute für sie, aber sie versorgen sie noch bequemer mit Futter als etwa eine Mäusepopulation. Das ist der Grund, weshalb Katzen unsere Wohnungen mit Harnspritzern markieren und ihre Duftdrüsen an unserem Körper reiben. *Das gehört mir*, sagen die feinen Duftstoffe und halten andere Katzen fern. Der Kater meines Mannes, Rajah, erhebt Besitzanspruch auf dessen Büro, wo sie den ganzen Tag zusammen verbringen (es sei denn, mein Mann ist weg oder Rajah auf Mäusejagd). Rajah beansprucht auch die Betthälfte meines Mannes, wo beide schlafen. Selbst meinen Mann hat Rajah zu seinem Besitz erklärt – er gehört nach dem Katzengesetz nur ihm allein. Eine unserer anderen Katzen, Christmas, Rajahs Tante, hält sich von meinem Mann fern. Selbst beim Abendessen, selbst bei Schneesturm und Gewitter, selbst in der Abenddämmerung, wenn alle Katzen ins Haus kommen, reagiert sie nicht auf seinen Ruf. Für sie ist Rajahs Revieranspruch viel wichtiger als die Wünsche meines Mannes, oft sogar wichtiger als ihr eigenes Bedürfnis nach Fressen und Obdach. Die andere Katze, Rajahs Mutter, respektiert die Besitzansprüche ihres Sohnes zwar ebenfalls, setzt sich manchmal aber doch darüber hinweg und besucht meinen Mann trotzdem. Mich wiederum teilen sich die beiden Kätzinnen. Der einen gehört das Haus, der anderen das Nebengebäude, in dem sich mein Büro befindet. Beide schlafen abwechselnd auf meiner Betthälfte. Rajah ist sehr nett zu mir, sehr herzlich, wenn wir uns begegnen, da ich aber offensichtlich seiner Mutter und seiner Tante gehöre, hält er sich meist in respektvoller Entfernung. Eher besucht er mich, wenn sich mein Mann im selben Zimmer aufhält oder gar nicht da ist. Das Grundstück teilen sich die drei Katzen interessanterweise, so daß jede jagen kann, wo sie will. Fremde Katzen dringen selten ein, tun sie es aber doch, werden sie von den Hunden verjagt.

Die zweite Bindung zwischen Menschen und Katze ist wohl die elementarste – die Eltern-Kind-Bindung. Viele Leute behandeln Katzen wie Kinder, und darin besteht wohl ein großer Teil der Anziehungskraft, die von Katzen ausgeht. Eine durchschnittliche Hauskatze wiegt sechs bis neun Pfund, ist weich, warm und nachgiebig, und wenn man sie an die Brust drückt, fühlt sie sich wirklich wie ein Baby an, zumindest bis sie die Krallen ausfährt. Aber es bleibt nicht bei der taktilen Ähnlichkeit. Wie Babys haben auch Katzen hohe Stimmen, ein schmales Kinn, große Augen und kurzes, zu Berge stehendes Haar. So starke akustische und visuelle Stimuli lösen beim Menschen einen atavistischen Pflegeinstinkt aus.

Und wie wir Katzen als Kinder betrachten, betrachten sie uns als Eltern. Ein Erwachsener mißt von den Knien aufwärts etwa dreimal soviel wie eine ausgewachsene Katze, das heißt, er steht zu einer ausgewachsenen Katze im selben Verhältnis wie eine ausgewachsene Katze zu einem jungen Kätzchen. Und auch Menschen sind relativ weich und nachgiebig. Kein Wunder, daß Katzen gern herkommen, wenn man auf der Seite liegt oder mit hochgezogenen Füßen in einem Sessel sitzt. Die Rundung des menschlichen Körpers muß eine Katze an frühere Zeiten erinnern, als sie inmitten der Geschwister sicher und geborgen in der warmen Rundung des mütterlichen Körpers lag. Die meisten Katzen steigern den Effekt noch, indem sie schnurrend mit den Vorderpfoten kneten und treten, ein bekanntes, als «Milchtritt» bezeichnetes Phänomen, mit dem die jungen Kätzchen den Milchfluß in den Zitzen anregen.

Selbst die Art der menschlichen Fütterung muß Katzen an früher erinnern. Ein Mensch stellt meist den Futternapf hin und geht dann weg, damit die Katze Platz hat; dies ist für sie eine Einladung, näher zu kommen und zu fressen. Genauso legt die Mutterkatze den mitgebrachten toten Vogel hin und tritt zur Seite, um den Kätzchen zu zeigen, daß sie nichts von der Beute will und daß sie näher kommen können. Dieses System der Fütterung ist völlig anders als bei den Wölfen und Hunden, wo das erwachsene Tier den Kopf senkt und einen Magen voll kleingekautem Fressen heraufwürgt, während die Welpen ihm gierig das Maul lecken. Die Fütterungsmethoden der wildlebenden Tiere erklären also, warum Hunde sich sofort auf den Futternapf stürzen, während Katzen meist abseits warten und langsam näher kommen.

Doch das Paradigma von der Familie, in der der Mensch die Mutter und die Katze das Kind spielt, ist nur die halbe Wahrheit. Denn auch Katzen spielen ihrerseits die Rolle der Eltern, während Herrchen und Frauchen die Rolle der Kinder übernehmen. Viele Katzenbesitzer berichten davon, daß ihre Katzen ihnen das Leben gerettet haben – Berichte, denen ich anfangs mit Skepsis begegnet bin. Manche handelten davon, daß Katzen ihre schlafenden Besitzer bei Bränden oder ähnlichen Notfällen weckten. Diese Berichte schienen zwar sehr plausibel, doch die den Katzen unterstellten altruistischen Motive überzeugten mich nicht. Warum sollte eine Katze ihre Besitzer nicht wecken, wenn das Haus in Flammen steht? Es war doch ihre einzige Chance, zu entkommen.

Aber dann hörte ich einen Bericht, den ich unmöglich anzweifeln konnte – er stammte von der Wissenschaftlerin Lisa Rappaport, die nicht nur Biologin ist, sondern auch von einem bedeutenden Zoo engagiert wurde, um das Verhalten der Tiere zu studieren. Mir scheint, wenn man ihr nicht glauben kann, kann man niemand glauben. Eines Nachts in ihrer Wohnung hinderte ihre Katze sie am Betreten eines Zimmers, in dem ein Einbrecher lauerte. Lisa versuchte, an der Katze vorbeizugehen, aber die Katze verstellte ihr hartnäckig den Weg. Hier hatte die Katze eindeutig die Eltern- und Beschützerrolle übernommen, nicht die des Kindes.

Vielleicht versuchen uns Katzen in der Rolle der Eltern oder Pädagogen sogar zu erziehen. Unsere Lilac versuchte es bei meinem Mann, der sie jedesmal, wenn er sich auf dem Sofa umdrehte, versehentlich drückte. Nachdem sie mit einem spitzen Schrei seine Aufmerksamkeit auf sich gezogen hatte, hob Lilac die Vorderpfote, und als mein Mann sich überrascht umdrehte und zu ihr hinuntersah, schlug sie nach ihm. Interessant ist, daß ihre Krallen dabei kaum ausgefahren waren. Sie wollte ihm eine wischen, ihm aber nicht die Haut zerkratzen. Da mein Mann einen dicken Pullover trug, fühlte er den Schlag nicht einmal, aber er war doch beeindruckt und paßt seitdem besser auf.

Der Kater unseres Sohnes, Rollo, versuchte einmal, unsere Enkelin Zoe zu bestrafen, die ihn jedesmal am Schwanz zog, wenn sie an dem Fenstersims vorbeikam, wo Rollo über der Heizung schlief. Offenbar gefiel ihm das nicht, aber er duldete es trotzdem, bis er eines Tages genug hatte. Er sprang vom Sims, warf sich auf Zoe und hieb wie ein Boxer mit beiden Vorderpfoten auf sie ein. Auf ihr Geschrei hin kamen die Eltern angerannt, jagten den Kater weg und hoben Zoe auf. Aber sie fanden keinen einzigen Kratzer an ihr – Rollo hatte die Krallen eingezogen.

Katzen übernehmen die Rolle des Erziehers womöglich auch dann, wenn sie Beute ins Haus ihrer Besitzer bringen. Vielleicht wollen sie uns füttern. Vielleicht wollen sie uns etwas beibringen. Tote Beute legt den Gedanken ans Füttern nahe, aber lebendige Beute könnte heißen, daß sie uns etwas beibringen wollen. Eine Mutterkatze beginnt damit in dem Moment, in dem ihre Jungen ihr folgen. Erst lernen sie durchs Zuschauen, wobei sie sich, wenn die Mutter sie läßt, dicht neben sie drängen (ein Verhalten, das zur gemeinschaftlichen Jagd führen kann), und später folgt die praktische Anleitung, indem sie Beutetiere in ihre Richtung wirft, genau wie es Katzen beim Spiel tun. Mutterkatzen bringen sogar lebendige Beutetiere ins Nest oder Versteck, so daß die Kätzchen üben können, vor allem, wenn die Beute handliche Größe hat. Ich spreche natürlich von der endlosen Reihe von Vögeln, Fledermäusen, Wühlmäusen, Spitzmäusen, Maulwürfen, Schlangen, Fröschen, Kröten, Salamandern, Schmetterlingslarven, Libellen und anderen verletzten, zuckenden Opfern, die unsere Katzen ins Haus bringen und laufenlassen.

Diese Gewohnheit wirft eine interessante Frage auf. Wenn uns Katzen zum Beispiel wirklich als Junge betrachten, für wie alt halten sie uns? Sicher nicht für ganz junge Kätzchen, da die noch mit Milch gefüttert werden. Es kommt wohl kaum vor, daß Katzen auf der Seite liegen, weil sie einen Menschen säugen wollen. Nein – wir wirken wohl wie Heranwachsende, die noch nicht allein zurechtkommen. Und das wäre kein Wunder. Natürlich müssen wir Katzen ungeschickt, wenn nicht sogar tolpatschig vorkommen und unhöflich dazu, da wir nur wenige der Artigkeiten erwidern, die sie uns und ihresgleichen erweisen.

Als unser Kater Rajah schon größer als seine Mutter Lilac geworden war, betrachtete er das immer noch nicht als Grund, seine herrliche Kindheit aufzugeben. Also rollte er sich nachts im Bett behaglich neben meinem Mann zusammen, während seine Mutter draußen jagte. Uns zuliebe schnurrte er zwar laut, aber hin und wieder machte er eine Pause, um mit gespitzten Ohren zu lauschen, ob seine Mutter schon zurückkomme. Endlich hörte er mitten in der Nacht aus dem entlegensten Teil des Hauses das Klappern der Katzentür. Sehr wachsam, mit hocherhobenem Kopf, lauschte er weiter. Kurz darauf rief ihn seine Mutter mit einem lauten, durchs Haus hallenden *Miau!* Das Echo war noch nicht verklungen, da hatte sich Rajah schon kräftig vom Körper meines Mannes abgestoßen, war vom Bett gesprungen und lief die Treppen in die dunkle Küche hinunter, wo seine Mutter neben dem kleinen toten Tier stand. Sie trat zurück, und er kauerte sich über sein Mahl und verputzte es. Manchmal knurrte er sogar, was offenbar ihr galt, weil sonst ja niemand in der Nähe war. Doch als nachsichtige Mutter ließ sie sich das immer gefallen.

Zu diesem Zeitpunkt und in diesem Zusammenhang versorgte sie auch meinen Mann und mich mit Futter. Auch unseren jungen Hund, Pearl, der mit Lilac bei unserem Sohn aufgewachsen war. Lilac fütterte ihn dreimal und legte jedesmal eine Maus in Pearls Futternapf. Zweimal stand der Napf auf dem Boden, einmal sogar auf dem Küchentisch, da ich ihn gerade füllen wollte. Vielleicht war es für Lilac eine dankbare Aufgabe. Denn anders als Rajah knurrte Pearl sie nicht an, und anders als ich oder mein Mann, die bei solchen Anlässen eher einen Schrei des Ekels ausstoßen – und ihre Mitbringsel wegwerfen –, fraß der Hund Lilacs Delikatessen voller Dankbarkeit.

TEIL ZWEI

Wie es früher war

Tiere haben keine Kultur», schrieb Konrad Lorenz. Wenn ein Verhaltensforscher seines Kalibers glaubte, Tiere hätten keine Kultur, wie viele andere Menschen müssen dann dieser Meinung sein? Aber das Gegenteil trifft zu: Tiere haben durchaus Kultur. Dies entgeht uns nur deshalb, weil wir so wenig Erfahrung mit Populationen wildlebender Tiere haben, daß wir kaum einen Beweis dieser Kultur zu Gesicht bekommen. Noch schlimmer, wir wurden konditioniert zu glauben, wenn wir *eine* Gruppe von Elefanten oder Löwen gesehen haben, hätten wir alle gesehen, und so bemühen wir uns nicht einmal, unter den wildlebenden Populationen nach kulturellen Unterschieden zu suchen. Aber in Wirklichkeit besitzen viele, wenn nicht alle Tierarten eine Kultur, genau wie wir, was oft ganz einfach zu beobachten ist.

Was ist Kultur? Nicht das, was einmal ein Englisch-Professor suggerierte, der meine Behauptungen anzweifelte. «Tiere schreiben keine Gedichte», insistierte er. «Sie spielen weder ein Instrument, noch besuchen sie Ballettvorstellungen.» Stimmt, und sie spreizen beim Teetrinken auch nicht den kleinen Finger ab. Die Vorstellung von Kultur, an die ich denke, geht eher in die anthropologische Richtung – ein Netz sozial übermittelter Verhaltensweisen. In Lexika wird diese Definition meist nur auf Menschen angewandt, aber Lexika sind nicht der Weisheit letzter Schluß und ändern ihre Definitionen auch wieder, wenn es neue Erkenntnisse gibt.

Kultur entsteht bei Tieren ebenso wie beim Menschen dadurch, daß jede Generation von der vorhergehenden lernt. Zur kulturellen Lösung eines bestimmten Problems können die Kulturträger auf den Erfahrungsschatz ihrer Vorfahren zurückgreifen. Und so erleichtert die Kultur das Leben ein wenig. Da nicht jeder einzelne jedes neu auftretende Problem allein lösen muß, sondern Vorfahren und Mitarbeiter als Vorbilder oder Ratgeber hat, funktioniert die Kultur ähnlich wie der Instinkt, indem sie ihren Trägern den Weg ebnet. Die kulturellen Lösungen der Probleme der verschiedenen Spezies, egal ob Mensch oder Tier, weichen von Fall zu Fall natürlich stark voneinander ab. Diese Vielfalt schafft kulturelle Enklaven, und aus dieser setzen sich die kulturellen Gruppen zusammen, wie wir sie bei uns erleben. Was wir gerne übersehen, ist die Tatsache, daß auch andere Spezies kulturelle Gruppen haben.

Viele wissenschaftliche Studien verzetteln sich in dieser Frage – eine Feldstudie in Großbritannien zum Beispiel zeigte auf, daß zwei Populationen von Buchfinken in zwei verschiedenen Gebieten zwei verschiedene Melodien pfiffen. Und Buchfinken aus der einen Region, die bei den

Buchfinken der anderen Region aufgezogen wurden, pfiffen die Melodie ihrer Pflegestelle und nicht die Melodie ihrer weit entfernt lebenden Verwandten.

Kulturelles Verhalten bei geselligen Tieren ist relativ leicht zu verstehen und zu beobachten – zum Beispiel bevorzugen Wölfe, die in verschiedenen Regionen leben, auch verschiedene Beutearten. In manchen Gebieten sind die Wölfe auf Rotwild spezialisiert, in anderen auf Elche oder Karibus. In wieder anderen Gebieten sind Wölfe auf die schwierige Aufgabe der Biberjagd spezialisiert, obwohl es von anderen Beutetieren nur so wimmelt.

Bei den als Einzelgängern geltenden Katzen liegt das kulturelle Verhalten nicht so offen zutage, existiert jedoch genauso. Ich konnte bei meinen eigenen Katzen ein hervorragendes Beispiel beobachten, das sich ganz zufällig ergab und diesen Sachverhalt besser illustrierte, als es jede Versuchsanordnung vermocht hätte. Wie schon erwähnt, entstammen unsere Katzen alle derselben Population, die im Haus und auf dem Grundstück meines Sohnes lebt. Im Lauf der Zeit wurden zwar bis auf eine oder zwei Katzen alle anderen sterilisiert, aber natürlich bekamen die unsterilisierten Katzen hin und wieder Junge. Manche blieben dort, manche wurden in gute Hände gegeben. Ab und zu jedoch hatte die Familie eine Katze zuviel und fragte uns, ob wir sie nehmen würden. Diese Katzen waren so gesund, so zärtlich, so tüchtig und intelligent, daß wir selten ablehnten. Da sie zwar verschiedene Väter hatten, aber alle aus derselben weiblichen Linie stammten, sind sie genetisch nicht sehr verschieden, zumindest nicht verschieden genug, daß sich daraus bestimmte Abweichungen in ihrem Verhalten erklären ließen.

Wie schon erwähnt, zog bei der Ankunft eines neuen Tiers die Katze, die bisher im Haus gewohnt hatte, ins Nebengebäude, was in unserem Haus unnötig war, auf einer Farm jedoch Sinn gemacht hätte. Zumindest geschah dies, solange unser Sohn mit seiner Familie in New Hampshire lebte.

Doch nach einigen Jahren zogen sie nach Boulder, Colorado. Am Umzugstag nahmen sie zur Überraschung der Nachbarn (Bauernkatzen werden meist einfach zurückgelassen) alle Katzen mit – sie packten sie in Tragkörbe und Kisten und luden sie in einen Anhänger (nachdem sie vorsorglich am Auspuff einen Schlauch angebracht hatten, um die Tiere nicht zu ersticken). Alle Katzen kamen wohlbehalten in Colorado an und lebten sich ein. Da es immer noch gelegentlich junge Kätzchen gab, nahmen wir hin und wieder eines auf. Unsere graue Katze Christmas kam als junge Katze aus Boulder zu uns und lernte hier ihre Verwandte Aasa kennen. Gemäß der alten Bauernhoftradition räumte Aasa das Feld und zog ins Nebengebäude.

Doch hier endete diese Praxis. Obwohl noch weitere Katzen zu uns kamen, bewegte keiner der Neuankömmlinge mehr eine ältere Katze zum Auszug. Warum nicht? Wahrscheinlich, weil Aasa die letzte war, die der alten Bauernhofkultur entstammte. Obwohl alle neuen Katzen derselben Population angehörten, löste diese Population ihre Probleme inzwischen völlig anders. Zu ihrem Besitz gehörten jetzt keine Scheunen, Ställe und Nebengebäude mehr. Vielmehr wuchsen die nach dem Umzug geborenen Katzen dieser Population in einem Stadthaus auf, das nur noch einen kleinen Garten hatte. Innerhalb der Grenzen ihres Territoriums befanden sich nun keine Nebengebäude mehr, die ihnen Zuflucht geboten hätten. Die Folge war, daß die Kätzchen aus den neuen Würfen, wenn sie nicht weggegeben wurden, auch als ausgewachsene Katzen einfach dablieben. Und wenn eins davon in eine neue Umgebung kam, zum Beispiel zu uns, behielt es einfach die Gewohnheit bei, die es als junges Kätzchen bei den älteren Katzen beobachtet hatte. Für uns vielleicht nebensächlich, aber nicht für die Katzen, da zu den wichtigsten Schritten im Leben einer Katze der gehört, ihre Kindheitsumgebung zu verlassen und eine neue Heimat zu finden.

Nirgends treten die kulturellen Unterschiede deutlicher zutage als bei den Pumas, die in bestimmten Regionen gelernt haben, das Vieh in Ruhe zu lassen.* Die Pumas, die ich in Idaho beobachten konnte, verbrachten den ganzen Tag in der Nähe von unbewachtem Vieh, das sich auf einer nicht umzäunten Weidefläche befand. Von ihrem hohen Ausguck sahen die Pumas nicht nur die ausgewachsenen Pferde und Rinder, sondern auch deren leicht zu fangende Fohlen und Kälber, was eine große Versuchung darstellte. Doch so leicht es für die Pumas gewesen wäre, sich hier zu bedienen, jagten sie statt dessen Hirsche und Rehe. Außerdem genoß ein Rancher, dessen Vieh im Einflußbereich dieser abstinenten Pumas lebte, deren Schutz, denn durch die Verteidigung ihres Reviers hielten die Pumas mögliche Feinde fern.

Eigentlich hätte dies zum Überleben enthaltsamer Pumas führen müssen. Angesichts dessen, daß sie kein Vieh an die Pumas verloren, hätten die Rancher diese Situation

* Mündliche Mitteilung von Ken Jafek.

eigentlich begrüßen müssen. Doch amerikanische Rancher begegnen diesen Dingen mit solcher Gleichgültigkeit und Ignoranz, daß Idaho und Utah übermäßig lange Jagdzeiten für Pumas haben und die Jagdaufseher nur halbherzige, erfolglose Versuche unternehmen, das Wildern zu verbieten. Folglich werden die Pumas trotzdem getötet.

Wie kann man einen kulturellen Wechsel in einer Katzenpopulation beobachten? Wohl am besten dadurch, daß man die Population über einen bestimmten Zeitraum hinweg mehrfach besucht. Bei den Löwen auf der namibischen Seite der Wüste Kalahari war mir das zweimal möglich, einmal in den fünfziger, das zweite Mal in den achtziger Jahren. Ursprünglich nahm ich an einer Langzeitstudie teil, die meine Familie mit freundlicher Erlaubnis der dort lebenden Juwa-Buschmänner durchführte. Obwohl im Brennpunkt der Studie das Leben der Buschmänner stand, galt mein Interesse den Löwen. Ich hatte zwar damals kaum Zeit, diesem Interesse nachzugehen, da Löwen aber kaum zu übersehen sind, konnte ich einiges über sie erfahren. Die große Offenbarung jedoch kam bei meiner Rückkehr nach Nyae Nyae Mitte der achtziger Jahre, als ich feststellte, daß bei den Löwen noch größere Veränderungen stattgefunden hatten als bei den Menschen, so daß viele meiner damaligen Beobachtungen nicht mehr zutrafen. Außerdem hatte sich die alte Löwenpopulation geteilt. Wo eine Population gewesen war, gab es jetzt zwei, die sich voneinander ebenso unterschieden wie von der Population, die ich damals gekannt hatte.

All dies passierte in nur dreißig Jahren oder, vom Standpunkt eines Löwen aus betrachtet, in weniger als zwei Löwenaltern. Viele der jetzt lebenden Löwen sind wohl noch von Löwen der früheren Zeit aufgezogen und erzogen worden, und es ist völlig unvorstellbar, daß bei den Löwen in so kurzer Zeit eine genetische Anpassung stattgefunden hat.

In den fünfziger Jahren waren die Löwen und die Wildbeuter die gefährlichsten Bewohner der Kalahari-Wüste. «Wo Löwen und Buschmänner deinen Paß sehen wollen», war in Zeiten der Apartheid ein Synonym für die Kalahari, als schwarze Südafrikaner ihren Paß zeigen mußten und Nicht-Buschmänner sich selten über die Grenzen der Farmen und Städte hinauswagten. In jenen Tagen war die Wüste Kalahari eine riesige Wildnis, in der sich nur die Buschmänner auskannten. Kein Safariteilnehmer, kein Reisender, kein Farmer, kein Weißer, kein Bantu hatte sich jemals für längere Zeit in den etwa zehntausend Quadratmeilen trockener Buschsavanne aufgehalten, die den abgelegensten Teil der westlichen Wüste bildete. Die Buschmänner waren die einzigen Menschen, die dort je gelebt hatten. Selbst durchquert hatten dieses Gebiet nur wenige Nicht-Buschmänner. Der größte Teil war nicht einmal auf der Karte verzeichnet. Es gab keine Schuhspuren im Staub, keine Straßen, die über die Ebenen führten, keine Kondensstreifen am Himmel, keine Satelliten zwischen den Sternen. In jenen Tagen war die Kalahari noch unberührt, ein fein ausbalanciertes uraltes Ökosystem. Die Pflanzengemeinschaften, unberührt vom modernen Menschen und seinen Nutztieren, waren an die Dürre adaptiert und befanden sich im Gleichgewicht. Ihre Größe und Zusammensetzung wurden durch die Zeit, durch die Bodenbeschaffenheit, durch Regen und Brände reguliert. In einer trockenen Savanne leben die Tiere nicht dichtgedrängt in großer Zahl, wie heute in den meisten afrikanischen Nationalparks, sondern sie leben vereinzelt und haben sehr unterschiedliche Lebensgewohnheiten. Ein Beweis für die uralte Beziehung zwischen dieser Region und einigen ihrer Bewohner sind die dort lebenden Antilopen, die unabhängig vom Wasser geworden waren und in den riesigen Trockengebieten der westlichen Kalahari lebten, wo ihnen Tautropfen und die kleinen wilden Tsama-Melonen genügend Flüssigkeit spendeten. In jenen Tagen suchten wasserabhängige Huftiere wie Nashörner, Elefanten, Zebras und Büffel die westliche Kalahari nur gelegentlich während der Regenzeit auf. Doch die großen südafrikanischen Karnivoren waren überall in großer Zahl verbreitet – ein Beweis, wie intakt und stabil dieses Ökosystem war.

Die alleinigen Primaten in der westlichen Kalahari-Wüste waren die Menschen, die Juwasi. Als wir sie besuchten, lebten sie noch wie in alten Zeiten als Jäger und Sammler, und die Savanne bot ihnen Nahrung, Kleidung, Werkzeug und Obdach. Tabak, kleine Metallstücke und winzige Glasperlen waren die einzigen fremden Dinge, die sie besaßen. Sie hatten sie im Tausch gegen Tierfelle von den benachbarten Bantu-Stämmen bekommen. Die Juwasi rauchten den Tabak aus Pfeifen, die sie aus Schenkelknochen von Tieren angefertigt hatten; sie hämmerten das Metall zu Messern und Pfeilspitzen und ersetzten so ganz allmählich ihre altertümlichen Werkzeuge und knöchernen Pfeilspitzen durch das neue Material, wenn auch die Werkzeuge selbst in Gebrauch und Aussehen unverändert blieben. Ansonsten war die

Juwa-Technologie, wie die Kalahari selbst, gegen Veränderungen gefeit. Die jüngsten Erfindungen schienen Pfeil und Bogen zu sein und ein äußerst wirksames Pfeilgift, das aus den Larven der *Diamphidia*-Käfer und deren Parasiten hergestellt wurde.

Niemand weiß, seit wann die Juwasi oder irgendwelche andere Menschen in der West-Kalahari gelebt haben. Niemand weiß, ob die heutigen Buschmänner einer alten Population oder einer Reihe später seßhaft gewordener Populationen entstammen. Selbstverständlich fanden in den fünfziger Jahren keine archäologischen Forschungen statt. Ausgrabungen in angrenzenden Gebieten haben inzwischen Lagerstätten mit Artefakten der Wildbeuter zutage gefördert – Lagerstätten, die vor über dreißigtausend Jahren genutzt worden waren. Auf diese Zahl legte man sich im Anfangsstadium der Ausgrabungsarbeiten fest. Zum Zeitpunkt dieser Niederschrift ist man immer noch nicht bis zur tiefsten Schicht der Lagerstätten vorgestoßen, und auch der Zeitpunkt, wann sie jeweils in Gebrauch gewesen sind, steht noch nicht eindeutig fest.

Obwohl diese archäologischen Funde für das Verständnis der menschlichen Vorgeschichte sicherlich wichtig sein werden, sind sie ökologisch womöglich ohne Bedeutung. Entscheidend dafür, daß die Umwelt intakt blieb, war die Tatsache, daß die menschlichen Wildbeuter schon lange genug dort lebten, um ökologisch gesehen als Eingeborene zu gelten. Schließlich hat sich der Mensch in den afrikanischen Savannen entwickelt. Fossile Funde wie die aus der Olduvai-Schlucht siedeln einige der frühesten Hominiden nördlich davon in einer Entfernung an, die sich in einigen Wochen zu Fuß zurücklegen läßt. Also könnten die Buschmänner und ihre Vorfahren schon seit sehr langer Zeit die Erdnüsse und wilden Melonen der westlichen Kalahari gesammelt haben.

Während jener Zeit waren die menschlichen Populationen den gleichen Einflüssen unterworfen wie die Populationen anderer Lebewesen auch. Das Ökosystem fing die Belastung durch unsere Spezies ebenso auf wie die durch die Löwen. Folglich kann man das in der Kalahari praktizierte Wirtschaftssystem der Wildbeuter wohl zu den erfolgreichsten Wirtschaftssystemen zählen, die es je auf Erden gegeben hat, wenn Dauer und Stabilität als Maß für Erfolg gelten können.

Selbst die Pflanzen der Kalahari scheinen sich unserer Art angepaßt zu haben. Obwohl sich Pflanzen schon vor der Zeit der Dinosaurier an Tiere angepaßt haben, könnte ihre Anpassung ans Feuer vom Menschen gefördert worden sein, zumindest in den afrikanischen Savannen. In der Kalahari können Brände nur durch Menschen oder Blitzschlag entstehen, und durch Blitzschlag entstehen nur wenige. Der Rest, die Brände, deren Rauch am Ende der Trockenzeit die Sonnenuntergänge rot färbte, waren seit undenklichen Zeiten von Jägern gelegt worden – damit frisches grünes Gras wuchs und das Wild anlockte.

Die Praxis, während der Trockenzeit Feuer zu legen und ihm dann bis zum Einsetzen der Regenzeit freien Lauf zu lassen, mag manchem hier im Westen destruktiv erscheinen. Aber an diesem Punkt ihrer Entwicklungsgeschichte profitierte die Wüstenvegetation davon. Ohne Buschbrände nimmt eine bestimmte Art von Dornengestrüpp überhand. Durch das Feuer wächst frisches Gras, und viele Pflanzen können sich entwickeln. Das Feuer hilft der Vegetation, die wiederum den Tieren hilft.

Obwohl die menschlichen Kalahari-Bewohner sich mehr vom Sammeln als von der Jagd ernährten, sich also stark von anderen Karnivoren unterschieden, sahen die Tiere die Menschen als Jäger an und verhielten sich dementsprechend. So wie die Antilopen auf Löwen durch Warnsignale reagieren oder sich einen Standort suchen, von dem aus sie die Löwen im Blick haben, so reagierten sie auf Menschen damit, daß sie außer Bogenschußweite blieben – eine Distanz, die den meisten Antilopen bekannt zu sein schien. Manche Tierarten schienen über Pfeile noch wesentlich mehr zu wissen; viele Giraffen zum Beispiel wußten, daß die Äste eines dichten Baums vor ihrer Brust wie ein Schild wirkten. Gegen ein Raubtier oder irgendeine andere Waffe hätte diese Art der Verteidigung nichts genutzt, aber gegen die kleinen, leichten Pfeile der Buschmänner schützte sie gut. War kein geeigneter Baum in der Nähe, entfernte sich die Giraffe ein Stück.

Soviel Wissen und so ausgefeilte Schutzstrategien auf seiten des Wilds hatten zur Folge, daß Jäger und Raubtiere vor demselben Problem standen: Das Wild war ihnen beinahe, wenn auch nicht ganz, gewachsen; sie stießen an die Grenzen ihrer Fertigkeiten. Was den Jagderfolg betrifft, schien es mir, als könnte man die Juwa-Männer letztlich mit den anderen großen Jägern der Kalahari vergleichen – vor allem mit denen, die gemeinschaftlich Großwild jagten. In jenen Tagen waren die wichtigsten gemeinsam jagenden Raubtiere der West-Kalahari natürlich die Löwen.

Egal, welche großen Tiere die Menschen jagten, die Löwen jagten sie auch. Im Gegensatz zu vielen Raubtieren, denen nichts übrigbleibt, als junge, alte, kranke oder verwundete Tiere zu töten, töteten die Buschmänner einfach die Tiere, die gerade am nächsten waren. Genau das taten die Löwen auch. Die Menschen bevorzugten Giraffen und größere Antilopen – Kuh-, Gems-, Schrauben- und Elenantilopen. Die Löwen ebenfalls. Sogar die Jagdmethoden ähnelten einander. Im Gegensatz zu anderen großen Raubtieren wie den Geparden oder Mitgliedern der Familie der Hunde, die ihre Beute durch lange Hetzjagden zur Strecke bringen, schlichen sich die Menschen an das Wild heran, sprangen dann plötzlich aus der Deckung und töteten es. So machten es auch die Löwen. Ein Löwe springt aus seinem Versteck auf den Rücken des Opfers, dreht ihm den Kopf nach hinten und erstickt es. Ein Mensch springt aus seinem Versteck und schleudert einen Gegenstand oder schießt einen Giftpfeil ab. Doch obwohl sich der eigentliche Tötungsvorgang unterscheidet, ist die Methode des Lauerns und Springens die gleiche.

Vielleicht sind diese gemeinsamen Vorlieben gar nicht so überraschend; Menschen und Löwen brauchten dieselbe Art von Opfer, und zwar aus demselben Grund – damit sich eine Gruppe davon ernähren konnte. Bei den Menschen waren das meistens Gruppen von zwanzig bis dreißig Mitgliedern, während die Löwen anscheinend Gruppen von sechs bis sieben Mitgliedern bevorzugten. Und doch lief es in gewisser Hinsicht auf dasselbe hinaus: die Menschen waren zahlreicher, die Löwen dafür größer. Jede Gruppe dürfte ungefähr dreitausend Pfund gewogen haben, so daß die Waagschalen einer Riesenwaage in der Schwebe geblieben wären. Eine Fleischmahlzeit, die den Menschen gereicht hätte, hätte auch den Löwen gereicht.

Vielleicht war dies teilweise der Grund dafür, daß sich die Löwen und die Juwasi beieinander bedienten. Einmal war ich dabei, als Juwa-Jäger einige Löwen beraubten. Während wir durch den Busch gingen, sahen die Jäger Aasgeier vom Himmel herabstoßen. Als wir zu der Stelle hinliefen, an der sie sich niedergelassen hatten, trafen wir auf Weißrückengeier; sie hockten auf einem Baum über einem Haufen roter Knochen – den Resten einer Kuhantilope. Da Weißrückengeier sich meist ohne Umstände über ihre Beute hermachen, ließ der Umstand, daß sie auf den Bäumen hockten, darauf schließen, daß Löwen in der Nähe waren. Die Jäger schlichen sich langsam an. Obwohl die Löwen sie aus den Büschen beobachtet haben mußten, verhielten sie sich ruhig. Die Jäger hoben Stück um Stück des Kadavers auf, bedächtig und selbstsicher, obwohl sie sich der Löwen bewußt waren. Aber kein Löwe zeigte sich, um sie zum Kampf herauszufordern.

Ein anderes Mal war mein Bruder John dabei, als Löwen versuchten, Menschen zu berauben. Er und vier Juwa-Jäger waren einem Weißschwanzgnu gefolgt, auf das einer der Jäger Tage zuvor mit einem Giftpfeil geschossen hatte. Als sie das Gnu schließlich erreicht hatten, lag es mit eingeknickten Beinen auf einer Lichtung im Busch, schon sehr durch das Gift geschwächt und von einem ungewöhnlich großen Rudel Löwen und Löwinnen umringt – etwa dreißig an der Zahl. Manche waren noch jung, aber es waren viele erwachsene Löwinnen in der Blüte ihrer Jahre dabei. Hinten im Gebüsch lauerte mindestens ein ausgewachsener gemähnter Löwe. Die vier Juwasi orientierten sich und gingen dann langsam auf die Löwinnen zu. In bestimmtem, aber respektvollem Ton sagten sie, das Fleisch gehöre den Menschen. Die Löwinnen knurrten unfreundlich. Manche blieben stehen. Andere aber drehten sich um und zogen sich in den Busch zurück. Und dann machten sich die Jäger über das Gnu her – obwohl das Dickicht von riesigen gelbbraunen Schatten zu wimmeln schien, die knurrend hin- und herschlichen. Sie warfen Erdklumpen nach den Löwinnen und redeten weiterhin in bestimmtem, selbstbewußtem Ton auf sie ein. Schließlich wichen die Löwinnen langsam, unwillig zurück. Kaum waren sie alle im Dickicht verschwunden, schienen die Juwa-Jäger ihnen kaum noch Beachtung zu schenken und wandten ihre ganze Aufmerksamkeit dem Weißschwanzgnu zu. Sie umringten es, töteten es, zogen ihm das Fell ab und schnitten es in Streifen, die sie nach Hause tragen konnten. Sie ließen nichts übrig, außer einem grünen Klumpen halbzerkauten Grases.

Heutzutage muß einem diese Geschichte unglaublich vorkommen, und deshalb ist es gut, daß sie dokumentiert ist. Mein Bruder, ein Filmemacher, hatte eine Kamera dabei und nahm alles auf. Damals jedoch kam es mir nicht ungewöhnlich vor, daß vier Juwa-Jäger und mein Bruder, nur mit Lehmklumpen bewaffnet, dreißig Löwen von ihrer erhofften Beute vertrieben. Ich richtete mich nach den Juwasi, für die diese Begegnung fast eine Selbstverständlichkeit zu sein schien. Natürlich war ich vom Mut der Juwa-Jäger tief beeindruckt – man hätte schon selbst ein Juwa-Jäger sein müssen, um so etwas für selbstverständlich zu halten –, aber die Löwen hätten mich genauso beeindrucken sollen.

Ich dachte, dies gebe uns Aufschluß über die Natur des Löwen. Ich dachte, so benähmen sich Löwen überall, wenn man sich ihnen so näherte wie die Buschmänner, furchtlos, fordernd, in bestimmtem, aber respektvollem Ton. Schließlich hatten die Buschmänner nichts Ungewöhnliches an der Situation gefunden und sofort gewußt, was zu tun war. Auch die Löwen reagierten nicht ungewöhnlich für diese Zeit und diese Umgebung. Natürlich wußten wir alle, daß andere Löwen womöglich anders reagiert hätten – zum Beispiel die Löwen, die am Rand der Kalahari lebten, wo die Bantus ihr Vieh hielten. Doch da die Löwen an den Weideplätzen Vieh jagten, jagten die Menschen ihrerseits dort auch die Löwen. Einer der Juwa-Jäger erklärte dieses unerschiedliche Verhalten mit den Worten: «Gefährlich sind die Löwen nur an den Weideplätzen. Die Löwen hier in der Gegend tun den Menschen nichts. Wo sie nicht gejagt werden, sind Löwen ungefährlich. Was uns angeht, leben wir in Frieden mit ihnen.»

Das traf sicherlich zu, war aber nicht die ganze Geschichte. Es war die Juwa-Seite der Geschichte, und somit die einzige Darstellung, der damals Beachtung geschenkt wurde. Wir glaubten alle, daß nicht die Löwen, sondern die Menschen den Gang der Ereignisse bestimmten.

Aber auch die Löwen waren an der Beziehung beteiligt. Wenn es denn je eine Art Waffenstillstand gab, funktionierte er nur, weil beide Seiten mitmachten. Doch warum und wann dieser Waffenstillstand begann, und was die Löwen davon hatten – und was sie folglich investierten –, hat man nie genau herausgefunden.

Die Anfänge lagen wohl tief in der Vergangenheit. Unsere Vorfahren entwickelten sich in den afrikanischen Savannen in der Gegenwart der Löwen, die ihrerseits seit 700 000 Jahren im südlichen Afrika lebten. Vielleicht waren wir zu klein, um sie als Nahrung zu interessieren. Ganz sicher waren wir zu klein, um wie die vier von meinem Bruder beobachteten Buschmänner in forderndem Ton mit ihnen zu sprechen, und wir waren zu klein, um sie wegzujagen, wenn sie es auf unser Essen abgesehen hatten. Wenn jemandem etwas geraubt wurde, dann uns Menschen von den Löwen und nicht umgekehrt. Offensichtlich hatte sich daran in den fünfziger Jahren etwas geändert.

Man nimmt oft an, daß solch ein Wandel in der Beziehung zwischen Menschen und Tieren auf die Entwicklung von Waffen zurückzuführen ist, aber die Waffen der Buschmänner waren den Löwen in einer Kampfsituation nicht unbedingt überlegen. Die Buschmänner hatten ihre Speere sowie Pfeil und Bogen, hervorragend für die Jagd geeignet, aber untauglich zur Selbstverteidigung. Die Speere der Buschmänner waren damals, und sind es auch heute noch, sehr leicht und kaum einen Meter zwanzig lang – was etwa der Reichweite einer Löwenpranke entspricht –, viel kürzer als die zwei Meter achtzig langen Speere, die die ostafrikanischen Schafzüchter benutzten, wenn sie im Kampf gegen Löwen ihre Männlichkeit erprobten. Auch die Pfeile und Bögen der Buschmänner sind sehr klein und leicht. Um seine Wirkung zu tun, muß der Pfeil kein lebenswichtiges inneres Organ treffen; es reicht, wenn er die Haut ritzt und einen Tropfen Gift injiziert. Bis jedoch ein Löwe an dem Gift stirbt, vergehen unter Umständen mehrere Tage. Inzwischen könnte der Jäger in große Gefahr geraten oder sogar getötet werden. Mit einem Wort, für die Selbstverteidigung gibt es kaum untauglichere Waffen als die Pfeile der Buschmänner.

Wenn nicht Pfeile, was also dann? Niemand, der bei Verstand ist, würde einen Löwen mit einem Messer attakkieren. Auch Feuer wäre als Waffe unbrauchbar. Die Tiere der Kalahari sind an Feuer gewöhnt; es hat sie im Lauf ihrer Entwicklung ständig begleitet, und sie haben keine Angst davor. Normalerweise findet das Buschfeuer der Kalahari keine Nahrung außer Gras und entwickelt deshalb keine große Hitze. Wenn sie vom Feuer überrascht werden, warten Tiere und Menschen einfach, bis das Feuer einen niedrigen Grasfleck erreicht, und steigen dann über die Flammen.

Von Bedeutung ist auch die Tatsache, daß die Buschmänner, anders als die ostafrikanischen Viehzüchter, keine Schutzschilde haben. Schließlich bedeutet ein Schild, daß sein Besitzer mit Schwierigkeiten rechnet. Die kriegerischen, Löwen jagenden Massai zum Beispiel trugen riesige Schilde. Die Buschmänner hingegen schienen keinerlei Schwierigkeiten zu befürchten. Messer zum Häuten, leichte Bogen und Pfeile, kurze, leichte Speere – alles Jagdwaffen – waren die einzigen Waffen der Buschmänner.

Eine bessere Erklärung für den Waffenstillstand – die einzige, die mir plausibel scheint – ist die, daß Menschen, die untereinander auf Aggression verzichteten, auch Tieren nicht aggressiv begegneten. Natürlich gingen sie auf die Jagd, aber die Jagd ist keine Form der Aggression – zumindest nicht in den Augen der Wildbeuter. Sie dient nur zur Beschaffung von Nahrung und Kleidung. In der Regel gehen Tiere Konflikten aus dem Weg, da Konflikte Verletzungen bedeuten und Verletzungen das Überleben gefährden. Während des größten Teils unseres Lebens auf der Erde mußten auch wir Menschen uns diesen praktischen Erwägungen beugen. Und die Buschmänner der fünfziger Jahre lebten noch wie früher, nach den alten Regeln.

Die Einhaltung eines Waffenstillstands hieß jedoch nicht, daß sich die Buschmänner keine Gedanken über die Löwen machten. Im Gegenteil, die Buschmänner hatten zu den Löwen ein Verhältnis wie zu keinem anderen Tier. Die Buschmann-Jäger, die wir kannten, empfanden tiefen Respekt vor dem Jagdtalent der Löwen und hielten die Löwen sogar für die besseren Jäger, da sie sich auf Teamwork verstanden – im Gegensatz zu den Buschmännern, die einzeln jagen und nur dann im Team*, wenn sie ein vom Giftpfeil getroffenes Tier verfolgen. Durch Teamwork konnten die Löwen zum Beispiel den Umstand nutzen, daß ein Huftier auf der Flucht häufig im Kreis zurückläuft. Im Team könnte ein Jäger Position beziehen und das Tier einfach auf dem Rückweg abfangen.

Außerdem schrieben die Buschmänner den Löwen übernatürliche Eigenschaften zu. Das Wort für Löwe – *n!i* – durfte, wie der Name Gottes, bei Tag nicht ausgesprochen werden. Auch menschliche Eigenschaften wurden den Löwen zugeschrieben. Bestimmte Löwen hielt man zum Beispiel für Zauberer. Dieser Glaube war vielleicht aus dem Protektorat Betschuanaland (nach 1966 Botswana) zu den Buschmännern gedrungen, wo manchen Personen nachgesagt wurde, sie verwandelten sich

* In !Kung gibt es kein Wort für *team* – es wurde der Ausdruck *ue om* benutzt, «es zusammen tun».

nachts ohne ihr Wissen in Löwen. Wenn sich die Löwen nachts in einer Reihe formierten und einer nach dem anderen brüllte, um mit den übrigen Kontakt aufzunehmen, meinten die Buschmänner manchmal, das Gebrüll werde von einem einzigen, übernatürlichen Löwenzauberer ausgestoßen, einem Werlöwen, der in Riesensätzen durch die Luft springe und jedesmal brülle, wenn er den Boden berühre. Dem Volksglauben nach konnte ein Löwe sogar den Mond verfinstern. Es hieß, er bedecke den Mond mit der Pranke, um so in der Dunkelheit besser jagen zu können.

Der Erfolg des Waffenstillstands zwischen Buschmännern und Löwen schien wirklich bemerkenswert. Während unseres Kalahari-Aufenthalts in den fünfziger Jahren hörten wir nur von einem einzigen Juwa-Angehörigen, der von einem Löwen verletzt worden war – dies geschah, als er einer Gruppe Herero-Ranchern half, im Protektorat Betschuanaland einen Löwen zu töten, der andauernd Vieh riß. Da er Buschmann und Knecht war, hatte man ihn im Krieg zwischen Hereros und Löwen als Fußsoldat zwangsverpflichtet und gezwungen, vorn bei den Hunden zu laufen. Dort hatte ihn der Löwe übel zugerichtet. Doch hörten wir von niemandem, der von einem Löwen getötet worden wäre. Diese Tatsache wird noch beeindruckender vor dem Hintergrund einer genealogischen Studie, die mein Bruder und seine Mitarbeiterin, Claire Ritchie, Anfang der achtziger Jahre anfertigten. Die Studie, die unter anderem versuchte, einige Todesursachen bei den Juwa-Buschmännern zu bestimmen, umfaßte über dreitausend Personen und ging etwa hundert Jahre weit zurück. Natürlich erinnerten sich die Menschen an ungewöhnliche oder gewaltsame Todesfälle sehr genau, und bei einigen dieser Todesfälle waren Tiere im Spiel, meist Schlangen und Leoparden. Doch unter den fünfzehnhundert Todesfällen, an die sich Hunderte von Leuten erinnerten, war anscheinend nur ein einziges Mal ein Löwe im Spiel. Dem Bericht zufolge handelte es sich bei dem Opfer um eine Querschnittsgelähmte – ein junges Juwa-Mädchen. Meine Tochter, ebenfalls querschnittsgelähmt, ist für gefangene Löwen und Tiger eine Quelle größten Interesses. Kaum fährt sie im Rollstuhl durch den Zoo, beginnen die Großkatzen in ihren Käfigen herumzutoben. Von ihr stammt die Überlegung, daß die Fortbewegungsart des Juwa-Mädchens – langsam, unharmonisch und dicht am Boden – die Löwen dazu gebracht haben könnte, sie mit anderen Augen zu sehen als nichtbehinderte Menschen.

Zudem greifen Raubkatzen überall in der Welt meist Menschen an, die sich dicht am Boden befinden – Personen, die am Boden hocken, um Wasser zu lassen, sind bekannte Ziele, Kinder ebenfalls. Der Anblick eines aus dem Gras oder einer anderen Deckung schauenden Kopfs übt auf alle Katzen eine faszinierende Wirkung aus, wie unser Kater Rajah kürzlich demonstrierte, als ich mir im Fernsehen einen Lehrfilm über das Meer ansah. Auf dem Bildschirm tauchte der Kopf eines Seehunds aus dem Wasser. Rajah, der den Film aus nächster Nähe verfolgt hatte, als wisse er, daß gleich etwas passieren werde, prallte mit dem Kopf an die Scheibe, obwohl er aus vielen traurigen Erfahrungen mit seinem Katzenvideo wußte, daß Fernsehbilder nicht real sind. Aber lieber ließ er sich täuschen, als sich eine so einmalige Gelegenheit entgehen zu lassen.

Auch ein Kopf, der über einer Fläche erscheint, zieht Löwen an, wie ein Filmteam betrüblicherweise erfahren mußte. Es sollten Aufnahmen der Unterseite und der verschwindenden Hinterbeine eines Löwen gemacht werden, der gerade über die Kameras springt und auf den Horizont zurennt. Die Filmgesellschaft hatte einen Graben für die Kameraleute ausgehoben, deren Köpfe sich folglich direkt über dem Boden hin- und herbewegten. Für den zeitweilig in seiner Freiheit eingeschränkten Löwen war dies ein faszinierendes Beobachtungsobjekt, während er auf seinen Einsatz wartete. Als man ihn freiließ, sprang der Löwe nicht etwa über den Graben, sondern stürzte sich (was nicht überraschend ist) auf einen der Köpfe und verletzte den Betreffenden schwer. Glücklicherweise überlebte er und arbeitet heute immer noch als Fotograf.

Selbst Menschen mit ganz unauffälligen Behinderungen ziehen sehr schnell das Interesse der Raubkatzen auf sich. Bei einem Dressurakt vor über zweihundert Menschen in einem dichtbesetzten, nach Norden gehenden Amphitheater blieben die hereinkommenden Tiger wie angewurzelt stehen, um gegen die Sonne auf irgendeine Person zu starren, die sie tief in der Menge entdeckt hatten. Als ich ihrem Blick folgte, wurde ich nach einiger Zeit ebenfalls fündig: ein Kind mit Down-Syndrom, das still und (in meinen Augen) unauffällig bei seiner Familie saß.

So wie die Nyae-Nyae-Löwen das Leben der Juwasi respektierten, respektierten auch die Juwasi das Leben der Löwen. Obwohl vergiftete Pfeile keine ideale Waffe gegen Löwen sind, hätten die Juwasi sicherlich ohne Zögern

Gebrauch davon gemacht, wenn es darum gegangen wäre, einen problematischen Löwen loszuwerden. Außerhalb seiner Reichweite bleiben zu müssen, bis er zusammenbrach, wäre zwar unbequem, aber keinesfalls unmöglich gewesen. Nein – die Nachsicht läßt sich nur damit erklären, daß die Löwen den Buschmännern keinen Grund gaben, ihnen zu schaden.

Im Gegensatz zu den Löwen standen die anderen Mitglieder der Gattung *Panthera*, die Leoparden, zu denen die Juwasi eine ganz anders geartete Beziehung zu haben schienen. Ich war einmal dabei, als die Juwa-Jäger einem Leoparden einfach die Beute raubten, ohne ihm im geringsten Respekt zu zollen oder sich vorsichtig zu nähern – sie nahmen den Kadaver einfach mit, ohne sich auch nur einmal umzusehen. Da sich der Leopard aber während des Raubs versteckt hatte, hatte er wohl auch keinen Respekt verlangt.

Leoparden scheinen zum Menschen eine etwas ambivalente Beziehung zu haben. Da sie scheue Tiere sind, die abgesehen von der üblichen Mutter-Kind-Familie eher sozial isoliert leben, fehlt ihnen die Kühnheit der Löwen selbst in Gebieten, wo sie niemand behelligt. Aber es sind gefährliche, furchterregende Tiere, und das wissen sie auch.

Die Tatsache, daß die Juwasi die Leoparden in eine Reihe mit Hyänen und anderen Raubtieren stellten, die keine besondere Behandlung verdienten, war an sich schon interessant. Es ließ den Schluß zu, daß sie den Löwen nicht unbedingt deshalb mit Respekt begegneten, weil sie sie beschwichtigen wollten. Im Gegenteil: hätten die Juwasi ein Tier beschwichtigen wollen, dann wäre es logischerweise der Leopard gewesen. Denn unter allen großen Tieren der Kalahari werden Leoparden dem Menschen am gefährlichsten. Während wir dort waren, hörten wir, daß Personen von Leoparden getötet worden waren, und die Studie von Claire Ritchie und meinem Bruder brachte weitere Fälle zutage.

Leoparden sind kleiner als Löwen und leben, anders als viele Löwen, allein oder in sehr kleinen Gruppen; deshalb geben sich die Leoparden eher mit kleinen oder mittelgroßen Beutetieren zufrieden. Die Größe der Beute ist für alle Katzen, selbst für Hauskatzen, sehr wichtig, vor allem, wenn es um ein Jagdobjekt geht. Mag sein, daß eine Hauskatze einmal einen Käfer fängt und ihn vielleicht sogar zerkaut und schluckt, aber nur als kleine Zwischenmahlzeit; dieselbe Katze würde sich vermutlich nicht mit dem Gedanken an einen Käfer auf die Jagd begeben, sondern hätte schon etwas Größeres im Sinn. Warum sollte sie mit der Jagd auf ein zu kleines Tier Energie verschwenden?

Es ist eine traurige Tatsache für uns Menschen, daß uns unsere Körpergröße zur idealen Beute für Leoparden macht, was auch den Leoparden nicht entgangen ist. Leoparden suchen oft die Lagerplätze der Menschen heim, was dazu geführt hat, daß sie Tote rauben, die noch nicht bestattet worden sind. Manchmal, zu Zeiten verheerender Epidemien, erkrankten alle Mitglieder eines Stammes gleichzeitig. Da niemand die Kraft besaß, die Toten zu begraben, fielen sie den Aasfressern zum Opfer. Laut Augenzeugenberichten der Juwasi brachte diese Praxis die Leoparden dazu, Lagerplätze zu beobachten, in denen es viele Kranke gab, und in einigen Fällen Schwerkranke kurz vor ihrem Tod zu holen. Wahrscheinlich hat diese Angewohnheit dazu geführt, daß manche Leoparden auch in Lagern, in denen niemand krank war, Menschen töteten und, wenn möglich, verschleppten. Beim jüngsten mir bekannten Fall, der sich 1987 ereignete, wartete der Leopard nicht einmal, bis sein Opfer schlief, sondern stürzte sich auf einen Mann, der am Feuer saß. Dessen Ehefrau konnte den Leoparden vertreiben und ihren Mann retten. Wir hörten ausschließlich von Fällen, in denen jemand nachts von einem Leoparden aus einem Lager verschleppt wurde; es wurde keinem beim Wurzel- und Beerensammeln aufgelauert oder während er sich zum Urinieren ins hohe Gras hockte (was bei den Juwasi, um ungestört zu sein, Frauen *und* Männer tun), oder sich im dichten, hohen Schilf bückte, um Wasser zu schöpfen. In diesen Situationen jagen Leoparden sonst überall Tiere und in manchen Gegenden auch Menschen. Also war die Beschränkung auf menschliche Lagerplätze bei Nacht offenbar eine kulturelle Eigenart der Leoparden der westlichen Kalahari – Leoparden, deren Tradition auf die Epidemien der Vergangenheit zurückgeht.

Warum machten es die Löwen nicht genauso? Hätten nicht auch sie herausfinden können, daß Lager mit kranken oder schlafenden Menschen möglicherweise Nahrung boten? Hungrige Löwen sollten eigentlich nicht wählerisch sein, und vielerorts gibt es tatsächlich menschenfressende Löwen. An gewissen Straßen in Ostafrika zum Beispiel warten Löwen gelegentlich auf Betrunkene, die aus den Nachtbars nach Hause torkeln. Da es sich bei den menschenfressenden Löwen oft um einzelne Löwen handelt, alte oder junge Löwenmännchen, die nicht das Privileg genießen, einem Rudel anzugehören, glaube ich, daß Löwen so das Problem lösen, kein Revier zu besitzen. Ein Löwe ohne Land muß auf dem Territorium anderer Löwen räubern. Wenn der umherziehende, revierlose Löwe einen Menschen fängt, stört dies die ortsansässigen Löwen weniger, als wenn er ein Kudu oder einen Gemsbock reißen würde, die sie eines Tages vielleicht gern selbst gefressen hätten. Und deshalb könnte der Wunsch eines nomadisierenden Löwen, Rivalitäten mit anderen Löwen zu vermeiden, Menschen als verlockende Beute erscheinen lassen.

Nicht in der Kalahari der fünfziger Jahre. Nicht in dieser tiefen, vollkommenen Wildnis. Niemand kann sich den Waffenstillstand erklären. Er wurde einfach als gegeben hingenommen, wie die meisten Situationen, die Tiere betreffen. Es herrscht allgemein die Auffassung, Tiere seien von Natur aus immer gleich. Und so kommt es, daß selbst heute, trotz der Belastung und Schädigung von menschlicher und tierischer Population, nur wenige Menschen wissen, wie es früher war und wie es heute ist.

In den Jahren, die wir in der Kalahari verbrachten, lebten wir oft in der Nähe eines Wasserlochs namens Gautscha. Es war eines der drei ständigen Wasserlöcher in dieser Region und lag in einem felsigen Becken inmitten eines hohen Schilfdickichts. Den größten Teil des Jahres über war Gautscha die einzige Wasserquelle im Umkreis von neunhundert Quadratmeilen sehr trockenen Landes.

Auf einer Bodenerhebung zirka zweihundert Meter östlich des Wasserlochs hatte die Gruppe der Juwa-Buschmänner im Schatten eines kleinen Hains ihr Lager aufgeschlagen. Sie lebten in Hütten aus gebogenen Zweigen, die dünn mit Gras bedeckt waren. Wir kampierten daneben in Zelten. Westlich des Wasserlochs lag ein in der Trockenzeit kahles, rissiges Lehmbecken, das während der Regenzeit zum Grund eines flachen Teichs wurde. In einem dürren Hang nordwestlich dieses Lehmbeckens, vielleicht ein bis zwei Meilen vom Wasserloch entfernt, befanden sich die Höhlen einiger Tüpfel-Hyänen. In der

Nähe hielt sich, bis sie getötet wurde, eine braune Hyäne auf. Auf einem benachbarten Stück Grasland lebte ein Gepard. In dem riesigen Buschgebiet südwestlich des Bekkens lebte ein Leopard. Und in dem Buschgebiet, das sich in südöstlicher Richtung (für uns) endlos-einförmig dahinzog, lebte ein Löwenrudel. Die Größe dieses Rudels schwankte, aber es waren nie weniger als zehn Tiere. Wir entdeckten die Rastplätze der Löwen nie und versuchten auch gar nicht, sie zu finden. Doch wir glaubten, ungefähr zu wissen, wo sie waren, weil wir sie dort manchmal hörten – morgens, wenn sie sich zusammenfanden, und abends, wenn sie nach ganztägiger Ruhe umherzustreifen begannen. Also lebten in einem wenige Quadratmeilen großen Gebiet etwa dreißig Menschen, zehn oder mehr Löwen, ein Gepard, ein Leopard und mindestens fünf Hyänen – oder, mit anderen Worten, etwa fünfzig große Raubtiere, die alle dieselbe Antilopenpopulation jagten und aus demselben Wasserloch tranken.

Um die Gefahr einer Begegnung möglichst gering zu halten, nutzten die verschiedenen Gruppen das Gebiet und seine Ressourcen zu unterschiedlichen Zeiten – die Menschen und der Gepard bei Tag, die übrigen Raubtiere bei Nacht. Die Wahl der Tages- bzw. Nachtzeit spielte vor allem für Menschen und Löwen eine wichtige Rolle, da die Menschen zum Jagen und Sammeln das Tageslicht brauchten, die Löwen aber die Nacht bevorzugten, weil sie nur dann ihre riesigen Körper verstecken konnten. Das Gras war selten hoch und dicht genug, um sich am Tag darin zu verbergen.

Während sich die eine Gruppe auf Nahrungssuche begab, versammelte sich die andere zum Schlafen. Ein weiterer Faktor, der die Möglichkeit eines Zusammentreffens reduzierte, war der, daß niemand seine Tages- oder Nachtaktivitäten überstürzt begann. Die Löwen jagten nicht schon in der Abenddämmerung, wo ja vielleicht noch Menschen auf dem Heimweg waren, sondern erst lange nach Einbruch der Dunkelheit; die Menschen wiederum verließen das Lager erst am hellichten Tag und trafen so nie mit den Löwen zusammen – auch nicht mit anderen nachtaktiven Räubern, die erst im Morgengrauen von der Jagd zurückkehren.

Und doch kam es trotz allem häufig zu Begegnungen. Zum Beispiel hörten und sahen wir des öfteren Hyänen. Wenn ich nachts das Wasserloch beobachtete, sah ich sie trinken. Da sie, anders als Hyänen in Wildparks, nicht an Autos gewöhnt waren, beäugten sie meinen Jeep voller Mißtrauen und schlichen um ihn herum wie Vieh, das einen Hund gesehen hat. Aber sie hatten keine Scheu, uns zu besuchen. Eines Nachts schlich eine von ihnen durch unser Camp und steckte plötzlich sehr vorsichtig den Kopf in mein kleines Zelt. Ich las gerade im Schein einer Taschenlampe, und als ich aufsah, befand sich die sensible Nase der Hyäne nur wenige Zentimeter von meiner entfernt. Unsere Blicke trafen sich. «Na, was gibt's?» fragte ich. Unsicher zog sie sich zurück. Wir sahen die Hyänen auch, wenn wir an ihren Höhlen vorbeigingen, die sie in einen Hang gegraben hatten. Eines der Tiere, ein großes Weibchen mit Zitzen, stand halb drin, halb draußen und betrachtete uns mit unfreundlicher, beinah angeekelter Miene.

Hin und wieder sahen wir den Leoparden auf einem bestimmten Felsen ausgestreckt. Er lag völlig entspannt da und sonnte seine pelzigen weißen Lenden. Oft sahen wir auch Kopf und Schultern des Geparden aus dem Gras ragen, wenn wir aufs flache Grasland zugingen. Doch trotz der vielen Meilen, die wir zu Fuß oder im Wagen zurücklegten, trotz all der Nachtwachen am Wasserloch, begegneten wir nie den Löwen.

Ich erkundigte mich ab und zu, was denn passieren würde, wenn man im Busch einem Löwen begegnete. Falls das geschehe, hieß es, müsse man sich entschlossen in einem spitzen Winkel entfernen, ohne den Löwen zu reizen oder seinen Jagdtrieb zu wecken. Man zeigte uns mehrere Male, wie es ging. Aber beim Gautscha-Wasserloch begegneten wir nie einem Löwen. Obwohl wir zusammengenommen mehr als fünfzig Menschenjahre im Busch verbracht hatten, wenn auch mit Unterbrechungen, hatten wir kein einziges Mal Gelegenheit, diese Methode auszuprobieren.

Trotzdem erlebten wir, wie sie angewandt wird. Eines Tages begegneten mein Bruder und ich in der entlegensten, wasserlosen Gegend der Kalahari einem Löwen. Er stand da, golden von der Sonne beleuchtet, mit goldener Mähne. Er kam uns sehr groß vor und war im Gegensatz zu vielen heutigen Tieren der Kalahari in körperlich gutem Zustand: keine Narben oder Kratzer und viel Fleisch auf den Knochen. Wie betäubt starrten wir ihn an, voller Ehrfurcht vor seiner herrlichen Erscheinung. Er stand still da und sah uns an. Ich weiß nicht, wie lange wir so standen. Mein Bruder und ich waren zu verblüfft, um irgend etwas zu tun. Also lag die Verantwortung beim Löwen. Plötzlich entfernte *er* sich entschlossen im spitzen Winkel von uns – ruhig und selbstsicher, wobei er uns im Auge behielt, ohne uns jedoch aggressiv anzustarren. Der Löwe befand sich nur wenige Meter entfernt, und eigentlich hätte ich um mein Leben bangen müssen. Aber seine Absichten waren so klar und sein Verhalten so beruhigend, daß ich absolut keine Angst empfand, nicht einmal Unruhe – nur staunendes Interesse. Durch seinen eleganten Abgang und sein kühles, distanziertes Verhalten beabsichtigte der Löwe anscheinend, sich die Risiken eines unerwünschten Scharmützels zu ersparen. Bei einem Menschen hätte man ein ähnliches Verhalten unter vergleichbaren Umständen als kultiviert, vornehm, höflich bezeichnet. Auch in unserer Spezies können beruhigende Gesten aus genau denselben Gründen wünschenswerte Resultate erzielen.

Dies war, soweit ich mich erinnere, das einzige Mal, daß einem von uns zufällig ein Löwe begegnete. Aber es war nicht das einzige Mal, daß wir Löwen sahen. Die anderen Male allerdings geschah es nur, wenn sie *uns* sehen wollten. Es war meist in der ersten oder zweiten Nacht, die wir in einem neuen Gebiet verbrachten, oder wenn wir nach langer Zeit wieder in eine altbekannte Gegend zurückkehrten. Da sie Tiere sind, die alles, was sich in ihrem Umkreis tut, aufmerksam beobachten, war es klar, daß die Löwen kamen, um uns in Augenschein zu nehmen.

In letzter Zeit erinnern mich meine drei Hauskatzen immer dann an die Nyae-Nyae-Löwen, wenn in unserer Einfahrt ein fremder Wagen hält. Zuerst verteilen sie sich in verschiedene Richtungen, vielleicht, um aus sicherer Entfernung zu beobachten, wie sich die Situation entwickelt. Nach einer Weile kommen sie unauffällig aus ihrem Versteck hervor und schleichen zum Wagen hin. Kurz darauf beschnuppern sie die Reifen, und wenn sie damit fertig sind, springen sie auf die Motorhaube oder aufs Dach und bleiben dort einfach eine Weile stehen – mit langem Hals, Ohren aufgerichtet, Schwanz gesenkt, Hinterteil tief, Hinterbeine eingeknickt, als warteten sie auf einen potentiellen Herausforderer. Sie tun das zu jeder Jahreszeit, tags wie nachts. Mir scheint, daß die Katzen die Höhe des Wagens fasziniert und daß sie ihn als hohen Gegenstand erfahren wollen, wie wir Menschen vielleicht auf einen Holzstoß oder Heuhaufen klettern. Später, wenn die Tür offensteht, springen die Katzen hinein und erforschen das Innere. Es ist, als fragten sie sich, worin sich der Wagen von ihrer Welt unterscheidet. Wir bitten Besucher immer, den Wagen nicht mit offenen Türen stehenzulassen, damit nicht eine der Katzen versehentlich mitgenommen wird. (Uns ist dies zwar noch nie passiert, aber unseren Nachbarn. Sie hatten Glück – der Besitzer des Lieferwagens, ein Elektriker, wußte, wem die Katze gehörte, und brachte sie freundlicherweise nach Hause zurück.)

Die erste Begegnung mit Löwen ereignete sich auf unserer ersten Reise am Rand der Kalahari, weit westlich von Gautscha, nachdem wir dort gerade für die Nacht unsere Zelte aufgeschlagen hatten. Bei uns war ein junger weißer Südafrikaner, ein ehemaliger Kontrollbeamter für Pockenimpfung, der uns den Weg zu einem Ort zeigen wollte, wo er einmal ein paar Buschmänner entdeckt und geimpft hatte. (Damals kam es fast nie vor, daß ein Nicht-Buschmann Kontakt zu Buschmännern hatte, oder auch nur ahnte, wo sie sich aufhielten.) Im Dunkeln kam eine Gruppe von fünf Löwen ruhig auf uns zu. Im Schein des Lagerfeuers sahen wir ihre leuchtenden Augen, die sich so hoch über uns befanden, daß wir erst dachten, es handle sich um Esel. Als mir klar wurde, daß es Löwen waren, rannte ich aufgeregt um das Feuer herum, um sie besser sehen zu können. In diesem Moment pfiff eine Kugel an meinem Ohr vorbei, Schüsse knallten, und die Löwenaugen verschwanden. Bevor uns klar war, was der Afrikaner tat, und bevor wir ihn daran hindern konnten, hatte er zwei der Löwen erschossen.

Damit war die Sache für ihn erledigt. Er vergewisserte sich nicht einmal, ob sie wirklich tot waren. Als wir übrigen Spuren und Blutlachen fanden, aber keine toten Löwen, erkannten wir den Umfang des Problems, das der junge Mann geschaffen hatte – zwei verwundete Löwen bei Dunkelheit ganz in der Nähe. Wir fragten ihn, was er zu tun gedenke. Nichts, sagte er. Schließlich sei es Nacht. Und es wäre gefährlich, den Löwen zu folgen. So fiel die Aufgabe mir, meinem Bruder und einem Mann namens William Cam zu, der uns als Mechaniker begleitete.

Wir machten uns im Sternenlicht zu Fuß auf den Weg, wobei wir sehr leise gingen, um das Atmen der Löwen zu hören oder das leise, murmelnde Knurren, das ein verwundeter Löwe von sich gibt. Wir versuchten auch, ihren Geruch zu erspüren. Schließlich hörten wir ein leises Stöhnen. Wir folgten dem Geräusch, knipsten die Taschenlampe an und fanden einen der Löwen – ein ausgewachsenes Männchen, aber so jung, daß es noch keine Mähne hatte und wohl noch im Rudel lebte. Schwerverwundet lag er auf der Seite und konnte nicht mehr aufstehen. Er hatte offenbar Schmerzen, da er um sich herum das Gras zerbissen hatte. Wir mußten einige Male schießen, bevor er starb, und jedesmal, wenn ihn eine Kugel traf, brüllte er. Dies war eine der schlimmsten Situationen in meinem ganzen Leben. Sie ist mir frisch im Gedächtnis geblieben und schmerzt noch genauso wie damals. Während wir über ihm standen und auf ihn schossen, drehte der Löwe den Kopf weg und wandte den Blick von uns ab. Heute frage ich mich, ob er hoffte, auf diese Weise unsere Aggression dämpfen zu können.

Da wir den anderen Löwen nicht fanden, gaben wir unsere Suche nach vielen Stunden auf, um sie am nächsten Morgen fortzusetzen. Als es heller wurde, fanden mein Bruder und ich an der Stelle, wo die Löwen zum Zeitpunkt der Schüsse gestanden hatten, die Spuren eines Löwen, der einen großen Sprung gemacht hatte. Keine dreißig Meter vom Camp entfernt, am Ende des nächsten Sprungs, lag eine tote Löwin, der die Kugel ins Herz gedrungen war. Auch sie schien ziemlich jung: ihr weißer Bauch wies noch weiße Tupfen auf. Ihr Pelz und das Gras waren kalt und feucht vom Tau. Direkt neben ihr jedoch fanden wir eine warme, trockene Stelle, an der das Gras plattgedrückt war. Als wir uns umsahen, entdeckten wir im Gras einen dunklen Pfad, wo durch irgend etwas der Tau herabgeschüttelt worden war. Dann sahen wir, wie sich auf diesem Pfad Grashalme aufrichteten, und unter den sich langsam aufrichtenden Halmen entdeckten wir die runden Pfotenabdrücke eines riesigen Löwen, der die Stelle offenbar erst kurz zuvor verlassen hatte. Jetzt wußten wir, daß dieses gewaltige männliche oder weibliche Tier neben der toten Löwin gelegen hatte, während der Tau fiel. In Sichtweite des Camps hatte er oder sie unser Kommen und Gehen beobachtet, die Schüsse und Schreie gehört. Die ganze Nacht hindurch hatte das Tier den Körper der toten Löwin geleckt und ihr Fell mit der Zunge gegen den Strich gekämmt.

Unsere nächste Begegnung fand in der ersten Nacht unserer zweiten Fahrt nach Gautscha statt. Wir waren mit Autos gekommen und hatten eine anstrengende Reise hinter uns. Da wir zu müde waren, um Zelte aufzustellen, warfen wir zirka zwanzig Meter vom Juwa-Lager entfernt unsere Schlafsäcke auf den Boden, machten uns nicht einmal mehr die Mühe, ein Feuer anzuzünden, und schliefen sofort ein. In der Nacht hörten wir die Juwasi in energischem Ton sprechen, achteten aber nicht darauf. Wir waren zu müde. Am nächsten Morgen fanden wir überall um uns herum die Abdrücke von Löwenpranken. Mehrere Löwen hatten, während wir schliefen, Informationen über uns eingeholt und sich sogar über uns gebeugt, um unsere Gesichter zu beschnuppern. Wir fanden die riesigen runden Abdrücke der Vorderpfoten direkt neben unseren Köpfen.

Danach waren die Löwen zum Juwa-Lager gelaufen und hatten über die Dächer der kleinen Grashütten hinweg die Menschen angestarrt. Im Gegensatz zu uns, die den ganzen Tag wach waren und nachts schliefen, legten die Juwasi tagsüber kleine Ruhepausen ein und standen dafür nachts häufig auf. Daher schliefen sie praktisch nie alle zur gleichen Zeit. Selbst mitten in der Nacht war immer jemand wach, wärmte sich am Feuer, aß eine Kleinigkeit, trank einen Schluck Wasser oder plauderte mit jemand anderem. Als die Leute, die gerade wachten, die glühenden grünen Augen sahen, erhoben sie sich ruhig und forderten die Löwen mit fester Stimme zum Gehen auf. Da die Juwasi selten in tiefem, befehlendem Ton miteinander sprechen, weckte dies ungewöhnliche Ereignis die anderen auf. Zuerst machten die Löwen keine Anstalten zu gehen, aber die Menschen beharrten darauf und drohten ihnen schließlich mit brennenden Ästen. Irgendwann trollten sich die Löwen dann.

Bei mehreren Anlässen lösten wir, beziehungsweise unser Verhalten, bei Löwen heftige Empfindungen aus. Interessant erscheint mir rückblickend an diesen Episoden nicht, daß sie uns Angst einjagten (was sie taten) oder daß sie gefährlich waren (was sie durchaus hätten sein können), sondern daß die Löwen anscheinend verzweifelt versuchten, mit uns zu kommunizieren, vielleicht um ihre Gefühle zum Ausdruck zu bringen oder uns zu irgend etwas zu veranlassen.

Anders als die Löwen, die die befehlenden Worte und Gesten der Juwasi verstanden und sogar befolgt hatten – Worte und Gesten, die eigentlich für andere Menschen gedacht waren und nur auf Löwen übertragen wurden –, waren wir Menschen nicht imstande, die Löwen zu verstehen. Nicht einmal die Juwasi verstanden sie, obwohl sie die Löwen besser kannten als irgendwer sonst. Warum verstanden die Löwen von Gautscha die Bitten der Menschen, die Menschen aber nicht die Bitten der Löwen? Können Löwen interspezifische Botschaften besser verstehen als Menschen? Können Menschen Botschaften besser übermitteln als Löwen? Das weiß niemand genau. Mir kam jedoch der Gedanke, daß der Mensch Tiere vielleicht nicht deshalb einschüchtern kann, weil er sich auf Kommunikation versteht, sondern weil er sich *nicht* darauf versteht. Tiere verstehen uns oft, wenn wir sie um etwas bitten. Wenn sie jedoch uns um etwas bitten, stehen wir häufig vor einem Rätsel. Folglich erweisen uns Tiere oft einen Gefallen, wir ihnen aber selten.

Bei Elefanten ist das anders, aber nur, weil Elefanten Menschen motivieren können, wie dies kein anderes Tier vermag. Einmal bewarf mich ein Elefant, der mich nicht in seiner Nähe haben wollte, so heftig mit Kies, als schieße er mit Schrot nach mir. Ich begriff sofort, was er mir mitteilen wollte, und beachtete von da ab peinlich genau den Verlauf seiner Grenze. Diese Grenze fiel nicht mit den Käfigbarren oder dem Rand des Gehwegs zusammen, sondern schien seiner eigenen Vorstellung entsprungen – eine unveränderliche, aber unsichtbare Linie.

Natürlich leistet ein Tier, das mit einem Menschen kommuniziert, jedesmal Pionierarbeit, da es keine vorgezeichneten Wege gibt. Manchmal versucht es das Tier mit etwas Vertrautem, das bei seiner eigenen Spezies funktioniert – ein Hund, der etwas will, wird zum Beispiel bellen oder winseln, oder einen anstarren, alles Verhaltensweisen, mit denen er bei einem anderen Hund Erfolg hat. Aber nicht alle Tiere geben sich mit dem zufrieden, was ihnen vertraut ist. Vor allem Katzen sind, was die Kommunikation mit Menschen angeht, sehr erfinderisch – die meisten von uns können bei ihren Katzen solche Kommunikationsversuche beobachten. Unser Kater Orion, der vielleicht entdeckt hatte, daß ich nachts aufstand, wenn auf der Treppe Geräusche zu hören waren, sprang einmal so laut von Stufe zu Stufe, daß ich in der Annahme, es stampfe ein Mensch die Treppe hinunter, aufstand und nachsah. Orion war nur die drei obersten Stufen hinuntergesprungen und hatte dann wieder von vorn angefangen.

Als ich kam, war er gerade dabei, dies zum vierten- oder fünftenmal zu wiederholen. Dann sah er mich an und *miaute.* Er hatte Futter, Wasser und sein Katzenklo. Mit einem Wort, ihm fehlte nichts von dem, was er normalerweise von mir bekam. Mir fiel ein, daß er vielleicht hinauswollte und ich ihm die Katzentür öffnen sollte. Aus Angst vor einem Coyoten behielten wir unsere Katzen aber schon längere Zeit nachts im Haus, und so konnte ich ihm diesen Wunsch nicht erfüllen. Ich sagte laut: «Tut mir leid, aber ich kann dich nicht hinauslassen.» Er sah mir in die Augen, als nehme er meine Worte in sich auf, dann wandte er sich ab und ging völlig lautlos die Treppe hinunter. Teilten wir uns gegenseitig das mit, was ich glaube? Wollte er wirklich hinaus? Hatte er meine Bemerkung ganz oder teilweise verstanden und den Rest dem Tonfall entnommen? Vielleicht – er hatte mir ganz sicher etwas mitteilen wollen, und ich hatte es möglicherweise begriffen oder auch nicht.

Die dramatischste Episode, was den Kommunikationsversuch einer Katze betrifft, erlebte ich jedoch an einem heißen, mondlosen Abend in der Regenzeit in Gautscha, als eine Löwin unser Lager besuchte. Die meisten unserer Leute und auch viele Juwasi waren unterwegs. Ich saß allein in einem Zelt in unserem Lager. Meine Mutter und mein Bruder besuchten gerade Leute im etwa zehn Meter entfernten Juwa-Lager. Ich arbeitete im Licht einer Laterne an meinen Notizen. Im Juwa-Camp brannten etwa sechs kleine Feuer. Wir lebten dort schon seit fast einem Jahr und konnten keinesfalls mehr als Neuankömmlinge bezeichnet werden.

Gegen 22 Uhr erschien plötzlich eine Löwin zwischen

den beiden Lagern und begann zu brüllen. Wie laut Löwen brüllen, kann man nicht beschreiben oder sich vorstellen, man muß es erlebt haben. Mein Körper war so von dem Lärm erfüllt, daß ich weder denken noch atmen konnte, und in den kurzen Pausen dröhnten mir die Ohren. Der Boden und die Zeltwände schienen zu beben. Erschrokken und verwirrt versuchte ich meine Gedanken zu sammeln. Wir waren nirgends besser geschützt als da, wo wir uns befanden – ich in einem sehr dünnen Zelt, aber zumindest nicht ganz exponiert, die anderen gemeinsam bei den Lagerfeuern. Auf einen Baum zu klettern stand außer Frage – es gab keine Bäume, deren oberste Äste die Löwin nicht erreichen konnte, wenn sie sich auf die Hinterbeine gestellt hätte.

Schließlich trug ich mit zitternden Händen die Laterne aus dem Zelt, damit ihr Licht *auf* das Zelt fiel und den Stoff fest wirken ließ, statt *durch* das Zelt zu schimmern und den Stoff durchsichtig wirken zu lassen – mit mir als zitterndem Schattenpüppchen. Außerdem wollte ich die Löwin beleuchten, damit die anderen sehen konnten, wo sie stand, denn ihr Gebrüll dröhnte so tief und ohrenbetäubend, daß sich nicht feststellen ließ, aus welcher Richtung es kam. Es klang, als sei die Löwin überall um uns herum.

Offenbar ging es ihr um irgend etwas im Juwa-Lager, denn in diese Richtung blickte sie. Die Laterne schien sie nicht zu bemerken. Mit ihren halb aufgestellten und seitlich weggestellten Ohren und dem kraftvoll hin- und herpeitschenden Schweif wirkte sie zornig und gereizt, eine Löwin, die mit ihrer Geduld am Ende schien. Manchmal tat sie einen Schritt vor oder zurück, und einmal sprang sie aus dem Lichtkreis der Laterne, um gleich wieder zurückzuspringen. Manchmal wird behauptet, daß Löwen mit ihrem Gebrüll potentielle Beutetiere verwirren oder in Panik versetzen wollen, um leichtes Spiel zu haben. Doch diese Erklärung schien an jenem Abend unwahrscheinlich. Schon vor langer Zeit wäre jeder Mensch der natürlichen Selektion zum Opfer gefallen, der angesichts eines brüllenden Löwen aus Dummheit von Feuer und Waffen weg in die Dunkelheit gerannt wäre. Selbst westliche Menschen geraten in einer solchen Situation nicht zwangsläufig in Panik. Da sie nicht wissen, was sie tun oder wohin sie sich wenden sollen, bleiben sie einfach vor Schreck wie angewurzelt stehen. Das war auch bei mir der Fall. Was die Juwasi betrifft, erregte die Löwin sicher ihre Aufmerksamkeit, erschreckte sie aber vielleicht nicht ganz so sehr wie mich. Gelassen, aber wachsam warteten sie ab, wie sich die Dinge entwickeln würden. Man konnte sowieso nichts tun. Die Löwin schien nicht in der Stimmung zu sein, sich einer entschlossen vorgebrachten Bitte der Juwasi zu fügen, und es wurde an jenem Abend auch keine ausgesprochen; die Juwasi wahrten taktvolles Schweigen. Da ich es furchtbar wichtig fand zu wissen, wie lange die Löwin blieb, sah ich auf die Uhr. Sie brüllte mit Unterbrechungen beinahe fünfunddreißig Minuten lang. Dann ging sie weg, mit raschen, ungeduldigen Schritten. Und hier endet die Episode. Sie kehrte nie mehr zurück, zumindest nicht so, daß wir es bemerkt hätten, und kein Mensch hat je erfahren, was sie von uns wollte.

Ein anderes Mal verbanden Löwen die Inspektion von Neuankömmlingen mit unerklärlichem Gebrüll. Dies ereignete sich in der zweiten Nacht, die meine Mutter und ich mit einigen Juwa-Leuten in einem Lager in Tshoana verbrachten, einem Kavango-Viehweideplatz an einer etwa fünfzig Meilen nördlich von Gautscha gelegenen Schlucht. Die Schlucht herauf und in unser Lager kam ein großes Rudel Löwen, die unisono zu brüllen begannen. Wenn die einen aufhörten, fingen die anderen an, so daß der erschreckende Lärm keine Sekunde abbrach. Wieder bebten die Erde und das Zelt. Lärm von dieser Lautstärke nimmt einem den Atem und betäubt die Sinne. Wir waren paralysiert. Endlich verstummte das Gebrüll ebenso schlagartig, wie es begonnen hatte. Es folgte eine lange Stille, die noch beängstigender war als der vorangegangene Lärm. Offenbar lauschten die Löwen, welche Wirkung ihr aggressives Gebrüll hervorrief. Ich hielt die Luft an und versuchte, den Mund offenzuhalten, damit die Löwen nicht hörten, wie mir die Zähne klapperten. Anscheinend hörten die Löwen aber nichts, denn sie begannen erneut zu brüllen.

Trotz aller Furcht konnte ich nicht widerstehen, meine Taschenlampe kreisen zu lassen, in der Hoffnung, im zitternden Lichtstrahl ein paar Löwen zu entdecken. Aber sie waren direkt hinter dem Zelt, wo ich sie nicht sehen konnte. Statt dessen kam aus der Dunkelheit, aus dem ohrenbetäubenden, donnernden Getöse einer der Juwa-Männer auf uns zu. Er hatte sich auf der anderen Seite der Schlucht befunden, als das Gebrüll begann, und hatte die Schlucht, nur mit seinem kleinen Speer bewaffnet, durchquert, um bei Frau und Kindern zu sein. Leise und auf nackten Sohlen hatte er sich offenbar im Dunkeln zwischen den brüllenden Löwen hindurchgeschlängelt.

Welche Bedeutung hatte für die Löwen der Waffenstillstand mit den Menschen, und was mußten sie tun, um ihn aufrechtzuerhalten? Dazu muß man sich erst einmal das Leben der Löwen vergegenwärtigen. Die Idealsituation ist für einen Löwen wahrscheinlich die, in einem Rudel zu leben, dem ein Revier gehört. Die zweitbeste Lösung mag die sein, mit anderen Löwen in einer revierlos umherstreunenden Gruppe zusammenzusein. Am wenigsten wünschenswert ist es wohl, allein als Nomade umherzustreifen, obwohl dies bei jungen Männchen und vertriebenen alten Männchen oft der Fall ist. Da ein einzelgängerisches Leben aber möglich ist, ein Löwe auch allein jagen kann und in diesem Fall sein Futter nicht zu teilen braucht (wenn man sieht, wie sich Löwen beim Fressen streiten, bekommt man den Eindruck, daß sie nur höchst ungern teilen), fragt man sich, warum Löwen lieber in Gruppen leben.

Ein Grund ist sicher der, daß sie, wie Hauskatzen, aneinander hängen. Vom Freßverhalten einmal abgesehen, reiben sich Löwen zärtlich bei Begegnungen, schlafen nah beieinander, lecken sich gegenseitig das Fell und verständigen sich, wenn sie weit voneinander entfernt sind. Das Gruppenleben hat auch viele praktische und ökonomische Vorteile. George Schaller berichtet 1972 in seiner Studie *The Serengetti Lion*, daß Löwinnen, die zu fünft oder sechst jagen, unter bestimmten Umständen mehr als doppelt so erfolgreich sind wie Löwinnen, die allein jagen. Und das ist kein Wunder. Eine Gruppe von Löwen kann effektiver jagen als ein einzelner Löwe, und obwohl die Beute geteilt werden muß und kein Gruppenlöwe auf einen Sitz so viel ergattert, wie wenn er allein gejagt hätte, bekommt er doch häufiger zu fressen. Alles in allem ist die gemeinschaftliche Jagd also doch der bessere Weg, da sie regelmäßig kleinere, statt selten riesige Mahlzeiten bietet.

Löwen sind nicht die einzigen Katzen, die in Gruppen jagen. Auch andere Katzen tun dies, und größtenteils wohl aus denselben Gründen. Hauskatzen jagen manchmal gemeinsam, und obwohl sie nicht so diszipliniert zusammenarbeiten wie die Löwen, gibt es zumindest Ansätze kooperativen Verhaltens. Wie schon erwähnt, jagen meine Katzen gemeinsam mit den Hunden oder dulden zumindest ihre Gegenwart, da meist die Katzen mit der Jagd beginnen und die Hunde sich irgendwann anschließen. (Solche Jagden sind oft recht erfolgreich, da zwei Tiere die Fluchtwege versperren und die kleine Beute in der Falle sitzt. Meist ist es die Katze, die das Tier fängt, um es dann aber dem Hund abzutreten, der es frißt – genau wie Löwinnen ihre Beute manchmal einem Löwen abtreten.)

Wie Hauskatzen sorgen auch Löwen gemeinsam für die Jungen. Eine Löwin, die mehrere Junge verschiedenen Alters im Schlepptau hat, ist keine Seltenheit. Löwinnen hüten, genau wie Katzen, gegenseitig ihre Jungen und erteilen ihnen sogar Unterricht. Mein Bruder beobachtete einmal eine Löwin, die ein zappelndes Warzenschwein in den Vorderpranken hielt, während zwei größere und zwei kleine Junge sehr interessiert zuschauten. Aus dem Gebüsch sah eine zweite Löwin zu. Mit einem Wort, solange es genügend Futter gibt, bietet das Gruppenleben Löwinnen kaum Nachteile und den Löwenjungen praktisch keine. Selbst wenn eine Mutter längere Zeit weg ist, weiß sie ihre Kinder in guter Obhut bei Tante oder Großmutter, die sie zwischen ihren warmen Schenkeln wärmt, sie an ihren vier schwarzen Zitzen saugen läßt und sie mutig beschützt.

Manche Löwinnen leben nomadisch, aber wohl nur, weil sie keinen Anschluß an eine Gruppe gefunden haben. Solch eine Löwin war Elsa in *Born Free*. Als George und Joy Adamson, die Elsa großgezogen haben, sie einem Rudel zuführen wollten, wurde sie nirgends akzeptiert – eine hart um ihre Existenz kämpfende Familie würde ja nicht auch noch eine heimatlose Fremde aufnehmen, nur weil sie derselben Spezies angehört. Das Traurigste an der Geschichte war, daß Elsas Gruppe, aus ihrer Sicht, eigentlich die Adamsons waren und sie sich von ihnen im Stich gelassen fühlte.

Auch einem männlichen Löwen bietet die Gruppe viele Vorteile. Obwohl sein Leben in der Gruppe seiner Mutter beginnt, verläßt er sie wie alle männlichen Katzen, wenn er ausgewachsen ist; meist, weil ihn ein neuer Stiefvater vertreibt. Die Aufgabe des jungen Löwen besteht nun darin, eine Gruppe zu finden, die ihn akzeptiert und in der die Löwinnen nicht Mutter und Schwestern, sondern Ehefrauen sind. Solch eine Gruppe zu finden ist nicht leicht, und sei es nur aus dem Grund, daß es in den meisten Gruppen schon ein oder mehrere Löwenmännchen gibt. Bis der junge Löwe eine Gruppe findet, in der es kein Männchen gibt, oder nur ein Männchen, das zu alt oder zu schwach ist, um die Löwinnen zu verteidigen, lebt der junge Löwe als Nomade. Manchmal findet er eine angreifbare Gruppe, besiegt das Männchen und nimmt seine Stelle ein. Im Tausch gegen die sexuelle Bereitschaft und die Jagddienste der Löwinnen bewacht der Löwe ihr Territorium, wenn sie eines haben, und zeugt Junge mit ihnen, bis andere Löwen auftauchen und ihn besiegen. Dann muß er, falls er den Kampf überlebt, weiterziehen und an den Rändern fremder Reviere mühsam sein Leben fristen, bis er stirbt. Es ist also leicht einsehbar, welch große Vorteile einem Löwen ein Gefährte bietet – ein zweiter Löwe, der mit ihm zusammen kämpft und sich Verantwortung und Ehefrauen mit ihm teilt. Normalerweise werden junge Löwen – manchmal aus demselben Wurf, manchmal einfach nur befreundet – etwa zur selben Zeit aus ihrer Gruppe verstoßen. Mit vereinten Kräften finden sie neue Löwinnen. Gemeinsam besiegen sie den oder die Revierherrscher, gemeinsam verteidigen sie ihr Territorium und schützen die Jungen. Tatsächlich bieten mehrere Männchen den aufwachsenden Jungen eine viel stabilere Situation, als es ein einzelner Löwe je könnte. Sie kann ein Neuankömmling nicht so leicht vertreiben.

Angesichts all dieser Vorteile des Gruppenlebens überrascht es, daß manche Löwen für sich bleiben, selbst in Gebieten, wo es genügend Beute gibt. Manche Löwen in den Wüstengebieten der südlichen Kalahari und in den Sanddünen der Skelettküste scheinen freiwillig allein zu leben. Könnte der ausschlaggebende Faktor Wasser sein?

Wasser wird selten als Faktor gesehen, der die Größe von Löwenrudeln bestimmen könnte, da Löwen in vielen Gegenden Afrikas dafür bekannt sind, daß sie kein Wasser trinken. Ihr Flüssigkeitsbedarf wird durch die Körper ihrer Beutetiere gestillt, auch durch den Tau und die Tsama-Melonen. Und doch bin ich überzeugt, daß Wasser für Löwen wichtiger ist, als wir glauben. Löwen sind nicht wie Antilopen durch spezielle physische Mechanismen befähigt, große Hitze zu ertragen und den Wasserverlust ihres Körpers einzuschränken. Löwen sind wie wir – sie brauchen Abkühlung. So wie wir Flüssigkeit verlieren, wenn wir schwitzen, verlieren Löwen Flüssigkeit, wenn sie keuchen, und müssen diese Flüssigkeit ersetzen. Eine Antwort finden wir vielleicht, wenn wir uns noch einmal die Wildbeuter der Kalahari betrachten, deren Gruppengröße zu bestimmten Jahreszeiten auch davon abhing, wieviel Wasser zur Verfügung stand. An Orten, wo es kein Wasser gab und die Menschen ihren Flüssigkeitsbedarf mit Pflanzen und Tieren decken mußten, waren die Gruppen während der Trockenzeit klein. Wo es Wasser gab, waren sie wesentlich größer. Fast siebzig Juwasi hatten kommunale Rechte am Wasserloch von Gautscha, und obwohl während der Trockenzeit kaum genug Nahrung für so viele Menschen da war, trafen sich dort während der Regenzeit sogar über siebzig Menschen.

Einen Gegensatz dazu bildeten Menschen, die vielleicht

mehr als irgend jemand sonst an das Leben in der Wüste angepaßt sind: die Gwi-Buschmänner. Bevor wir nach Gautscha gingen, besuchten wir die schon früher erwähnte Gruppe, die ohne Wasser lebte. Sie hatte keine verborgene Quelle, keine geheimen Brunnen oder vergrabene Wasserbehälter aus Straußeneierschalen – nicht einmal ein Regenwasserreservoir in einem hohlen Baum. Wie die Wüstenlöwen deckte diese Gruppe, die aus zwei Männern, vier Frauen, drei zehnjährigen Jungen und einem Baby bestand, ihren Flüssigkeitsbedarf aus wasserspeichernden Pflanzen und den Körpern der getöteten Tiere. Darin, aus Tierkörpern jeden Tropfen zu sammeln, hatten sie es zu wahrer Meisterschaft gebracht. Als es uns einmal gelang, die Flüssigkeitsmenge zu bestimmen, ergaben sich etwa zwei Liter aus dem Pansen eines erwachsenen Gemsbockweibchens, einer der größten Antilopen der Kalahari. Zu diesem Zweck formten sie aus der Haut des Tiers eine Schale, damit keine Flüssigkeit verlorenging. Durch diese Methode erhielt jeder von ihnen einige Gläser Flüssigkeit. Satt geworden wären von diesem Gemsbock noch viel mehr Menschen, aber ihren Durst konnte gerade diese Gruppe stillen.

Auf die gleiche Weise könnte auch die Größe des Löwenrudels in Gautscha davon beeinflußt worden sein, ob genug Wasser vorhanden war. Wären die einzigen Flüssigkeitsquellen Melonen, Fleisch und Tau gewesen, dann hätten die Löwen einzeln oder in kleinen Gruppen leben müssen. So aber konnten sie dank des Wasserlochs zusammenleben. Und anscheinend wollten sie das auch, wie ihr dreißig Löwen zählendes Rudel beweist. Die dreißig Löwen, die mein Bruder und die Juwa-Männer damals von dem verletzten Weißschwanzgnu vertrieben, konnten sich unmöglich durch Zufall zusammengefunden haben. Es waren zu viele. Daß ein taumelndes, geschwächtes Weißschwanzgnu aufgetaucht war, hatte sie sicherlich zusammengeschweißt. Hätten sie sich aber erst aus allen möglichen Richtungen zusammenfinden müssen, wären ihnen die Juwa-Jäger zuvorgekommen. Sie hatten sich aus dem Bedürfnis nach Gemeinschaft versammelt, und ermöglicht hatte ihnen dies das Wasser.

Da es in der westlichen Kalahari in der Trockenzeit nur wenige nicht versiegende Wasserquellen gibt, war die endlose Savanne nicht so endlos, wie es den Anschein hatte. Wer Wasser trinken wollte, mußte in vernünftiger Entfernung eines Wasserlochs leben. Im Fall der Gautscha Löwen war dies wahrscheinlich nur das Gautscha-Wasserloch. Wir glaubten, daß auch andere nicht versiegende Wasserlöcher, viele Meilen von Gautscha entfernt, von Löwenrudeln in Besitz genommen worden waren. Es könnte also sein, daß sich die Gautscha-Löwen aus dem Bewußtsein heraus, daß diese Wasserquelle einzigartig war, zurückhaltend verhielten. Hätte sich ihr Verhältnis zu den übrigen Anwohnern verschlechtert und ihren Zugang zum Wasser gefährdet, dann hätte dies ihr Zusammenleben verändern können. Die Löwen bewiesen dadurch Zurückhaltung, daß sie das Wasserloch erst sehr spät nachts benutzten. Sie kamen und gingen ohne Lärm. Sie brüllten nicht. Sie ruhten nie in der Nähe des Wasserlochs, um es den ganzen Tag im Auge zu behalten, wie man das heute bei Löwen in manchen Wildparks beobachten kann. Und kein Löwe hinterließ beim Wasser jemals seine Exkremente.

Was bedeuten Exkremente für Löwen? Das hängt teils von ihrer Katzennatur und teils von ihrer jeweiligen Kultur ab. Mich erinnerte die diesbezügliche Zurückhaltung der Gautscha-Löwen an manche Hauskatzen, die ihr Katzenklo nicht benutzen, wenn es zu nah bei ihrem Futterplatz steht. Vielleicht wollen diese Katzen vermeiden, Futter oder Wasser mit Fäkalien zu verunreinigen. Oder vielleicht bedeuten Exkremente für diese Katzen mehr als nur Ausscheidungen. Schließlich benutzen die meisten Katzen Exkremente als feindselige Signale. Und auch für Löwen scheinen Exkremente eine negative Botschaft zu tragen. Ein ruhender Löwe zum Beispiel steht auf und verläßt die Umgebung seiner schlafenden Gefährten, wenn er sich erleichtern möchte. Meistens jedoch scheinen Löwen Exkrementen keine Bedeutung zuzumessen. An Orten, die von Löwen oft frequentiert werden, inklusive die Wasserloch-Gebiete in Wildparks, findet man viele Fäkalien. Doch die Gautscha-Löwen waren da anders. Vielleicht wollten sie sicherstellen, daß das Wasser sauber blieb. Vielleicht wollten sie keine negativen Botschaften hinterlassen. Was immer ihre Gründe gewesen sein mögen, das Gebiet um das Wasserloch herum wurde nie verschmutzt. Die Löwen wußten warum. Wir nicht.

Auch die Menschen gingen sorgsam mit dem Wasserloch um. Weder verschmutzten sie es, noch setzten sie sich in die Nähe. Wenn sie Wasser geholt hatten, was meist zur selben Tageszeit und niemals nachts geschah, gingen sie sofort wieder weg. Und so wie aus der Sicht fremder Löwen das Wasserloch den Gautscha-Löwen gehörte, so gehörte es auch den Menschen. Andere Leute, die es benutzen wollten, mußten um Erlaubnis bitten. Und so hatten Menschen und Löwen bezüglich der Wassernutzung viel gemeinsam, auch wenn dies vielleicht keine der beiden Gruppen so gesehen hätte.

In den fünfziger Jahren gehörten die Löwen von Gautscha zu einer einzigen großen Population. Ein Löwenvolk besaß mehr oder weniger das ganze Gebiet. Am östlichen Rand dieses Löwenstaats befanden sich die Viehposten der Herero-, Kavango- und Tswana-Rancher. Eine Kavango-Familie unterhielt einen solchen Posten in Tshoana, wo eine Löwin eine erstaunliche Methode des Viehraubs entwickelt hatte.

Wegen der Löwen hatte die Kavango-Familie ein Bollwerk aus wuchtigen Pfosten errichtet. Jeder Pfosten hatte etwa 18 Zentimeter Durchmesser, war 60 bis 90 Zentimeter in einem tiefen, kreisförmigen Graben verankert und ragte 2,70 bis 3,00 Meter aus dem Boden. Man hätte sich kaum einen stabileren, sichereren Kraal vorstellen können. Und doch raubte 1955 mindestens eine Löwin Vieh aus diesem Kraal. Wie sie es anstellte, fand man nie genau heraus. Natürlich interessierte sich die Kavango-Familie weniger für ihre Methode als für den Viehraub an sich.

Man sah sie nur ein einziges Mal, im Licht einer Fackel oben auf dem Zaun, wie sie gerade mit einer Färse über der Schulter hinunterkletterte.

Gab es nur eine Löwin, die den Kraal mit einer Färse verlassen konnte? Waren es mehrere? Da bei diesem einen Mal nur eine einzige Löwin gesehen wurde und man kaum etwas über das Rudel wußte, wußte auch niemand genau, was eigentlich wirklich passiert war. Man kann davon ausgehen, daß die Löwin sich ihr Opfer vorher ausgesucht hat. Sie konnte ihre Wahl nicht erst in dem Moment treffen, als sie durch die Luft flog, und hatte ihr Opfer deshalb wohl schon vorher durch die Pfosten beobachtet. Ihre Wahl fiel auf ein mittelgroßes Tier, vielleicht eine einjährige Färse – nicht auf eine große Kuh, die zu schwer gewesen wäre, und nicht auf ein kleines Kalb, das zu klein gewesen wäre, um das Risiko und die Mühe zu rechtfertigen. Dann sprang diese gewaltige Löwin vom Boden auf den Zaun, zwängte die Vorderpfoten zwischen den Spitzen der ungleichmäßigen Pfosten hindurch und stützte sich mit den Hinterpfoten ab, die Klauen ins Holz gekrallt. Von dort spähte sie ihr Opfer aus. Mit einem Sprung war sie drüben inmitten der Herde, die natürlich vor Angst brüllte und die bewaffneten Kavango-Männer herbeirief.

Mitten zwischen den gefährlichen, scharfen Hufen und Hörnern des panisch erschreckten Viehs packte die Löwin die Färse, sprang wieder auf den Zaun und kletterte hinunter, wobei das ganze Gewicht der Färse nur auf Schulter und Maul verteilt war. Es ist schwer, einem solchen Rachen gerecht zu werden: man muß schon einen Löwenschädel in den Händen halten und in aller Ruhe diese riesigen, gebogenen, vorspringenden, tiefverwurzelten

Eckzähne und die breiten, knochigen Verankerungen für die massiven Kiefermuskeln bewundern. Zwei Männer könnten mit ganzer Kraft kaum tragen, was eine einzige Tshoana-Löwin mit ihrem Maul hebt.

Eine etwas andere Situation herrschte im Dorf Kai Kai, einem Herero-Viehposten etwa fünfzig Meilen östlich von Gautscha. Kai Kai war schon lange eine Herero-Siedlung, wie lange, weiß ich nicht. Anfangs lebten dort Buschmänner, später aber übernahm ein reicher Herero den Ort und brachte dort einen Teil seiner riesigen Herde unter. Er kam, wenn überhaupt, selten nach Kai Kai. Statt dessen wurde das Vieh von einigen armen Herero-Familien mit ihren Juwa-Dienern gehütet. Der Kraal in Kai Kai war nicht so stabil wie der Kraal in Tshoana, obwohl es dort mehr Vieh gab. Doch in Kai Kai setzten die Leute, vielleicht weil sie nur die Hüter und nicht die Besitzer des Viehs waren, den Löwen weniger Widerstand entgegen. Die kamen schon seit langer Zeit in Gruppen, um sich zu bedienen, bis sie schließlich so dreist geworden waren, daß sie am hellichten Tag durchs Dorf spazierten, während die Leute sich in ihren Hütten aus Lehm und Zweigen verbarrikadierten. Nur die Dorfhunde – hungrige, magere Kreaturen, die geschlagen wurden und sich kaum auf den Beinen halten konnten – boten den Löwen regelmäßig die Stirn. Sie rannten ihnen bellend entgegen und schafften es zum Teil wirklich, sie zu vertreiben. Manchmal allerdings jagten die Löwen auch die Hunde. Und da diese wußten, daß die Löwen sie töten konnten, versuchten sie sich in Sicherheit zu bringen.

Meist taten die Menschen wenig, um die Löwen aufzuhalten. Was hätten sie auch tun können? Kai Kai lag im

Protektorat Betschuanaland, und in der Zeit vor der Unabhängigkeit war es den Menschen schwarzer Hautfarbe verboten, Gewehre oder Munition zu besitzen. In Kai Kai mußten sich die Herero-Männer mit einem Vorderlader verteidigen, für den sie nicht immer Pulver bekamen. Doch eines Tages, so berichtet ein Juwa-Mann, hatten sie Pulver, und die mit Nägeln geladene Waffe war schußbereit, als die Löwen kamen.

Mit dem Vorderlader bewaffnet, kamen die Leute aus ihren Hütten, um den Löwen Widerstand zu leisten. Die Hunde bellten wie üblich, rannten diesmal aber, vielleicht ermutigt durch die Menschen, entgegen ihrer sonstigen Gewohnheit direkt auf die Löwen zu. Überrascht von dieser neuen Situation, griffen die Löwen die Hunde an, worauf diese kehrtmachten und schutzsuchend zu den Menschen zurückliefen, die Löwen auf den Fersen. Die Leute stoben auseinander. Doch der Mann mit dem Vorderlader hielt die Stellung und feuerte. Der Knall und das Nägelgeprassel verscheuchten die Löwen, und soweit ich weiß, kamen sie nie mehr bei Tageslicht ins Dorf. Von den Menschen war niemand verletzt, und soweit man sah, war auch kein Löwe kampfunfähig gemacht worden. Nur eine Hündin hatte nicht mehr fliehen können, da ihr ein Prankenschlag das Rückgrat gebrochen hatte. Einige Leute erinnerten sich an sie, eine gelähmte Hündin, die sich nur noch sitzend mit den Vorderpfoten dahinschleppen konnte. Sie blieb dort nicht mehr lange – jedenfalls war sie bei meinem Besuch nicht mehr da. Einige Leute erinnerten sich belustigt an ihre mißliche Lage, doch was aus ihr geworden war, wußte niemand, und es hätte, außer den Hunden, auch keinen interessiert.

In den fünfziger Jahren hatten die Löwen in der Nähe von Tshoana und anderen Viehposten dieser Gegend ausgedehnte, beutereiche Reviere. Zufällig enthielten diese Reviere auch Viehgehege, die die Löwen aber nicht aus Not aufsuchten, sondern nur, wenn ihnen der Sinn danach stand. Im Lauf der Zeit jedoch wurde die Peripherie des Gebiets, das einmal der Löwenstaat gewesen war, von Ranchern und Farmern besiedelt. Im Protektorat Betschuanaland konzentrierten sich die riesigen Viehherden wegen einiger Dürrejahre zwar an den wenigen Stellen, wo es noch Weideland gab. In anderen Gebieten aber weiteten die Farmer ihren Besitz aus oder ersetzten die altmodischen Landwirtschaftsmethoden durch effizientere, mechanisierte, kommerziell orientierte Arbeitsmethoden. Die Zeiten, in denen man einige Schafe unter Aufsicht eines Hütehundes oder eines Kindes auf die Weide geschickt hatte, waren vorbei; statt solch unrationeller Methoden wurden jetzt riesige Viehherden von Männern in Fahrzeugen durch Weidenutzung auf Rotationsbasis gehalten. Das Endprodukt, einst etwas Käse und Schaffleisch für die Farmerfamilie, waren jetzt kommerziell produziertes Rindfleisch und Rindsleder für den Export.

Die Folge war, daß die peripher gelegenen Gebiete des Löwenstaats gefährlicher wurden. Die dort lebenden Löwen wurden die unglücklichen Mitglieder der Population – die Armen. Der Antilopenbestand wurde rasch von den Ranchern und Farmern dezimiert, aus sportlichen Gründen, wegen des Fleischs, aus Gründen der Seuchenkontrolle und um die Konkurrenz der grasenden Tiere loszuwerden. Als das Grasland abgetragen war und die Savanne ihr fein austariertes Gleichgewicht verloren hatte und teilweise eine Mondlandschaft mit Dünen geworden war, schrumpften sogar die Randgebiete. Jetzt hatten die Löwen keine andere Zuflucht mehr und nichts mehr zu fressen: Sie waren gezwungen, Vieh zu reißen. Natürlich forderten die Farmer die Ausrottung aller Löwen. Und die Löwen schienen zu verstehen. Offenbar um sich zu schützen, hörten die am Rand der Kalahari lebenden Löwen auf zu brüllen: Das Gebrüll erschreckte die Menschen, woraufhin sie die Jagd intensivierten. Woher wußten die Löwen, daß sie nicht brüllen durften?

Als ich mich im nördlichen Uganda aufhielt, wo eine ähnliche Situation herrschte, war das früher dort ansässige Löwenvolk binnen zweier Löwengenerationen von den mächtigen Dodoth vertrieben worden, einem massaiartigen Stamm mit großen Viehherden. Als das Vieh das Wild zu verdrängen begann, wurde das Leben für die Löwen immer schwerer. Sie konnten in keine bessere Gegend flüchten, da sich südlich, östlich und westlich dichtbesiedeltes Farmland erstreckte und weit weg im Norden, in einem Wildreservat mit gutem, hügeligem Land und Wild im Überfluß, bereits jeder Zentimeter von anderen Löwen besetzt war.

Flüchtlinge in ihrer eigenen Heimat, versuchten die Löwen des Dodoth-Bezirks sich dadurch an die gefährlichen Menschen anzupassen, daß sie so vorsichtig und zurückgezogen wie möglich lebten – sie rissen nur verirrte Tiere und ließen das übrige Vieh in Ruhe; sie verbargen sich, kamen nur nachts hervor, vermieden es sogar meist, auf den Straßen Spuren zu hinterlassen, und brüllten nie. Löwen brüllen auch dann nicht, wenn sie in das Revier anderer Löwen eindringen, und zwar aus demselben Grund:

damit die Revierbesitzer sie nicht zur Strecke bringen. Die Uganda-Löwen verhielten sich also so, als seien die Menschen ebenfalls Löwen und als solche die rechtmäßigen Revierbesitzer, und als seien sie, die ortsansässigen Löwen, Eindringlinge.

Auf das Gebrüll zu verzichten, muß für die Löwen schlimm gewesen sein, da die Familie der Katzen und speziell die Löwen einen Großteil ihrer Kommunikation über Laute abwickeln. Um zu ermessen, was dieser Verzicht für die Löwen bedeutete, können wir sie mit Hunden oder mit uns selbst vergleichen. Der Grund für die Kommunikation mag bei jeder Spezies anders sein, aber der Nutzen ist der gleiche. Allgemein gilt die Regel, daß Hunde herkommen, wenn man sie ruft, Katzen hingegen Antwort geben. Hunde folgen damit dem Verhaltensmuster, das ihre Vorfahren, die Wölfe, aufgestellt haben. Wölfe ziehen weit umher, wobei ihnen Sonne und Sterne zur Orientierung dienen und das Rudel ihnen Geborgenheit gibt. An einem Ruf erkennt der Hund, daß der Rufende sich in Bewegung gesetzt hat, und er eilt hin, damit er nicht von ihm getrennt wird. Eine erwachsene Katze jedoch hat sich irgendwo fest niedergelassen – und sei es auch nur vorübergehend – und betrachtet einen Ruf nicht als Aufforderung, sondern als Frage. Wenn sie sich sicher fühlt, antwortet sie zwar und tut ihren Aufenthaltsort kund, aber sie hält es nicht für nötig hinzulaufen. Auch wir haben atavistische Gefühle, was das Rufen und Gerufenwerden betrifft. Auch wir haben das Bedürfnis, nach den anderen Mitgliedern unserer Gruppe zu rufen, wenn wir getrennt sind, und wenn nach uns gerufen wird, sehen wir uns genötigt, hinzugehen oder ebenfalls zu rufen: «Hier!» oder «Was ist?» Nur wenigen von uns fehlt diese Reaktion. Es gibt kaum jemanden, der in einer solchen Situation ohne Grund wortlos herumsteht. Wenn man also bedenkt, wie wichtig Kommunikation für einen selbst ist und was für ein Gefühl es wäre zu schweigen, wo man normalerweise rufen oder antworten würde, kann man vielleicht ermessen, was dieses erzwungene Schweigen für die Löwen bedeutete. Auch Hauskatzen verhalten sich still, wenn sie Angst haben und nicht gefunden werden wollen.

Für die Uganda-Löwen hat sich das Schweigen gelohnt. Bis zu einem gewissen Grad haben sie dank ihrer Zurückhaltung überlebt. Die Menschen machten nicht Jagd auf sie, dachten auch gar nicht an sie. Während meines Aufenthalts im nördlichen Uganda zwang mich meine mangelhafte Planung oft, mich in mondlosen Nächten über große Entfernungen durch unzivilisierte Gegenden zu tasten, meist allein, selten mit Taschenlampe, nie mit Gewehr. Manchmal ängstigte mich auf diesen gefährlichen Wanderungen ein bestimmter Leopard, der häufig unser Camp aufsuchte und es offensichtlich auf meine beiden Kinder – zwei und vier Jahre alt – abgesehen hatte, doch vor den Löwen fürchtete ich mich nie.

Einmal wäre ich dem Leoparden fast begegnet. Es war eine dunkle, bedeckte Nacht. Ich hatte mich wieder einmal ohne Taschenlampe verirrt und tappte seit etwa einer Stunde im dunklen Busch herum, bis sich endlich der Umriß eines Hügels vor dem Himmel abzeichnete. Es schien der Hügel zu sein, auf dem sich unser Camp befand. Als ich einen Pfad entlangging, der, wie ich hoffte, zum Camp führte, knurrte plötzlich vor mir laut der Leopard: «Woah!»

Ich merkte, daß er sich auf dem Pfad befand. Vermutlich hatte er geknurrt, um sich zu erkennen zu geben, um zu zeigen, daß er anwesend war, um mich rechtzeitig zu warnen, damit ich nicht plötzlich vor ihm stand. Wahrscheinlich wollte er, daß ich die Richtung wechselte und einen Bogen um ihn machte. Ganz sicher wollte er nicht, daß ich ihn überraschte und womöglich zu einer impulsiven Reaktion provozierte.

Aber ich konnte ihm den Gefallen nicht tun. Wenn ich den Pfad verließ, hätte ich mich wieder im dunklen Busch verirrt, einen Leoparden auf den Fersen. Nein – die Alternative hieß weitergehen, auch wenn dies bedeutete, direkt auf ihn zuzugehen. Einen Moment lang sagte er absolut nichts. Dann knurrte er erneut – verwirrt, als könne er nicht glauben, daß ich ihn einfach ignorierte –, und diesmal viel lauter. «WOAH! WOAH!» Er dachte, ich hätte ihn nicht gehört!

Doch an meiner Situation hatte sich nichts geändert – ich befand mich im wilden, dunklen Busch ganz in der Nähe eines Leoparden und wagte nicht, den Pfad zu verlassen. Ich mußte mein Camp und meine Kinder erreichen, siebzig Meter hinter ihm, also ging ich weiter. Der Leopard lauschte schweigend. Er hörte wohl, daß ich zögernder ging (denn ich hätte ja schrecklich gern getan, was er wollte), aber dann hörte er auch, daß ich mit neuer Entschlossenheit weiterging. Also sagte er nichts mehr. Stattdessen glitt er, immer noch völlig lautlos, vom Pfad und ließ mich vorbei. Wie nah er mich an sich herankommen ließ, weiß ich nicht.

Die ugandischen Löwen jedoch gingen den Menschen so gründlich aus dem Weg, daß es nie zu einer direkten Begegnung kam. Gelegentlich sah ich, wenn ich nachts im Landrover zu meinem Camp fuhr, das ganze Rudel auf der Straße sitzen. Wie ein Taubenschwarm stoben sie dann in alle Richtungen davon. Es wäre interessant gewesen zu beobachten, was die Löwen im Lauf der Zeit aus ihrer neuen Situation machten, aber inzwischen sind die meisten Löwen, Leoparden und anderen großen Raubtiere verschwunden, zum Zeitvertreib abgeknallt, zuerst von den King's African Rifles, dann von den Uganda Rifles, und dann wieder von Idi Amins Armee und den Invasionsarmeen. Ich habe den Verdacht, daß die Löwen, die es dort noch gibt, vor kurzem aus dem Sudan gekommen sind.

Zwischen dem Ende der sechziger und Mitte der siebziger Jahre wurden auch Löwen aus Botswana und Südwestafrika (dem heutigen Namibia) vertrieben, und zwar aus den gleichen Gründen wie die ugandischen Löwen aus dem Dodoth-Gebiet. In den sich entwickelnden Gegenden Südwestafrikas mit kommerziell betriebener Landwirtschaft wurden fast alle Löwen zur Strecke gebracht. Manche jedoch schafften es, sich auf abgelegenen Farmen als einsame Flüchtlinge am Leben zu erhalten, indem sie Vieh rissen. Einer dieser Löwen, ein großes Männchen mit schwarzer Mähne, das immer deutliche Tatzenabdrücke hinterließ, machte sich einen Namen – Jakob – wegen seiner nahezu menschlichen Denkfähigkeit und seiner ungewöhnlichen Begabung, seinen Verfolgern zu entkommen. Im Lauf der Jahre gab es keinen weißen Jäger und fast keinen Rancher und Farmer mehr, der nicht auf Jakob geschossen hätte, aber die Kugeln trafen nicht. Die Möchtegern-Mörder fanden diese Fehlschläge unheimlich: sie sahen in Jakobs atemberaubenden Fluchten keine Hinweise auf seine Erfahrung und Intelligenz, sondern schrieben Jakobs Entkommen aufgrund ihrer eigenen mangelhaften Erfahrung und Bildung dem Satan zu, der ihn angeblich schützte.

Leider wurde Jakob 1986 getötet, wenn auch nicht von einem der grölenden, besoffenen Jäger und Farmer mit ihren unglaublichen Löwenstories und ihren leistungsstarken Gewehren mit Hohlmantelgeschossen und Zielfernrohr. Nein, Jakob wurde von einem Buschmann getötet, mit einem achtzig Zentimeter großen Bogen und einem sieben Gramm schweren Giftpfeil – mit nur einem Schuß. Nur ein Buschmann konnte wissen, wie man sich im Mondlicht an einen Löwen wie Jakob heranpirscht – und nur ein Buschmann hätte den Mut dazu gehabt.

Niemand weiß, was mit den vertriebenen Löwen passierte. Vielleicht gelang es einigen von ihnen, in fremde Löwenreviere einzudringen, in denen es sich noch relativ ungestört leben ließ. Wenn dem so war, dann dürfte der allgemeine Löwenbestand noch mehr abgenommen haben. Wenn sich eine Löwenpopulation im Wandel befindet, wenn Territorien erobert und Löwenrudel erkämpft beziehungsweise verloren werden, steigt die Sterblichkeit der Jungtiere. Und wenn sich nach Kampf und Kindsmord die Staubwolken verziehen, enthält ein Territorium ebenso viele Löwen wie zuvor. Das gilt für alle Tiere, die in Revieren leben.

In dem Gebiet, in dem sich der westliche Rest des Löwenvolks aufhielt – jetzt vom östlichen durch einen etwa hundert Meilen breiten Gürtel aus Farmen und Siedlungen getrennt –, versuchte man einen Teil der Tiere Südwestafrikas zu retten, indem man (offiziell 1958) den Etoscha-Nationalpark eröffnete. Der Regierung ist es hoch anzurechnen, daß der Bedarf nach einem Park viel früher erkannt wurde – hauptsächlich wegen der Etoscha-Pfanne, die der Park umschließt. Sie ist ein nationales Wahrzeichen wie Old Faithful oder die Niagarafälle. In der Trockenzeit ein eindrucksvolles, weiß schimmerndes Salzbecken, während der Regenzeit ein flacher See, stellt sie seit mehreren Jahren eine internationale Attraktion dar. Anfang der siebziger Jahre war der Etoscha-Wildpark – inzwischen ein etwa 8600 Quadratmeilen großes Wildreservat aus Buschwüste, Savannen und dünnen Wäldern mit kümmerlichen Bäumchen – zum größten Teil von Farmen umgeben.

Da der Park mit dem Stift auf der Landkarte entworfen worden war, hatten die Ureinwohner anfangs gar nichts von seiner Existenz bemerkt. Dies waren natürlich die Buschmänner und das Wild. Während sich um den Wildpark herum Farmen ausbreiteten, ging das Leben innerhalb seiner Grenzen weiter wie zuvor.

Doch nach dem Zweiten Weltkrieg nahmen die Behörden die Buschmänner zur Kenntnis und befanden, daß der Etoscha-Wildpark ohne menschliche Population besser und natürlicher wäre. Erst geschah eine Weile nichts – Anfang der fünfziger Jahre lebten immer noch viele Buschmann-Familien bei den Wasserlöchern von Etoscha –, aber als der Tourismus zunahm, als Einrichtungen gebaut und Straßen angelegt wurden, damit die Touristen die Tiere besichtigen konnten, wurden die Buschmänner unerwünscht. Sie bettelten die Touristen an und jagten das Wild. Es war nicht angenehm, im Wagen sitzend die

Wildnis und den majestätischen Anblick der Elefanten zu genießen, nur um plötzlich zu erleben, wie ein halbnackter Buschmann ans Fenster klopfte und hoffnungsvoll lächelnd um eine Zigarette bettelte.

In den sechziger Jahren waren fast alle Buschmänner vertrieben, was nicht unbedingt hieß, daß sie sich woanders niedergelassen hatten. Offenbar kümmerte man sich kaum darum, was aus ihnen wurde. Da sie keine berufliche oder sonstige Ausbildung hatten, da sie keine der europäischen Sprachen beherrschten und sich mit westlichen Sitten, mit Geld, Alkohol, Maschinen, Gebäuden, Fahrzeugen, Straßen, Städten und Farmen nicht auskannten, sah ihre Zukunft düster aus. Nur wenige Buschmänner blieben im Park, als Spurenleser und Camp-Bedienstete des weißen Personals. Einige Familien bekamen Arbeit auf benachbarten Farmen. Doch all die anderen Buschmänner, schätzungsweise fünfhundert, scheinen verschwunden zu sein. Danach war in Etoscha nichts mehr so, wie es früher gewesen war.

Als ich Etoscha 1986 besuchte, waren die Buschmänner schon so lange verschwunden, daß einem der Gedanke, sie hätten überhaupt einmal existiert, fast romantisch erschien. Zumindest ein junger weißer Parkbeamter hatte angefangen, die Vergangenheit der Wildbeuter zu rekonstruieren. Obwohl einige der vertriebenen Menschen sicher noch irgendwo lebten, untersagte es der Beamte den Parkbesuchern streng, irgend etwas an den alten Lagerplätzen zu verändern, da sie archäologisch von Bedeutung sein könnten. Der Beamte hatte auch einen Bericht verfaßt, in dem er die alten Ortsnamen übersetzte. Allerdings nicht überzeugend. In seinem Bericht hieß ein Wasserloch mit dem schlichten alten Namen «Gu Na» (Großes Wasserloch) auf einmal: «Der Ort, von dem aus man sieht, ob jemand von Keitseb kommt». Dieser junge Parkbeamte hatte einen etwa fünfundfünfzigjährigen Buschmann zum Diener, der höchstwahrscheinlich zu den Menschen gehörte, die früher an den alten Lagerplätzen gelebt hatten.

Da er in meinem Alter war und meine Familie und ich damals in den fünfziger Jahren bei unserem ersten Besuch ins Etoscha-Gebiet gefahren waren, überlegte ich, ob ich ihn vielleicht kannte. Doch ich bekam keine Gelegenheit, ihn danach zu fragen. Der Beamte schätzte freundschaftliche Kontakte zwischen Weißen und Schwarzen nicht. Wo immer er in seinem Pickup hinfuhr, nahm er seinen Diener mit, der, wie zu Zeiten der Apartheid, hinten auf der Ladefläche saß, unbequem und immer in Gefahr. Zwischen den wohlhabenden Touristen wirkte er schäbig und abgerissen und sehr einsam.

Daß ich in den achtziger Jahren nach Etoscha reiste, hatte nichts mit den Buschmännern oder den Löwen zu tun. Ich fuhr hin, weil meine Freundin Katharine Payne die wichtige Entdeckung gemacht hatte, daß Elefanten Laute ausstoßen, die für das menschliche Ohr zu tief sind – Laute, die es Elefantenherden ermöglichen, über weite Entfernungen in Kontakt zu bleiben. Vor Katys Entdeckung hatte man scherzhaft von «Elefanten-Telepathie» gesprochen. Seit ihrer Entdeckung jedoch ist kaum je von Elefanten die Rede, ohne daß auch ihre Infraschallrufe erwähnt werden. Während Katy daran arbeitete, die Existenz dieser Rufe zu beweisen, lud sie mich ein, in ihrem Forscherteam mitzuarbeiten. Das Projekt, gesponsert von der National Geographic Society und der National Science Foundation, führte schließlich zu zwei längeren Aufenthalten bei den wilden Elefanten in Etoscha.

Zuerst arbeiteten wir an einem Wasserloch namens Gobaub, neben dem Katy und ihr Team eine Beobachtungswarte errichteten. Gobaub, das weit von den Touristengebieten entfernt lag, erinnerte mich an Gautscha. Genau wie dort umgab das Wasserloch eine große flache Ebene. Es schien der Boden eines urzeitlichen Sees zu sein. An seinem Rand entlang stieg das ehemalige Seeufer zu einer hügeligen, sandigen Fläche an, die von dichtem Busch und Eisenholzwäldern bedeckt war. Das Wasserloch selbst war ein großer Teich. Er entstand durch eine Quelle, die einem Felsen entsprang. Der Teich und sein Abfluß boten vielen Tieren Platz zum Trinken, und ihre langen Pfade liefen aus allen Richtungen darauf zu, wie die Speichen eines riesigen Rads.

Eines Abends, als Katy und ich die Beobachtungswarte verließen, um ins Camp zurückzufahren, hörten wir plötzlich ein wildes Durcheinander aus Gebrüll, Geschrei, Gestampfe und Getrappel. Im Licht der Taschenlampe sah ich etwa zehn Weißschwanzgnus, denen vier Löwinnen gegenüberstanden. Von den Löwinnen hatten sich drei hinter der vierten aufgereiht, wie drei Abwehrspieler hinter dem Mittelstürmer. Wie zwei Soccermannschaften nach dem Abpfiff verharrten beide Seiten reglos. Was auch immer sich ereignet hatte, es war vorbei, und die Weißschwanzgnus befanden sich immer noch im Spiel.

Vorsichtig, falls uns ein Raubtier beim Besteigen der Warte beobachtet haben sollte und jetzt auf uns wartete, kamen wir herunter, stiegen in unseren Geländewagen und fuhren langsam Richtung Camp. Als wir die erste Kurve erreicht hatten, erfaßten die Scheinwerfer an einer unwegsamen sandigen Stelle zwei ausgewachsene, aber noch junge Löwen, die sehr still und aufrecht dasaßen und aufmerksam in die Richtung starrten, aus der der Lärm gekommen war. Da wir sie nicht erschrecken wollten, blendete ich das Licht ab, während sich der Wagen langsam an ihnen vorbeimühte. Sie drehten sich um und blickten uns an.

Und dann, zu unserer Verblüffung, stürzten sie sich plötzlich auf uns und verfolgten uns mit hochgerecktem Schwanz, jeder auf einer Seite des Wagens. Wie zwei riesige Hunde rasten sie in großen Sätzen neben uns her und schienen nach den Reifen zu schnappen. Da wir uns in Gedanken schon auf den Felgen dahinkriechen sahen, während zwei ausgewachsene Löwen alles dransetzten, uns aus dem Fenster zu zerren, trat ich das Gaspedal durch. Der Wagen raste davon, die Löwen blieben zurück, und ich sah im Rückspiegel, wie sich der Abstand vergrößerte. Zuletzt standen sie mitten auf der Straße, ein wenig enttäuscht, blickten uns aber immer noch voller Interesse nach.

Ich war platt. Ich, die in der Kalahari so viele Nächte im Freien geschlafen hatte und noch viel mehr Nächte im ugandischen Busch herumgeirrt war, hätte mir nicht träumen lassen, daß ich einmal von Löwen verfolgt werden könnte. In Gautscha wäre so etwas nie passiert. Die Juwasi hätten es nicht einen Augenblick geduldet, daß Löwen sie jagen, mit ihnen spielen oder sie sonstwie behelligen – weder damals noch heute.

Dann wurde mir klar, wie dumm ich gewesen war und wie gründlich ich Gobaub und Etoscha mißverstanden hatte. Das schöne, trockene Land, das weiße Gras, der klare Himmel und der allabendliche Anblick des untergehenden roten Sonnenballs hatten mich getäuscht. Ich hatte so getan, als sei ich immer noch in Gautscha, dreißig Jahre früher. Aber es war alles ganz anders. Die Tiere von Etoscha kannten die Menschen nicht. Vielleicht hatte diese Tierpopulation noch nie so wenig über Menschen gewußt. Doch die Menschen, die es den Tieren hätten beibringen können, gab es nicht mehr.

Es gab sie nicht mehr, und mit der alten Lebensform war es vorbei. Hätte die Behörde entschieden, der Park sei ohne Löwen natürlicher und hätte die Löwen entfernt – ihre Abwesenheit wäre nicht krasser zu spüren gewesen als die Abwesenheit der menschlichen Wildbeuter nach fünfhunderttausend Jahren. Nachdem mir dies klargeworden war, sah ich nicht mehr die Ähnlichkeiten zwischen Gobaub und Gautscha, eher die Unterschiede. In Gautscha war das Ökosystem von Zeit und Regenperioden gesteuert worden; in Etoscha jedoch wurde das Ökosystem, wie wir bald erfahren mußten, so vollständig von der Naturschutzbehörde gemanagt, daß einem das Gebiet manchmal wie eine Farm vorkam. Die Tierpopulationen wurden ständig überwacht und dirigiert. Die Löwenpopulation regulierte man bis zu einem gewissen Grad mit Hilfe von implantierten Empfängnisverhütungsmitteln mit Langzeitwirkung, die einigen Löwinnen unter die Haut gepflanzt wurden. Diese Löwinnen waren alt geworden, ohne Nachwuchs zu haben, und wenn die Wirkung des Medikaments nachließ, waren sie zu alt, um noch Nachwuchs zu bekommen und großzuziehen.

Auf diese Weise ging die Erfahrung dieser Löwinnen verloren – eine Situation, die ernster war, als es auf den ersten Blick vielleicht den Anschein hat. Denn ein Löwe muß sehr viel lernen, um den Herausforderungen seiner Umwelt gewachsen zu sein, besonders so seltenen Herausforderungen wie schlimmen Dürrezeiten. Unter solchen Umständen kann die Anleitung durch einen erfahrenen Löwen zwischen Leben und Tod entscheiden; dies gilt auch für künftige Löwen, die wie Glieder einer Kette eines Tages ebenfalls davon profitieren und die Information weitergeben werden. Um zu wissen, wo sie stehen, müssen erfahrene und unerfahrene Löwen Erlebnisse miteinander teilen – um zu wissen, welchen Platz er gegenüber Menschen einzunehmen hat, müßte ein unerfahrener Löwe beobachten, wie ein erfahrener Löwe auf das Erscheinen eines Menschen reagiert. Wenn die Kette reißt – wenn es keine Menschen gibt, an denen dies demonstriert werden kann –, kann der erfahrene Löwe sein Wissen nicht weitergeben, und es geht verloren. Diese wichtige Wahrheit, die für alle Katzen gilt (und für alle Tiere, die voneinander lernen), kann man auch an Hauskatzen beobachten. Man muß dazu nur vergleichen, wie aufgeregt junge Kätzchen eine neue Beute untersuchen, wenn sie allein sind, und mit welch eifrigem Respekt dieselben Kätzchen Abstand wahren, wenn eine erfahrene Mutterkatze ihnen zeigt, wie es geht.

Im Fall der Etoscha-Löwen kann man unmöglich das Alter des weitergegebenen Wissens bestimmen, das nun verlorengegangen ist. Doch könnte das Wissen einer Löwenpopulation, die Generation um Generation im gleichen Gebiet gelebt hat, außerordentlich alt sein – Hunderte oder gar Tausende von Jahren alt.

Ein Großteil des intensiven Wildpark-Managements bezog sich auf die Forschung, deren Gegenstand natürlich die Tiere waren. Die Parkleitung, die es auch schon in der Vergangenheit mit der faktenbezogenen Richtung der Verhaltensbiologie gehalten hatte, war im allgemeinen gegen Forschungsmethoden, die keine meßbaren Resultate erbrachten. Daß Katys Arbeit komplizierte Geräte erforderte und insofern einen faktenbezogenen Aspekt hatte, daß wir meßbare Töne sammelten, trug mit dazu bei, daß wir hier arbeiten durften. Wir wurden angewiesen, den Elefanten nie Namen zu geben, um nicht sentimental zu erscheinen; statt dessen sollten wir ihnen Nummern zuordnen – eine seltsame Marotte, wie etwa auch die, daß die Wissenschaftler, offenbar um wissenschaftlicher zu wirken, weiße Laborkittel tragen mußten. Wilde Tiere haben keine Namen, das ist wahr, aber bestimmt auch keine Nummern. Dessen eingedenk, wurden die Elefanten trotz der Warnung getauft, weil man sich Namen viel leichter merken kann als Nummern.

Über den Kurzwellensender, den wir laut Anweisung nie ausschalten durften, um ständig in Verbindung zu bleiben, bekamen wir Tag und Nacht mit, wie die Parkbiologen das Wild betäubten, brandmarkten, Gewebeproben entnahmen und Markierungen anbrachten – vor allem bei den Löwen. Waren in der alten Zeit Löwen und Wildbeuter gegenseitig auf Distanz geblieben, so gab es von seiten der Parkverwaltung ein solches Interesse an den Löwen, daß jeder Löwe früher oder später mit einem Eingriff zu Diagnosezwecken oder zur Anbringung eines telemetrischen Geräts rechnen mußte. Für die Löwen bedeutete dies einen jähen, störenden Eingriff in ihr Leben: die betäubende Wirkung der Droge, stets gefolgt von Schmerz – etwa dem langanhaltenden Brennen durch ein Brandzeichen (obwohl Löwen mit Schmerzen kein großes Problem zu haben scheinen). Da die meisten Löwen dies aber nur selten durchmachten, bestand für sie kaum die Notwendigkeit, sich anzupassen. Die Anwesenheit des Parkpersonals machte also für die Löwen, obwohl es ihr Leben veränderte, wohl keinen großen Unterschied. Mir fiel am Verhalten der Löwen nichts auf, was darauf hingedeutet hätte, daß sie sich um das Parkpersonal kümmerten.

Doch etwas anderes fiel mir an ihrem Verhalten auf: Sie hatten keinen Begriff von den Wildbeutern. Nachdem wir unser Camp an ein zweites, weit entferntes Wasserloch namens Dungari verlegt hatten, merkten wir, daß uns die Dungari-Löwen ständig beobachteten. Sie wußten nicht, weshalb wir hier waren, wollten es aber herausfinden. Wie Mäuse in einer Katzenpension konnten wir nichts unternehmen, ohne uns vorher zu vergewissern, daß wir vor ihnen sicher waren. Drei von uns – Katy, ihre Tochter Holly und ich – fuhren erst einmal nach Dungari, um herauszufinden, ob Elefanten von der Tränke Gebrauch machten, die ihnen der Park in Dungari zur Verfügung stellte – es handelte sich um eine riesige Zementwanne, deren Wasserpegel von einer Solarpumpe konstant gehalten wurde. Eigentlich war Dungari nur ein Flecken im Wald – kein flaches Becken mit natürlicher Quelle wie Gautscha oder Gobaub. Und doch gab es hier Löwen, wie wir nach Einbruch der Dunkelheit bemerkten, als wir im Geländewagen eine Vierundzwanzig-Stunden-Wache begannen. Da ich auf dem Fahrersitz, Katy auf dem Beifahrersitz und Holly auf dem Rücksitz saßen, hätten wir eigentlich gedacht, daß uns nichts entgehen würde. Um so überraschter waren wir, als plötzlich neben Katys Schulter im rechten Vorderfenster das Gesicht einer Löwin erschien. Wie hatte sich dieses mächtige Tier unbemerkt anschleichen können?

Mit ihr war ein Löwe gekommen, aber sie war die Neugierigere von beiden. Er hielt sich mehr oder weniger versteckt und wartete darauf, daß sie irgend etwas unternahm. Was das sein sollte, wußten wir nicht genau. Aber wir befürchteten, sie könnte Jagd auf uns machen; wenn wir aus dem Fenster blickten, hatten wir jedesmal den Eindruck, neben dem Wagen ihren Kopf auftauchen zu sehen.

Natürlich versuchte ich, sie mit der Taschenlampe aufzuspüren. Der Lichtstrahl wurde von den Augen vieler anderer Tiere reflektiert, und ich sah zwar oft ganz nah den massigen, gelbbraunen Körper der Löwin, selten jedoch ihre leuchtenden grünen Augen. Zuerst begriff ich nicht warum. Dann kam mir der Gedanke, daß sie vielleicht ihre Augen verbarg. Da sie uns aber meist das Gesicht zuwandte, wenn wir einen Blick auf sie erhaschten, vermute ich, daß sie uns aus den Augenwinkeln beobachtete und direkten Blickkontakt bewußt vermied. Wissen Löwen, daß ihre Augen leuchten? Löwenaugen leuchten bei Mondlicht und sogar bei Sternenlicht. Das Auffälligste an einem Löwen können nachts seine im Mondlicht leuchtenden Augen sein, besonders wenn er im Gras lauert. Könnte ein Löwe, der die Augen eines anderen Löwen leuchten sieht, daraus den Schluß ziehen, daß auch seine eigenen Augen leuchten? Wir haben nicht die leiseste Ahnung, ob Löwen zu solchen Folgerungen fähig sind.

Ich persönlich glaube aber, daß sie es sind, da Katzen sehr viel über Augen, Sehkraft und visuelle Wahrnehmung wissen, wie die folgende Beobachtung an einer Hauskatze zeigt. Eines Abends saß unser Sohn Ramsay auf dem Wohnzimmersofa, als er seinen Kater Buster auf der gegenüberliegenden Seite des Zimmers an der Wand entlangschleichen sah. Buster verspritzt nachts Urin und muß deshalb hinaus. Da er die markierten Zonen aber ungern an seinen Rivalen, Kater Eddy, verlieren will, möchte er nachts eigentlich lieber im Haus bleiben. Folglich versucht Buster, wenn es dunkel wird, den menschlichen Familienmitgliedern aus dem Weg zu gehen, damit ihn niemand vor die Tür setzt. Buster schlich also an der Wand entlang, weil er den Raum durchqueren wollte, ohne Ramsays Aufmerksamkeit zu erregen.

An einer Stelle versperrte ein mitten im Raum stehender Sessel Ramsay die Sicht, und im selben Moment war der Kater verschwunden. Da der Sessel mitten im Zimmer stand und der Kater drei Meter davon entfernt die Wand entlanggeschlichen war, geriet Ramsay in Verwirrung. Wo steckte das Tier? Ganz leise stand Ramsay auf, damit er über den Sessel lugen konnte, und da sah er den Kater zu seiner Überraschung an der Wand kauern. Mit gesenkten Ohren reckte er den Hals und spähte in Ramsays Richtung, wie eine Katze, die sich versteckt und um die Ecke lugt. Ramsay wurde klar, daß sich der Kater tatsächlich vor ihm versteckte und den einige Meter entfernten Sessel zur Tarnung nutzte.

Diese Episode zeigt deutlich, daß die Katze wußte, wo sie sich befand und wie sie sich verstecken konnte, und daß sie Ramsays Blickrichtung genau berechnet hatte – von weitem und ohne jeden Blickkontakt. Ein Mensch hätte sich in einer vergleichbaren Situation ausgesetzt gefühlt.

Als wir uns dann für längere Zeit am Dungari-Wasserloch niederließen, begannen uns die Löwen gründlicher zu studieren, und später gesellten sich noch zwei weitere Löwinnen hinzu. Ich fand es rührend, daß sie uns auf ganz ähnliche Art und Weise studierten wie wir sie. Die Parkbehörden hatten uns gedrängt, unser Camp in einem Pferdegehege aufzuschlagen, und so beobachteten uns die Löwen nachts durch den Zaun so beim Schlafen, wie wir tagsüber *sie* beim Schlafen beobachteten. So wie wir ihre Spuren untersuchten, untersuchten sie die Spuren, die zu unseren diversen Latrinen führten, von denen sie die Erde wegscharrten. Unsere Spur bedeutete etwas für sie: Oft setzten sie ihre Exkremente neben unsere und verspritzten ihre Markierungen über unsere Urinspuren. Auch in anderer Hinsicht schienen sie uns nachzuahmen. Eines Tages saß ich in der Nähe der Solarpumpe und beobachtete eine Löwin, die am Wasser lag. Wenn sie aufgestanden wäre, hätte ich mich in Sicherheit bringen müssen, also war ich auf der Hut. Sie beobachtete mich genauso angelegentlich wie ich sie. Doch da es so warm und die Luft so lind war, fiel es mir schwer, wachsam zu bleiben. Nach einer Weile gähnte ich. Zu meiner Verwunderung gähnte sie ebenfalls, ohne den Blick abzuwenden. War es ein zufälliges Zusammentreffen, daß sie gerade in diesem Moment ihren riesigen roten Rachen aufriß? War es Empathie? Fasziniert gähnte ich absichtlich noch einmal. Sie gähnte wieder! Ich gähnte und gähnte. Aber ich hatte zu schnell hintereinander gegähnt. Jetzt beobachtete sie mich nur noch aus halbgeschlossenen Augen. Nachdem ich zwei oder drei Minuten gewartet hatte, gähnte ich noch einmal. Auch sie gähnte sofort. In heller Aufregung rief ich die anderen herbei. Ein letztes Mal tat uns die Löwin den Gefallen, leidenschaftlich zu gähnen. Als sie merkte, daß sich mehrere Menschen versammelt hatten, um sie anzustarren, schien sie plötzlich verlegen zu werden; mit ärgerlicher Miene stand sie auf und ging.*

Vielleicht hat mich diese Löwin studiert. Kurz darauf pirschte sie sich an mich heran. In der Meinung, sie sei gerade nicht da, verließ ich den sicheren Arbeitsbereich und ging ein paar hundert Meter weit, um Geräte zu holen. Während ich im Kreis durch den dichten Busch ging, bemerkte jemand im Arbeitsbereich, daß die Löwin auf mich zuschlich und rief mich zurück. Ich folgte der Aufforderung und versuchte so zu gehen, wie es mir die Juwasi beigebracht hatten. Ich bin noch am Leben und kann die Methode nur empfehlen.

Wenn sie mich erwischt hätte, hätte sie mich getötet? Wahrscheinlich ja, aber nicht unbedingt, um mich zu fressen. Denn schließlich lernen Katzen viel über ihre künftige Beute, indem sie mit den ersten Exemplaren, die sie erwischen, spielen. Dabei lernen sie, wieviel Vitalität ihr Opfer hat, ob es beißt, wie schnell es ist und andere interessante Dinge. Um also ihre Kenntnisse über unsere Spezies zu erweitern, hätte die Löwin wahrscheinlich mit mir gespielt und mich dabei schwer verletzt oder getötet.

Während desselben Aufenthalts hatte Katy ein Erlebnis, das für Feldbiologen, die große Tiere beobachten, wohl einzigartig ist. Es geschah eines Nachts in einem

* Sie war nicht die einzige Großkatze, die sich auf empathisches Gähnen einließ. Eine junge weiße Zirkustigerin namens Taji in New Jersey reagierte auf ein zufälliges Gähnen meinerseits genauso. Ich gähnte, sie gähnte, wir pausierten, einige Zeit verstrich, dann wieder ein gewaltiges Gähnen ihrerseits; sie beobachtete mich genau, wartete vielleicht, ob ich mithalten würde. Aus irgendeinem Grund tat ich es nicht, doch ich wünschte, ich hätte es getan.

Touristen zugänglichen Gebiet des Etoscha-Wildparks, und zwar in der Nähe eines Wasserlochs. Dieses Wasserloch ist nachts wie eine Theaterbühne in Flutlicht getaucht, damit die Touristen das Kommen und Gehen des Wilds beobachten können. Auf einer Seite ist eine Zone, in der Forscherteams ihr Camp aufschlagen dürfen, und dort hatte Katy ihren Schlafsack direkt neben einen Maschendrahtzaun gelegt. Katy ist einer der sensitivsten Menschen, die ich kenne, und befindet sich ebenso im Einklang mit der Natur wie die Juwasi. Als sie mitten in der Nacht erwachte, sah sie über sich das Gesicht eines mächtigen, gemähnten Löwen, der auf den Hinterbeinen saß und sie aufmerksam betrachtete. Er befand sich zwar auf der anderen Seite des Zauns, aber dicht dahinter, und hätte ohne weiteres über den Zaun springen, ihn zerreißen oder außen herumlaufen können. Außerdem gab es ganz in der Nähe eine Lücke im Zaun. Er starrte Katy unverwandt an. Sie starrte unverwandt zurück, wobei sie hörte, wie er seinen Speichel schluckte und seine Zunge im Maul wälzte. Er dachte ans Fressen. Katzen sind berühmt für ihre Geduld. Der große Löwe beobachtete Katy, während hinter ihm langsam der Mond aufging, durch seine goldene, windzerzauste Mähne leuchtete, am Himmel emporstieg und schließlich auf sie beide herabschien. Die ganze Zeit über erwiderte Katy den Blick des Löwen und lag regungslos da. Der Löwe dachte immer noch ans Fressen. Ab und zu sabberte er. Mondbeschienene Speichelfäden hingen von seiner Zunge zum Boden herab. Katy lag immer noch reglos da. Der Himmel begann sich aufzuhellen. Jetzt wandte der Löwe zum erstenmal den Blick ab. Dann sah er Katy noch einmal an, erhob sich langsam und drehte ihr seine Seite zu. Nachdem er sich, steif vom Sitzen, gereckt hatte, trollte er sich.*

War es Katys Rettung, daß sie dem Blick des Löwen standgehalten hatte? Sehr wahrscheinlich. Blickkontakt ist für Katzen von großer Bedeutung. Das entdeckte man auch in den indischen Sundarbans, als man nach einer Möglichkeit suchte, Holzfäller und Honigsammler vor den berüchtigten menschenfressenden Tigern zu schützen. Man fand heraus, daß Tiger einen Menschen nicht angreifen, wenn er seinen Hinterkopf mit einer Maske bedeckt. Normalerweise springen Tiger den Menschen von hinten an und töten ihn mit einem Nackenbiß. Kein Tiger würde je von vorn angreifen. Und so verhinderten die starren Maskenaugen den Angriff. Manche Tiger folgten den Holzfällern und Honigsammlern trotzdem und knurrten sie an, als seien sie wütend, daß sie um ihre Beute betrogen wurden. Doch wie der Wissenschaftsautor Sy Montgomery schreibt, dessen Forschungen in den Sundarbans einige erstaunliche Resultate erbracht haben**, begriffen die Tiger bald, daß es sich nur um Masken handelte, und gingen wieder zum Angriff über.

Ich finde Katys Interpretation ihres Erlebnisses sehr erhellend. «Ich habe zwar versucht, mich nicht zu bewegen, aber der Löwe hat natürlich gemerkt, daß ich atme», sagt sie. «Ich wußte, daß ich es nicht schaffen würde. Mir war klar, wenn ich überlebte, dann nicht, weil ich den Löwen hinters Licht geführt hatte, sondern weil er merkte, daß ich ihn respektierte.»

* Mündliche Mitteilung Katys.

** Sy Montgomery, *Spell of Tiger*, Houghton Mifflin, Boston, noch nicht erschienen.

War es derselbe Löwe, der 1993 im Alter von zwölf Jahren einen Touristen tötete? Am selben Wasserloch, im Flutlichtbereich, hatte ein junger Deutscher genau wie Katy auf dem Boden geschlafen und war von einem Löwen und einer Löwin gefressen worden. Den Statements der Parkverwaltung zufolge war dies der erste Vorfall dieser Art, und in gewisser Hinsicht stimmte das wohl auch, da der junge Mann wohl der erste *Tourist* war, der je von Löwen getötet wurde. Doch Informationen zufolge, die ich in den achtziger Jahren erhielt, war er nicht der erste Mensch, der dort von Löwen angegriffen oder getötet wurde. Als 1986 oder 1987 ein SWAPO-Guerillakämpfer von Angola nach Namibia wollte, wurde er angeblich von einem Löwen getötet. Er war wahrscheinlich nicht der einzige Guerillakämpfer, der so sein Leben verlor. (Eine andere Möglichkeit wäre natürlich, daß er von Polizisten, die Informationen aus ihm herauspressen wollten, zu Tode gefoltert wurde und die Löwen nur als Vorwand dienten.) Was auch immer passiert ist, im allgemeinen traute man den Löwen zu, den Park als waffenfreie Zone zu bewahren, obwohl auch das sehr zweifelhaft ist, da SWAPO-Guerilleros bewaffnet gewesen wären. Die anderen Löwenopfer, die es im Etoscha-Wildschutzpark gab, waren Parkangestellte, die aus irgendwelchen Gründen zu Fuß durch den Busch marschiert waren. Eigentlich ist dies Angestellten und Touristen strikt verboten. Touristen wird eingeschärft, egal, was passiert, im Wagen zu bleiben, also sind die einzigen Personen, die manchmal zu Fuß gehen, die Angestellten, und auch die nur, wenn ihr Wagen liegenbleibt.

Daß es in Etoscha keine Wildbeuter gab, merkte man am Verhalten der Löwen und daran, daß sie offenbar nicht an Menschen gewöhnt waren. Viele der Wasserlöcher im Park stellten zum Beispiel die Hauptquartiere von Löwenrudeln dar. Die Etoscha-Löwen standen irrtümlicherweise in dem Ruf, Wasserloch-Jäger zu sein, was bedeutete, daß sie nur warten mußten, bis ihre Beute zum Trinken kam. Das war natürlich nicht der Fall; die Beutetiere wären nie so dumm gewesen, an unübersichtlichen Stellen zu trinken oder bei Nacht. Hätten sie befürchten müssen, daß sie am Wasser von Löwen angefallen würden, dann wären sie woanders hingegangen oder hätten aufs Trinken verzichtet. Nein, die Löwen von Etoscha mußten sich ihre Beute mühsam erjagen, wie überall. Deshalb weiß niemand genau, warum sie sich so gern bei den Wasserlöchern aufhielten. Doch sind Löwen ausgezeichnete Beobachter, und Beobachtung ist wichtig für sie – daher ihr Hang zur Nachahmung. Andere Katzen lernen durch Üben; junge Geparden und Hauskatzen lernen zum Beispiel dadurch zu jagen, daß ihnen ihre Mütter lebendige Beutetiere bringen, die sie töten sollen. Löwen aber lernen hauptsächlich dadurch, daß sie ihren Müttern, Tanten und Großmüttern folgen und zuschauen, wie es gemacht wird. Die Warzenschweinlektion, die mein Bruder beobachtet hatte, stellte die Ausnahme dar. Die meisten Beutetiere der Löwen sind zu groß, um sie zu transportieren, und zu gefährlich, um sie lebendig den Jungen zu überlassen.

Also ist es, wie für alle Katzen, auch für Löwen von Kindheit an nützlich, sich im Beobachten zu üben, und dies erklärt vielleicht auch, warum sie sich an Wasserlöchern aufhalten, wo sie zwangsläufig die vorbeiziehenden

Herden beobachten müssen. Vielleicht wählen sie sich ihre Opfer schon aus der Ferne aus. Ganz sicher lernen sie die einzelnen Tiere kennen. Ihre Observationsmethoden unterscheiden sich nicht allzusehr von den Methoden der Feldbiologen, deren Aufgabe ja ebenfalls darin besteht, einzelne Tiere gründlich kennenzulernen. Vielleicht merken sich Löwen aber auch nur die Allgemeinverfassung und Laufrichtung der Herde. Doch ob nun der Beobachtungsposten am Wasserloch den Löwen beim Jagen hilft oder nicht, er bedeutet auf jeden Fall, daß Löwen zum Trinken nicht weit laufen müssen, denn wie die meisten Tiere benötigen sie bei Hitze mehr Flüssigkeit.

Deshalb liegen Löwen tagsüber auch meist reglos da. Aber das ist nicht immer möglich. Einmal beobachteten wir beim Wasserloch Gobaub ein Löwenpaar beim Sex. Sie trieben es Stunde um Stunde und hatten einen Höhepunkt nach dem anderen. Der Löwe stieß dabei jedesmal ein rührend hohes *Miau* aus. Die Löwin aber brüllte dröhnend, warf sich herum und versetzte dem Löwen mit aller Kraft einen Tatzenhieb ins Gesicht. Jedesmal, wenn es ihm den Kopf herumriß, schloß er die Augen und verzog das Gesicht. Nach einigen Stunden und gut fünfzig Höhepunkten (ich zählte mit, mußte dann aber aufhören, weil sich Elefanten näherten und wir Daten zu sammeln hatten) erhoben sich beide, gingen nebeneinander zum Wasser hinunter und erfrischten sich. Obwohl er vor ihr zu trinken begann, schlabberten ihre Zungen am Schluß genau im Takt. Dann gingen sie wieder an ihren Platz zurück, wo die Löwin, stirnrunzelnd, das Gesäß hochreckte; er bestieg sie, stieß zu und *miaute*; sie brüllte, drehte sich um, schlug nach ihm, und weiter ging es.

Das eigentlich Interessante am Beobachten des Wasserlochs erschien mir nicht so sehr, daß es die Etoscha-Löwen taten, sondern vielmehr, daß es die Gautscha-Löwen *nicht* getan hatten. So wie die vorhandenen Wildbeuter-Camps in Gautscha die Tiere vom Wasser fernzuhalten schienen, so könnten die in Etoscha nicht vorhandenen Lagerplätze den Tieren die Annäherung erlaubt haben. Die archäologischen Gebiete, die wir auf Befehl des jungen Beamten meiden mußten, zeigten mir, daß die Wildbeuter von Etoscha dieselben Stellen bevorzugt hatten wie die Wildbeuter des Gautscha-Gebiets. Dies war vielleicht nicht überraschend. Überraschend war jedoch die Tatsache, daß diese Gebiete auch von den Löwen bevorzugt wurden. Manchmal wählten die Löwen Stellen, für die sich auch die Menschen entschieden hätten. Sehr oft entdeckte ich die Löwen von Gobaub, selbst in diesem riesigen Gebiet, einfach dadurch, daß ich mich nach Stellen umsah, die meiner Meinung nach den früheren Gautscha-Bewohnern gefallen hätten. Ich suchte mit dem Feldstecher nach einem schattigen, nicht allzu steinigen und vor Blicken geschützten Platz am erhöhten Rand des Beckens. Es gab in der Nähe von Gobaub viele solcher Stellen, und an den meisten lugten tatsächlich zwei runde Ohren aus dem Gras, oder wir entdeckten einen schlafenden Löwen. Was bedeutete das? Wahrscheinlich, daß die Löwen diese guten Plätze übernommen hatten, bald nachdem die Menschen weg waren.

Ich hatte das Gefühl, durch ein Fenster in die ferne Vergangenheit zu blicken. Vor langer Zeit, in der nördlichen Hemisphäre, benutzten Höhlenlöwen die gleichen Höhlen wie ihre menschlichen Rivalen, die Jäger und Sammler, und es bestand die gleiche Konkurrenz um diese Höhlen wie zwischen Gobaub-Löwen und Buschmännern um die Lagerplätze. Gute Höhlen sind rar, und die Löwen hätten sie genauso gebraucht wie die Menschen, und zwar aus demselben Grund – jedes Säugetier mit Jungen, das während der Eiszeit im hohen Norden lebte, brauchte einen Unterschlupf, wo es die hilflosen Jungen warm halten konnte. Natürlich waren die Lager von Gobaub nicht so wichtig wie die Höhlen des Nordens – auch in weniger komfortablen Lagern wäre das Leben für beide Arten weitergegangen. Aber da Katzen einen ähnlichen Wohnungsgeschmack wie Menschen haben beziehungsweise die Vorzüge unserer Behausungen erkennen, gibt es in der ganzen Welt zahllose Beispiele, daß Katzen dort leben wollen, wo wir leben. Das arme Pumaweibchen aus Malta, Idaho, zum Beispiel brachte seine drei überlebenden Jungen in ein seit langem leerstehendes Farmhaus und suchte in der Küche Zuflucht. Und im heutigen Indien haben die Jagdschlösser in Ranthambhore, die die Maharadschas von Jaipur vor Jahrhunderten erbauten, neue Bewohner erhalten. Von ihren fürstlichen Besitzern verlassen und vom Dschungel überwuchert, bieten diese Schlösser jetzt Tigern Unterschlupf, den eigentlichen Herrschern jener Wälder. Sie haben sich die schattigen Paläste zur Residenz erwählt und strecken sich auf den kühlen Steinböden aus.

Vor langer Zeit zogen an den südlichen Mittelmeerküsten kleine afrikanische Wildkatzen in die menschlichen Behausungen ein, vermutlich weil ihnen der Vorrat an Ratten und Mäusen behagte und sie vor schweren Regenfällen geschützt waren. Und dort sind sie geblieben.

Vielleicht gefielen ihnen auch die warmen Herdfeuer. Die früheste bekannte Katze stammt aus Jericho (heute Israel) vor neuntausend Jahren, als eine der wenigen für Katzen attraktiven Annehmlichkeiten der Menschen das Feuer war.

Ein Beispiel für diese Anziehungskraft erlebte ich 1989 im Buschmannsland, nachdem ich schon ziemlich lange dort gewesen war und eigentlich glaubte, über die Tiere der Region Bescheid zu wissen; ich meine natürlich die domestizierten Tiere – Vieh und Hunde, Pferd und Esel, die alle inzwischen zum Haushalt der Buschmänner gehörten. Einmal besuchte ich das Buschmannsdorf noch spät an einem kalten Abend und sah zu meiner Verblüffung neben einem Lagerfeuer eine schwarzweiße Hauskatze kauern.

Die Buschmänner halten sich keine Haustiere, und zwischen dem Gautscha-Dorf und der nächsten menschlichen Siedlung lagen vierzig Meilen leeres Buschland. Was war das für eine Katze? Woher kam sie? Niemand wußte es. Die Katze gehörte niemandem; sie lebte wild. Die Leute bekamen sie kaum zu sehen, außer wenn sie bei diesen seltenen Gelegenheiten aus der kalten Nacht ans Feuer kam, um sich zu wärmen.

Mein Herz schlug für die Etoscha-Löwen, obwohl einem ihre Größe, ihre Stärke und ihr Mangel an Erfahrung mit unserer Spezies Angst einjagen konnten. Als ich einmal von einer Löwin angegriffen wurde, empfand ich Hochachtung vor den Wildbeutern, die vor so langer Zeit den Löwen Respekt eingeflößt hatten. Ich wurde angegriffen, als ich genau das tat, was auch die Juwasi getan hätten, um eine Löwin zu vertreiben; sie hatte direkt vor einem unserer Geräte gesessen, das ich in unserem Geländewagen abtransportieren wollte, und als sie sitzen blieb, stieg ich aus und hob langsam einen Kiesel auf. Da ich in ihrem Blick schon Ärger wahrnahm, bat ich sie sehr respektvoll darum zu gehen, während ich sanft den Kiesel nach ihr warf. Plötzlich griff sie an! Im Bruchteil einer Sekunde hatte sie die zwischen uns liegende Entfernung überwunden. Zum Glück war ich aus der Fahrertür gestiegen, die ich rasch zuziehen konnte, statt aus der seitlichen Schiebetür. Wie hatten die frühen Wildbeuter einem solchen Tier Respekt eingeflößt? Und dies, ohne schnell in einen Wagen springen zu können? Falls die Löwen vor langer Zeit in irgendeiner Weise den heutigen Löwen geähnelt haben, wäre es nicht leicht gewesen, ihnen Respekt abzuverlangen. Die Etoscha-Löwen schienen außer ihren Artgenossen niemanden zu respektieren.

Nur natürlich die Elefanten. Die Etoscha-Löwen mieden die Elefanten so wie die Gautscha-Löwen damals die Juwasi gemieden hatten. In Etoscha jagte eine Begegnung zwischen Elefanten und Löwen letzteren gewaltigen Respekt ein – meistens jedenfalls. Eines Nachts sah jemand aus unserer Gruppe, wie ein erwachsener Löwe mit hochgerecktem Schweif einen Elefanten jagte, aber vermutlich war dies nicht ganz ernst gemeint, da der Löwe rasch aufgab. Einer ostafrikanischen Löwengeschichte zufolge – es handelt sich um den mündlichen Bericht eines verläßlichen Zeugen – duckte sich einmal ein Löwe ins Gras, um sich vor Elefanten zu verstecken, die sich von rechts näherten. Offenbar war ihm aber entgangen, daß sie auf eine zweite Gruppe Elefanten zuliefen, die von links kam. Bevor er einen Entschluß fassen konnte, war er schon umzingelt. Jetzt bedrohte er einen Elefanten, um sich einen Fluchtweg zu eröffnen. Die Elefanten waren über den Löwen in ihrer Mitte so erschrocken, daß sie brüllten, trompeteten und ihn bedrohten. Zum Angriff gezwungen, sprang er den Elefanten an, der am nächsten stand, und umklammerte seinen Kopf. Der Elefant schüttelte ihn ab, schmetterte ihn zu Boden und tötete ihn – wirklich der einzig vorstellbare Ausgang eines Konflikts zwischen Löwe und Elefant.

Ich habe nur eine einzige Begegnung zwischen den Gobaub-Löwen und einem Elefanten miterlebt. Diese zufällige Begegnung war sehr kurz und unspektakulär – eigentlich eine Enttäuschung. Und doch ist es mir im Gedächtnis geblieben. Wahrscheinlich hätte ich gar nichts davon bemerkt, wenn ich nicht zuvor dieselben Löwen an derselben Stelle mit einem Rhinozeros beobachtet hätte. Bei dem Rhinozeros handelte es sich um ein ziemlich kampflustiges Weibchen, das – sein großes Junges auf den Fersen – oft kurz nach Einbruch der Dunkelheit zum Trinken kam. Eines Abends ruhten die Löwen bei Mondschein im Freien neben dem abfließenden Wasser. Plötzlich schien sich das Nashorn durch ihre Gegenwart gestört zu fühlen und stürmte auf sie zu. Zu meiner Verwunderung reagierten die Löwen erst, als das Rhinozeros sie beinahe erreicht hatte: Sie erhoben sich lässig, gingen mit eleganten, unglaublich selbstsicheren Bewegungen auf das Nashorn zu und traten erst im letzten Moment beiseite, um es durchzulassen. Dann glitten sie um das Rhinozeros herum, wie Wasser um einen Bootsbug, und versammelten sich hinter seinem gepanzerten Hinterteil. Erst galoppierte es noch ein bißchen weiter, bis es schließlich merkte, daß niemand mehr da war. Die Löwen würdigten es kaum eines Blickes, als wollten sie keinen weiteren Gedanken an es verschwenden. Eigentlich wirkten sie so, als sei ihnen dieses Rhinozeros bestens bekannt und als hätten sie ihr harmonisches, tänzerisches Ausweichmanöver nur seinetwegen entwickelt und schon viele Male praktiziert.

Ganz anders verlief die Begegnung zwischen diesen Löwen und einem Elefanten. Eines Abends, kurz nach dem Angriff des Nashorns, lagen die Löwen wieder an derselben Stelle, eine Ansammlung gelbbrauner Leiber hinter einem umgestürzten Baumstamm, der sie gegen das Becken hin abschirmte. Ich sah, wie einige von ihnen über den Baumstamm hinweg ein Zebra beobachteten, das aus dem abfließenden Wasser trinken wollte, als sie plötzlich erstarrten, aufstanden und etwas beiseite gingen. In großer Entfernung waren Elefanten am Waldrand erschienen. Mir kam es vor, als würden die Löwen die Elefanten wiedererkennen. Ein großer Elefantenbulle, etwa sechzehn bis siebzehn Jahre alt, setzte sich von den anderen ab und kam mit hocherhobenem Kopf, abgestellten Ohren, hochgerecktem Schwanz und Rüssel auf die Löwen zu. Obwohl er noch mindestens fünfzig Meter entfernt war, beobachteten ihn die Löwen genau. Einen Moment lang behauptete der gemähnte Löwe die Stellung. Dann stand er mit steifen Beinen und erhobenem Kopf da und brüllte. Der Elefant antwortete ebenfalls mit Gebrüll. Der Löwe brüllte erneut, worauf sich der Elefant in Trab setzte. Das war zuviel. Lautlos drehten sich die Löwen um, stoben wie ein Schwalbenschwarm auseinander und verschwanden. Genauso – wenn vielleicht auch nicht ganz so schnell – wären die Kalahari-Löwen einst vor einem Vorstoß der Juwasi geflohen.

Heutzutage weichen selbst die Löwen im Buschmannsland den Menschen nicht mehr so schnell wie früher. Und auch mit dem respektvollen Verhalten, das die Menschen einst den Löwen entgegenbrachten, ist es nicht mehr weit her. Dies kommt daher, daß die alte Lebensform im Buschmannsland immer mehr verschwindet, und die Positionen nicht mehr klar abgesteckt sind. Typisch für die veränderte Situation war neulich ein Foto in einer Windhuker Zeitung, auf dem zwei Weiße zu sehen waren – ein Wildbiologe und Naturschutzbeamter und seine allerneueste Freundin, die rittlings auf einem toten oder betäubten Buschmannsland-Löwen saß; das Ganze trug die Überschrift: «Das wilde Paar».

Heute, nach einer schmerzhaften Zeit des Übergangs vom Leben als Wildbeuter, versuchen sich viele Juwasi in Dörfern mit Vieh eine Existenz als Kleinbauern aufzubauen. So ein Dorf mit etwa sechzig Stück Vieh gibt es am Ostrand der Gautscha-Pfanne, oberhalb des Wasserlochs.

Im Buschland, das dieses Dorf umgibt, versuchen auch Löwen zu überleben. Es hat den Anschein, als veränderten sie dazu ihre Kultur.

Dies merkten die Gautscha-Leute in einer dunklen Nacht – merkwürdigerweise etwa zur gleichen Zeit, als in Etoscha die Löwin auf mich losging. In jener Nacht kehrten zwei Juwa-Männer und mein Bruder John – der seit 1978 meist in Gautscha gelebt hatte, um den Juwa beim Aufbau der Landwirtschaft zu helfen – in ihrem Pickup ins Dorf zurück. Plötzlich tauchten im Scheinwerferlicht die funkelnden Augen von zehn bis fünfzehn Löwen auf. Sie saßen, nur durch die Straße vom Viehgehege getrennt, im dichten Dornengestrüpp. Da ihnen ein so großes Löwenrudel in der Nähe des Viehs nicht geheuer war, hielt mein Bruder an, und alle stiegen aus. Wie in alten Zeiten bewegten er und die Juwa-Männer sich langsam und zielstrebig auf die kauernden, starrenden Löwen zu, um sie zu vertreiben.

Doch diese Löwen reagierten nicht wie in alten Zeiten. Statt dessen begann eine Löwin zu brüllen. Sie brüllte nicht so, als wolle sie sagen «Zurück!», sondern stimmte das klassische lange, laute Gebrüll an, wie man es sonst nur nachts von weit entfernten Löwen hört – etwa: *Uuuuuuuuuuuuuwoaah. Uuuuuuuuuoooooooooooowaah. Uuuuuoooooooh! Uuuuuuuuuuoooooong! Uuuooowoah! Uuuoo, uaooo, uaooh, oogh, oogh, anngh, unh, unh.* Aber das Interessanteste war, daß kurz vor dem ohrenzerreißenden Höhepunkt, als das Gebrüll zu einem betäubenden Gebell anschwoll, andere Löwen einfielen. Jetzt brüllten mehrere Löwen im Chor. Es war wie viele Jahre zuvor am Kavango-Viehposten, wo das vereinte Löwengebrüll meine

Mutter und mich in Angst versetzt hatte. Natürlich blieben mein Bruder und die anderen Männer wie angewurzelt stehen. In der furchtbaren, vom Nachhall erfüllten Stille standen die Männer reglos da. Plötzlich hob das Gebrüll von neuem an, erst eine Stimme, dann der Chor. Wieder tiefe Stille, und wieder das Gebrüll. Viermal begann einer der Löwen zu brüllen, und die anderen fielen ein, während die Männer völlig reglos dastanden. Nach dem vierten Chorgebrüll dauerte die Stille so lange, daß die Männer sich langsam auf ihren Pickup zubewegten. Als sie schließlich drinsaßen und die Scheinwerfer anmachten, waren die Löwen verschwunden.

Warum unterschieden sich die modernen Gautscha-Löwen so sehr von ihren Vorfahren? Der Umstand, daß sie sich in der Nähe des Dorfs herumtrieben, unbekümmert darum, ob sie gesehen wurden, und daß sie nicht vor den Männern zurückgewichen waren, zeigte, daß sich ihr Verhalten geändert hatte. Doch die Entscheidung für bedeutungsvolle Lautäußerungen und gegen physische Gewalt zeigte, daß sie sich ihre eigenen Sitten und Gebräuche schufen, die sich von denen der Etoscha-Löwen unterschieden. Weshalb?

Vielleicht sollte das Chorgebrüll die Größe und den Zusammenhalt der Gruppe demonstrieren. Auch wenn es bei der Konfrontation zweier Löwenrudel um Nahrungs- oder Wasserressourcen ging, konnte mächtiges Gebrüll von Nutzen sein. Die Gautscha-Löwen wollten meinem Bruder und den Juwa-Männern vermutlich zeigen, daß der menschliche Besitzanspruch auf dieses Gebiet mit seinem Viehbestand nicht mehr unangefochten war. Im Gegensatz zu den zurückhaltenden Löwen Ugandas, die ihren Respekt vor den territorialen Besitzansprüchen der Menschen durch Stillschweigen demonstrierten, als seien sie Flüchtlinge in einem fremden Revier, stellten die Gautscha-Löwen klar, daß sie nicht ohne Protest weichen würden. Aber ganz waren die alten Zeiten doch nicht in Vergessenheit geraten; offenbar erinnerten sich die Löwen noch so gut an die alte Waffenruhe, daß sie die Männer nicht anfielen, was die Etoscha-Löwen bestimmt getan hätten.

Allerdings war die Situation der Etoscha-Löwen stabil – zumindest von ihrem Standpunkt aus. Für sie war die Vergangenheit verloren. Die Gautscha-Löwen hingegen befanden sich in einer Übergangsphase. Die älteren Löwen müssen noch Erinnerungen an die frühere Lebensform besessen haben. Auf diese Erinnerungen griffen sie anscheinend bei dem Versuch zurück, mit den gewaltigen ökonomischen und sozialen Veränderungen fertig zu werden, die sie zu überrollen drohten.

Seit den sechziger Jahren hatte sich im östlichen Teil der namibischen Kalahari – jenem Gebiet, das heute Buschmannsland heißt – die Umweltsituation ständig verschlechtert. In den Siebzigern hatte Buschmannsland zwei seiner drei permanenten Wasserlöcher an die Bantu-Viehzüchter eingebüßt und sein westliches Territorium an Farmer verloren. In den verbliebenen Teilen bestand infolge von abgegrasten Wiesen, Brandverhütung und Flurschäden durch Fahrzeuge die Vegetation mancherorts nur noch aus Dorngestrüpp auf hartem Sandboden. Zwecks Herstellung von Dörrfleisch und Biltongue (in Streifen geschnittenes Dörrfleisch) hatten Legionen südafrikanischer Jäger mit automatischen Gewehren und Geländefahrzeugen die wildlebenden Populationen vieler vom Wasser abhängiger Grasfresser nahezu ausgerottet. Gemsböcke waren selten geworden, und Elenantilopen gab es praktisch nicht mehr. Die industrielle Verarbeitung von Fleisch und Tierhäuten war rund um die Kalahari zu einem großen Geschäft geworden. Außerdem hatten Hunderte von Meilen lange Zäune Tausenden grasfressenden Tieren – vor allem Giraffen und Weißschwanzgnus – den Zugang zu ihren Wasserquellen versperrt. Sie starben bei dem Versuch, das Hindernis zu überwinden; ihre ausgedörrten Leichen lagen neben dem Zaun.

Nach unserem ersten Etoscha-Aufenthalt im Rahmen des Elefanten-Forschungsprojekts fuhr ich nach Gautscha. Im Gegensatz zu den restlichen Mitgliedern meiner Familie, die weiterhin dort gearbeitet hatten, war ich seit dreißig Jahren nicht mehr dagewesen. Ich kam in einem gemieteten Pickup von Windhuk, dreihundert Meilen entfernt, und hielt vor der einzigen Tankstelle im Buschmannsland. Sie steht am Rand der Kalahari, vor der Straße, die vom Verwaltungszentrum Tsumkwe ins Innere führt. Da die Tankstelle geschlossen war, mußte ich warten und sah mich währenddessen um.

Früher war Tsumkwe nur ein Baum inmitten einer endlosen Wildnis gewesen, ein riesiger Affenbrotbaum, der noch heute die Szenerie beherrscht. Fast vierzig Jahre früher hatten mein Vater und sein Freund Claude McIntyre die Straße angelegt, die vom letzten Ort im Landwirtschaftsgebiet, der Stadt Grootfontein, dorthin führte. Sie hatten eine Karte der Region angefertigt und einen Brunnen gegraben. Inzwischen hatte der gegenwärtige Verwaltungsbeamte sein Haus im Schatten des Baums gebaut und den Brunnen abgedeckt, wodurch er die einzige Wasserquelle im Umkreis von vielen Meilen heißer, dorniger Savanne beherrschte. Da ich mich an den Brunnen erinnerte und dort, wo er gewesen war, einen Wasserhahn entdeckte, holte ich einen Becher aus meinem Rucksack. Doch anscheinend war die Benutzung des Wasserhahns geregelt. Ein deutscher Gast des Verwalters kam aus dem Haus und erklärte mir, der Wasserhahn sei Privatbesitz, ich könne hier kein Wasser holen. Sehr überrascht, daß mir in diesem trockenen Klima, in sengender Hitze Wasser verweigert wurde – aus einem Brunnen, den mein Vater gegraben hatte –, ging ich weg, immer noch durstig.

Es war ein seltsames Gefühl, allein mitten auf der Straße zu stehen, die ich damals mit neunzehn Jahren teilweise selbst zum erstenmal im Jeep erkundet hatte. Jetzt standen in großen Abständen ein paar kastenförmige Häuser weit von der überbreiten Straße zurückversetzt; sie lief schnurgerade auf den Horizont zu, wo der Wind Staubwolken aufwirbelte. Der Viehbestand der Regierung hatte in diesem Teil der Kalahari nur noch Dorngestrüpp und Sand zurückgelassen. Über der öden Landschaft hingen Staubschleier.

Während ich wartete, kamen Leute vorbei. Alle sahen mich an. Teils waren es junge Juwasi zu Fuß; teils motorisierte Weiße. Natürlich kannte mich niemand – einige der Weißen betrachteten mich sogar voller Argwohn. Und vielleicht nicht ohne Grund – ich war eine grauhaarige Frau in staubigen Kleidern, die allein auf einem Trittbrett saß, und es gab keine plausible Erklärung für meine Anwesenheit. Niemand sprach mich an, obwohl mich alle Juwasi ruhig anblickten, meine Miene auf etwaigen Rassendünkel hin überprüften und mir dann freundlich zunickten. Offenbar war es der Administration nicht gelungen, die einer menschenfreundlichen Haltung entspringende Liebenswürdigkeit zu ersticken, die den Buschmännern schon in der alten Zeit eigen war. Im Gegensatz dazu starrten mich die Weißen – also die Angehörigen meiner eigenen Rasse – verächtlich an, als sie merkten, daß ich hier fremd war.

Irgendwann war dann die Siesta vorbei, und der Ladeninhaber kam zurück und schloß die Zapfsäule auf. Während er den Tank meines Pickups füllte, hörte ich ein scharrendes Geräusch und sah in einiger Entfernung einen Buschmann-Mann im Overall, der den Vorgarten eines Verwaltungsgebäudes harkte. Alle paar Sekunden hielt er inne und sah aufmerksam zu mir her. Und dann ließ er plötzlich den Rechen fallen und kam auf mich zu. Er ging jedoch nicht die Straße entlang, sondern durchquerte die zwischen uns liegenden Gärten und schenkte den Neuerungen der Regierung so wenig Beachtung, daß er sogar zwischen zwei Weißen hindurchschritt – Verwaltungsangestellte, die in der Nähe ihres Wagens aufs Tanken warteten. Es hätten genausogut zwei Pfosten sein können. Ein bis zwei Meter von mir entfernt blieb der Juwa-Mann stehen, sah mir ins Gesicht und sagte: «Sie sind Di!ai.»

Und so war es. Vor siebenunddreißig Jahren hatten mir die Juwasi den Namen Di!ai gegeben. Aber wer war der Mann? Und wie hatte er mich erkannt, aus dieser Entfernung und nach so vielen Jahren? Ich hatte keine

Möglichkeit gehabt, meine Ankunft anzukündigen, und wurde nicht erwartet.

Die ohnehin geringen Sprachkenntnisse, die ich einmal besessen hatte, waren verschüttet, aber ich begann nach Worten zu suchen. Als er das merkte und meine Überraschung sah, lachte er. Dann nannte er mir ganz langsam, in einer Art Babysprache, seinen Namen und den Namen seiner Eltern, und nachdem ich mir den Kopf zermartert hatte, wurde mir klar, daß dieser Mann, als ich ihn das letzte Mal gesehen hatte, ein kleines Kind gewesen war.

Seit meinem Aufenthalt in der Kalahari hatte ich immer wieder an die Juwasi gedacht, von ihnen gesprochen, oft von ihnen geträumt, überlegt, wie es wohl dieser oder jener Person ergangen sein mochte und was in ihrer Welt geschah. Aber an die kleinen Kinder hatte ich nie gedacht. In jenen Jahren, als mein Mutterinstinkt noch nicht erwacht gewesen war, waren Kinder unter fünf, sechs Jahren uninteressant für mich und kaum mehr als Kulisse gewesen. Wie ungerecht hatte ich mich den Juwasi-Babies gegenüber verhalten! Ich lachte. Dann weinte ich, da ich in all den Jahren zwar viel über das Leben gelernt hatte, aber offenbar nicht alles. Dann lachte ich wieder. Der Mann stand lächelnd da und wartete. Als ich ihm erzählte, wo ich hinwollte, bot er an, mich zu begleiten.

Ich sagte, ich würde warten, bis er mit seiner Arbeit fertig wäre. Er antwortete, das sei nicht nötig. Also stiegen wir in den Pickup, schlugen die Türen zu und fuhren zusammen nach Gautscha.

Zahlreiche Elefanten waren ins Buschmannsland gekommen, wo bisher keine Elefanten gelebt hatten. Es handelte sich fast ausschließlich um Bullen zwischen vierzehn und fünfzig Jahren. Die meisten schienen einander zu kennen, und viele wiesen Schußverletzungen am Körper oder durchschossene Ohren auf. Niemand – weder die Juwasi noch die staatlichen Tierschutzbeamten – wußte, woher diese Elefanten stammten, da Elefanten das Buschmannsland bisher immer nur vorübergehend besucht hatten. Die Schußwunden deuteten darauf hin, daß die Elefanten vor einem Krieg, einer Aussonderungsaktion oder vor Wilderern geflohen waren. Und die Tatsache, daß nur sehr wenige Weibchen und Junge dabei waren, ließ darauf schließen, daß sie eine beschwerliche Reise hinter sich hatten und von sehr weit her kamen. Noch ergreifender und interessanter ist, daß sie sich im Buschmannsland ganz unauffällig verhielten. Es wurden keine Tiere beobachtet, die auf der Suche nach einer Bleibe ziellos durch Farmen und Dörfer streiften. Diese Elefanten hatten Buschmannsland offenbar gekannt und den Weg bewußt auf sich genommen. Woher aber so viele Tiere wußten, wohin sie gehen sollten, ist nicht ganz klar.

Buschmannsland war kein Zufluchtsort für sie, egal wie lange und beschwerlich die Reise gewesen war. Ihre Ankunft zog rasch eine widerliche Horde millionenschwerer Jäger an, größtenteils Männer aus Nord- und Südamerika und Europa, die dem Department of Nature Conservation bereitwillig immense Summen zahlten. So unglaublich es angesichts des gefährdeten Status der Elefanten scheint, verkauft dieses Department doch Lizenzen an reiche Hobbyjäger, die zum Vergnügen Elefanten töten. Da die Jäger ermuntert wurden, Lizenzen zum Abschuß möglichst vieler verschiedener Tierarten zu erwerben, erlegten sie auch Löwen.

Verlust des Habitats, Nahrungsmangel und Jagd waren einige der Probleme, denen sich alle Löwen im Buschmannsland gegenübersahen. Doch die Gautscha-Löwen hatten darüber hinaus noch mit Wasserknappheit zu kämpfen. Das Wasserloch konnte unmöglich auch noch die sechzig Stück Vieh versorgen, die sich seit 1982 in Gautscha befanden. Zwei Jahre später, mitten in einer schlimmen achtjährigen Dürreperiode, vergrößerte man das Wasserloch, in der Hoffnung, mehr Wasser zu gewinnen. Und danach wurde in einiger Entfernung ein tiefer Brunnen gegraben, der mit einer Rohrleitung, einer Pumpe und einem Trog versehen wurde. Der neue Brunnen war nur Menschen zugänglich. Mittlerweile begannen Elefanten das Wasserloch aufzusuchen – zum Zeitpunkt meines Aufenthalts warteten jeden Abend sechs bis sieben große Elefanten am Rand des Beckens, bis es dunkel wurde. Erst dann kamen die riesigen, auffälligen Tiere aus dem Gebüsch, das ihnen kaum Deckung geboten hatte, zum Trinken ans Wasser. Doch das Vieh hatte das Wasserloch am Nachmittag leer getrunken, und es war nur noch Schlamm da. Und so standen die großen, durstigen Elefanten, von denen jeder etwa fünfzehn Liter Wasser gebraucht hätte, die ganze Nacht beim Wasserloch und tranken kleine Schlucke, wenn Wasser nachsickerte. Ihre dumpfe Verzweiflung tat einem in der Seele weh. Und ebenso, daß für die anderen Tiere kaum noch Wasser übrigblieb.

Wenn die Elefanten tranken, kam man ihnen lieber nicht zu nahe. Zur Zeit meines Besuchs kamen auch zwei große Elefantenbullen, einer davon brünstig, zur Pumpe am Viehtrog und versuchten, irgendwie daraus zu trinken.

Eines Nachts wollte sie ein junger Mann verjagen, ein Fremder, der bei den Buschmännern gearbeitet hatte. Ich und andere Mitglieder der kleinen Gautscha-Gemeinschaft flehten ihn an, die Elefanten in Ruhe zu lassen. Wir wußten, wie gefährlich ein brünstiger Elefant sein kann, und außerdem hätten uns die Zelte, die kleinen Lehmhütten und die Fahrzeuge keinen Schutz vor einem wütenden Elefanten geboten. Doch obwohl wir dem jungen Mann an Erfahrung voraus waren und ich zudem gerade an einer Langzeitstudie über Elefanten teilgenommen hatte und an dem mächtigen Tier eindeutige Zeichen der Brunst feststellte, scherte er sich nicht um unsere Warnungen und Bitten. Er bewaffnete sich mit einer Trillerpfeife, stürmte auf die Elefanten zu und pfiff.

Was hatte diesen Mann auf die Idee gebracht, der nervende Pfiff eines kleinen Primaten könnte einen riesigen lebenserfahrenen Elefantenbullen vertreiben, der zweimal so alt war wie er – einen Elefanten mit durchschossenen Ohren, halbverrückt vor Durst und testosterontobend? Mit einem fürchterlichen Brüllen ging der Elefant zum Angriff über. Der junge Mann drehte sich um und rannte direkt auf uns zu.

Ein Elefant rennt mit fünfzig Stundenkilometern. Ein Mensch mit fünfundzwanzig. Der Ausgang der Jagd schien klar. Offen war nur noch, wo der Elefant den arroganten jungen Schnösel einholen würde. Ich weiß, daß ich den Elefanten nicht erschossen hätte, wenn ich bewaffnet gewesen wäre. Ich liebe Elefanten, und der hier hatte sich nichts zuschulden kommen lassen. Aber vielleicht wäre ich in Versuchung gewesen, den jungen Mann zu Fall zu bringen, bevor er den Elefanten zu uns geführt hätte. Im College hatte ich Ernest Hemingways *Das kurze glückliche Leben des Francis Macomber* gelesen und dabei erfahren, daß solche Verbrechen nicht unbedingt bestraft werden. Wenn der Elefant mit dem jungen Mann fertig gewesen wäre, hätte man sowieso kein Einschußloch mehr gefunden.

Aber der Elefant war gnädiger als ich. Er wollte den jungen Mann nur erschrecken, nicht töten. Er hätte den Quälgeist wie eine Fliege zerquetschen können, tat es aber nicht. Als er den jungen Mann schon fast erreicht hatte, bremste er plötzlich. Er schnaubte, wedelte mit den Ohren, machte kehrt und stampfte zur Pumpe zurück, wo er das Wasser zwar riechen, aber nicht trinken konnte.

Was die Löwen betrifft, schienen sie selbst angesichts so großer Umwälzungen manche ihrer alten Gewohnheiten beizubehalten. Vielleicht versuchten sie, ihren Alltag vor Veränderung zu bewahren. Es gibt kaum ein Tier, dem ein immergleicher Tagesablauf so viel bedeutet wie der Katze, und wahrscheinlich ähneln Löwen in diesem Punkt ihren kleinen Verwandten. Einförmigkeit und Regelmäßigkeit bedeutet schließlich viel für Tiere, die ein riskantes Leben führen, die nie wissen, wann sie das nächste Mal zu fressen bekommen, und deren Feinde dic eigene Spezies einschließen. Ein regelmäßiger, einförmiger Tagesablauf hilft der Katze, sich an bestimmte Dinge zu erinnern und bis zu einem gewissen Grad die Zukunft vorauszuwissen. Ein kenianischer Leopard beobachtete zum Beispiel auf seinen Streifzügen regelmäßig ein Viehgehege und fand so heraus, wann der Farmer den Pferch aufsuchte, um die im Lauf des Monats geborenen Kälber einzusammeln und an einen sicheren Ort zu bringen. Der Farmer tat dies immer am ersten Dienstag des Monats, also machte es sich der Leopard zur Regel, den Pferch am vorausgehenden Sonntag oder Montag aufzusuchen und sich ein Kalb zu holen. Das heißt, der Leopard begriff nicht nur die komplizierte Routine des Farmers, sondern reagierte darauf mit seiner eigenen Routine. Und dadurch, daß er den spätest möglichen Zeitpunkt wählte, reduzierte er das Risiko, erwischt zu werden, auf ein Minimum, während er seine Chancen, dort ein Kalb vorzufinden, maximierte.*

Auch Hauskatzen schätzen Routine, selbst wenn sie keinen direkten Nutzen daraus ziehen. Unsere Katzen kom-

* Fumi Mizutani, «Home range of leopards and their impact on live-stock on Kenyan ranches», in: N. Dunstone und M. L. Gorman (Hrsg.), *Mammals as Predators*, Oxford Science Publications, Oxford 1993, S. 425–439.

men abends heim – das haben wir ihnen durch großzügige Belohnungen beigebracht. Für uns hat dies einen Vorteil – da nachts Eulen und Kojoten die Gegend unsicher machen –, aber die Katzen würden nie aus Angst vor Raubtieren nach Hause kommen. Inzwischen tun sie es auch gar nicht mehr wegen der Leckerbissen – als achtlose Katzenbesitzer haben wir uns so sehr an ihr abendliches Erscheinen gewöhnt, daß wir ihnen aus Vergeßlichkeit oft nicht einmal ein Tröpfchen Sahne anbieten. Nein, sie kommen aus purer Gewohnheit nach Hause. Sitze ich bei Einbruch der Dunkelheit noch in meinem Büro, stupsen sie mich sogar an. Es ist Zeit, sagen sie.

Gleichförmigkeit bedeutet für Katzen Sicherheit, vor allem dann, wenn die Gleichförmigkeit Gruppenaktivitäten mit einschließt. Für unsere Hauskatzen bedeutet die abendliche Heimkehr, daß sich alle versammeln. Wenn sie im Haus sind, verteilen sie sich, und sie würden auch wieder hinausgehen, wenn wir sie ließen. Die Frustration, eingesperrt zu sein, wird jedoch von der Befriedigung aufgewogen, die ihnen die Routine gewährt.

Wie alle Katzen wußten wohl auch die Gautscha-Löwen Gleichförmigkeit zu schätzen, was mit erklärt, warum ihr Leben selbst nach so vielen Jahren teilweise unverändert schien. Zum Beispiel bestand ihre Gruppe aus dreißig Löwen, genau wie vor langer Zeit. Auch hatte es den Anschein, daß die Löwen von heute manche der alten Plätze bevorzugten – schattiges Dickicht im Busch südöstlich des Beckens. Und um von ihren Ruheplätzen zum Wasserloch zu kommen, benutzten die Löwen immer noch den alten Wildpfad (auf dem in den achtziger Jahren inzwischen Reifenspuren eingeprägt waren).

Doch gab es auch einige neue Gewohnheiten. Zum Beispiel jagten sie jetzt offenbar in kleineren Gruppen. Zwar war uns die Gruppenstärke früher nie genau bekannt gewesen, aber wir schlossen aus Spuren und Rufen, daß es sich wohl um Gruppen von vier bis sechs Tieren handelte. In den achtziger Jahren konnte man den Eindruck gewinnen, die Löwen jagten vorzugsweise zu zweit. Jedenfalls war es immer so, wenn sie gesichtet wurden. Vielleicht hing diese Praxis mit der vorhandenen Beute zusammen. Es gab zwar kaum noch große Antilopen, aber mehr Kudus als je zuvor.* Einige waren groß oder hatten lange Hörner, wie in alten Zeiten. Die meisten waren mittelgroß bis klein. Auch Waldducker und Steinböcke gab es genügend. Aber damit hatte es sich. Da es kaum etwas anderes zu jagen gab, ernährten sich die heutigen Gautscha-Löwen fast ausschließlich von diesen kleinen bis mittelgroßen Antilopen und befanden sich so in einer ähnlichen Situation wie viele Tiger. Von einem mittelgroßen Kuduweibchen wurden drei Löwen satt. Für zwei Löwen reichte wohl ein Steinbock oder ein großer Waldducker. Waren aber mehr Löwen da, litten einige Hunger. Also war es besser, in kleineren Gruppen zu jagen, um den recht großen Bestand an kleiner bis mittelgroßer Beute so gut wie möglich zu nutzen.

Hauskatzen können ohne weiteres ihre Spezialitäten wechseln. Als junge Katze war Orion auf Vögel spezialisiert. Wenn er sich auf ein Futterhäuschen niederlassen wollte, sprang er zwei Meter in die Luft – mit ausgestreck-

* Leider weiß ich keine Erklärung dafür, daß die Kudu-Population zunahm; vielleicht, weil es keine Rivalen mehr gab oder dank der veränderten Vegetation.

ter Pfote wie ein Außenfeldspieler. Später stellte er den Vogelfang gänzlich ein und frönte, wie schon erwähnt, einen Sommer lang der Chipmunk-Jagd. Gegen Ende seines ziemlich kurzen Lebens (vermutlich wurde er von einem Kojoten getötet) hatte er sich abermals umgestellt, diesmal auf Mäuse. Wenn Hauskatzen ihre Vorlieben ohne ersichtlichen Grund so bereitwillig ändern, warum sollten dies nicht auch Löwen tun, noch dazu, wenn sie einen sehr guten Grund haben?

Brachte das veränderte Beuteangebot die Löwen zu einer Änderung ihres Jagdverhaltens, so rief auch die veränderte Wassersituation ein neues Verhalten hervor. Am ersten Abend meines Besuchs in Gautscha sah ich etwas, das ich noch nie zuvor gesehen hatte: Löwen am Gautscha-Wasserloch. Wenige Stunden nach Einbruch der Dunkelheit erschienen sechs bis sieben Löwen auf dem Felsvorsprung oberhalb des Wasserlochs. Doch das Wasserloch war leer. Zwei Elefanten hatten es ausgetrunken und warteten darauf, daß es sich wieder füllte. Die Löwen gingen auf dem Felsgesims im Zickzack hin und her, als überlegten sie, was zu tun sei. Dann machten sie sich plötzlich alle gemeinsam davon. Später sah ich sie vor dem leeren Trog am Brunnen, wo die Menschen nachmittags Wasser für das Vieh gepumpt hatten. Der Trog war leer, aber schließlich fanden die Löwen dort Wasser, wo auch die Dorfhunde welches fanden – in den schlammigen Hufspuren des Viehs. Sie sogen sie leer und entfernten sich dann auf der Straße.

Die größte Veränderung, vom Standpunkt der Löwen aus, war sicherlich das Eintreffen des Viehs im Jahr 1982. Damals wurden natürlich einige Tiere von den Löwen getötet. Daß es nur so wenige waren, ist nicht leicht zu erklären. Obwohl alle Katzen bezüglich ihrer Beute ziemlich traditionell sind, und obwohl sie für verschiedene Arten von Beute verschiedene Jagdmethoden haben, kommt es einem unglaublich vor, daß die Löwen nicht vom ersten Augenblick an beschlossen, das Vieh zu jagen. Schon bei einem Hauch dieses betäubenden Dufts muß einem Löwen das Wasser im Maul zusammengelaufen sein. Außerdem wurde das Vieh nicht bewacht – jedenfalls tagsüber nicht. Es entfernte sich ohne Aufsicht weit vom Dorf, um abends aus eigenem Antrieb in einen dungbedeckten Pferch zurückzukehren, der mit ein paar Drahtkabeln umzäunt war. Selbst ich, eine Frau mittleren Alters, hätte diesen Zaun überspringen können; ein Löwe hätte ihn kaum bemerkt. Angesichts der Größe des Rudels, des Mangels an anderer Nahrung und der reichlichen Gelegenheiten hätten die Löwen eigentlich alle paar Tage eine Kuh reißen müssen. Doch dies geschah fünf Jahre lang nicht; sie durchkämmten weiterhin den Busch nach Steinböcken und Waldduckern und ließen das Vieh, bis auf wenige Ausnahmen, in Ruhe.

Mir erschien diese Zurückhaltung unbegreiflich. Es stimmt zwar, daß Katzen sich auf bestimmte Beutearten spezialisieren, daß die Gautscha-Löwen nicht auf Vieh aus waren, und daß bestimmte Jagdmethoden erst erlernt werden müssen – aber trotzdem geschah es oft, daß Löwenpopulationen auf das Eindringen einer neuen Spezies in weniger als fünf Jahren reagierten. Als 1898 zwischen Mombasa und dem Viktoriasee die Kenia-Uganda-Eisenbahn gebaut wurde, lernten manche Löwen aus Tsavo, die Arbeiter zu jagen, kurz nachdem sie eine Brücke über den

Tsavo-Fluß errichtet hatten, und bewiesen einen ungeheuren Einfallsreichtum, um über sechzig dieser Unglücklichen habhaft zu werden. So wie Hauskatzen Zimmer- und Schranktüren öffnen, öffneten die Löwen sogar nachts die Türen der Eisenbahnwaggons und schlichen sich auf der Suche nach vorher ausgewählten Opfern hinein.* Einen Mangel an Geschicklichkeit kann man Löwen und Katzen insgesamt wirklich nicht nachsagen.

Und doch schien die Zurückhaltung der Löwen auf irgendeine Weise zu den alten Zeiten zu passen. Erkannten die Löwen, daß das Vieh zur Domäne der Menschen gehörte? Ein Hund hätte dies erkannt. Warum sollten Löwen, diese scharfen, empathischen Beobachter, die in ihrer eigenen Kultur gewisse Formen des Besitzes respektieren, dies nicht auch bei anderen Spezies können? Leider wissen wir immer noch zu wenig über Löwen (und über Tiere insgesamt), um diese Fragen sinnvoll beantworten zu können.

Doch nicht alles war rätselhaft. Daß das Vieh vor den Löwen relativ sicher war, hatte es auch sich selbst zuzuschreiben. Wenn der Pferch morgens geöffnet wurde, kamen die zwei oder drei Leitkühe nicht einfach heraus, wie es amerikanische Kühe getan hätten; vielmehr blieben sie noch eine Weile zwischen den anderen stehen, als warteten sie auf etwas. Da sie lange Zeit das Gras in der Nähe des Dorfs gefressen hatten, dachten sie vielleicht an ein paar Weideplätze, die weiter entfernt lagen. Irgendwann hatten

* M. F. Hill, *Permanent Way* (East African Railways and Harbors, Nairobi, Kenya – kein Copyright-Vermerk – c. 1949), S. 172–174. Siehe auch Lt. Col. J. H. Patterson, *The Maneaters of Tsavo* (Macmillan, 1927.)

sie sich dann entschieden und trotteten los, wobei sie aber weiterhin gewisse Vorsichtsmaßnahmen beachteten. Zumindest als ich sie beobachtete, änderten sie ab und zu die Richtung, damit man ihren Weg nicht vorausberechnen konnte. Da sie erst loszogen, wenn die Sonne hoch stand, und immer lange vor Sonnenuntergang zurückkehrten, mieden sie die Dämmerstunden, in denen die Löwen unterwegs waren. Sie gingen stets im Gänsemarsch, vor allem durch dichtes Gras oder Gestrüpp, wie Infanteristen im Dschungelkrieg. Und schließlich blieben sie immer zusammen. Einmal verpaßte eine junge Kuh den Aufbruch und geriet in Panik, bis sie die Fährte der Herde entdeckte und wie ein Jagdhund mit der Nase am Boden hinterherrannte.

Den Juwasi – an Tiere gewöhnt, die wußten, was sie taten – erschien das kühne Verhalten des Viehs ganz natürlich: wie in den alten Zeiten. Traf das nicht vielleicht auch auf die Löwen zu? Die wenigen Male, die sie Jagd auf Vieh gemacht hatten, hatte ihre Methode an früher erinnert; eine Löwin kam nachts zum Pferch und brüllte einige Male, woraufhin das Vieh in Panik geriet und gegen den Zaun sprang. Wenn die Tiere es schafften, ihn zu überspringen oder zu durchbrechen, wurde eines von ihnen von einem Löwen getötet. Die Episode erinnerte manche von uns an die Löwin, deren Gebrüll uns vor langer Zeit erschreckt hatte. Es war die gleiche Art von Gebrüll gewesen – nicht das klassische Brüllen, das an- und abschwillt und in einem Grunzen verebbt, sondern eine Reihe lauter, gleichmäßiger Brüller. Ich fragte mich, ob die Löwin wirklich vorgehabt hatte, das Vieh in Panik zu versetzen. Vielleicht hatte ihr Brüllen einen anderen Grund gehabt.

Der Viehpferch stand genau an der Stelle unseres alten Camps, und sie war von dort gekommen, von wo auch ihre Vorgängerin vor dreißig Jahren gekommen war – von dem Pfad, der aus südöstlicher Richtung zum Wasser führte. Sie blickte auch in die gleiche Richtung, während sie brüllte. Alles nur Zufall? Oder konnte es sein, daß diese Stelle irgendeine Bedeutung hatte? Im Bereich der Ebene bildete sie einen erhöhten Standpunkt. Eignete sie sich deshalb gut zum Brüllen? Wir wußten es nicht – wir lauschten nur ängstlich, wie Jahrzehnte zuvor. Als Reaktion darauf errichteten die Juwasi eine dichte Dornbusch-Barrikade um den Drahtpferch, aber die Dornen waren nicht nach außen, gegen die Löwen, gerichtet. Sie richteten sich nach innen, gegen das Vieh. So sollte es davon abgehalten werden, in Panik zu fliehen, und schien den Gedanken zu bekräftigen, daß die Tiere selbst schuld waren, wenn die Löwen sie erwischten.

Als ich Gautscha nach unserem zweiten Etoscha-Forschungsaufenthalt besuchte, kam es, was das Töten des Viehs durch die Löwen betraf, durch ein bestimmtes Ereignis zur Eskalation. Ein neuer junger Bulle, auf einer Farm großgeworden, wurde nach Gautscha gebracht. Dort traf er auf den riesigen Bullen Boesman (Buschmann) – so hatte ihn sein Juwa-Besitzer seiner beeindruckenden Größe und seines unerschütterlichen Wesens wegen getauft. Ob er wollte oder nicht, der neue Bulle wurde während der ersten Nacht zu Boesman ins Gehege gepfercht. Doch am Morgen blieb er aus Respekt vor Boesman, und weil er nichts von der Löwengefahr wußte, weit hinter der Herde zurück. An diesem Morgen setzten bei einer trächtigen Kuh die Wehen ein. Da dies aus der allgemeinen Laisser-faire-Haltung heraus von niemand beachtet wurde, zog sie mit der Herde hinaus und blieb ebenfalls ein Stück zurück. Die Leitkühe wählten an diesem Morgen eine ungewöhnliche Richtung – südöstlich auf das Gebiet zu, wo die Löwen den Tag verbrachten. Dort brachte die trächtige Kuh ihr Junges zur Welt und erweckte bald die Aufmerksamkeit zweier Löwinnen. Sie fielen sie an. Der erfahrene Teil der Herde ergriff sofort die Flucht, doch der neue Bulle versuchte offenbar, der Kuh zu helfen. Daraufhin töteten die Löwinnen auch ihn. Sie schlugen sich den Bauch voll und verschwanden im Busch, um zu schlafen.

Am Abend wurde das Fehlen der Kuh erst gar nicht bemerkt. Doch als auch der Bulle ausblieb, begann man zu suchen. Am Morgen fand man die Überreste der Kadaver – die Hälfte der Kuh, einen kleinen Kalbsfuß und fast den ganzen Bullen.

Sofort zündeten die Leute ein Feuer an, schnitten eine Menge Fleisch ab und kochten ein nahrhaftes Festmahl, das Erinnerungen an viele derartige Festmähler wachrief, die die Löwen früher unbeabsichtigterweise den Menschen beschert hatten. Es herrschte eine ausgelassene Stimmung. Der Rest des Fleisches wurde in Streifen geschnitten und heimgetragen. Später stellte sich dann heraus, daß die Löwinnen die ganze Zeit nur etwa zwanzig Meter entfernt gewesen waren, sich aber, so wie früher, nicht bemerkbar gemacht hatten.

An jenem Abend überredete der junge Mann, der von dem Elefanten gejagt worden war, einige der Juwa-Männer, mit ihm zu der Stelle zu fahren. Während er für die Beleuchtung sorgen wollte, würden die Männer vom

Auto aus auf die beiden Löwinnen schießen, sobald sie kamen, um nach Resten zu suchen. Obwohl der Plan für die Juwasi die offene Ladefläche vorsah, für den jungen Mann aber die sichere Fahrerkabine, stimmten die Juwasi zu. Sie sind furchtlos (und wußten nicht, daß es illegal war). Doch als den Löwinnen die ersten Giftpfeile um die Ohren surrten, zogen sie sich in den Busch zurück. Später in jener Nacht sah ich, wie sie versuchten, aus dem Wasserloch zu trinken. Ein paar Tage später flog ich heim. Es war September.

Den Rest der Geschichte erfuhr ich von meinem Bruder, der dabeigewesen war. Da es im Vorjahr zuwenig geregnet hatte, bekam man im Oktober die Dürre zu spüren. Dann vernichtete ein schlimmer Brand nördlich, südlich und westlich der Gautscha-Pfanne fast das gesamte Grasland. Alle grasfressenden Tiere litten Hunger, wobei die wilden Huftiere das Gebiet verlassen und nach besseren Weideplätzen suchen konnten. Das Vieh jedoch mußte in Gautscha bleiben und litt Hunger. Eines Morgens trieb ein Juwa-Hirte das Vieh nach Südwesten, wo noch etwas Gras stand – vielleicht, weil sich das Vieh dort seit dem Vorfall mit den beiden Löwinnen nicht mehr hingetraut hatte. Nachdem er die Herde hingebracht hatte, ging der Hirte auf die Jagd. Kurz darauf erregte das Vieh die Aufmerksamkeit der Löwen, die an diesem Tag alle beisammen waren, ein Rudel von dreißig Tieren. Darunter waren zweifellos auch die beiden Löwinnen, die ihren September-Erfolg noch frisch im Gedächtnis hatten.

Auch die Rinder erinnerten sich wohl an diesen Zwischenfall. Sie wollten weg und teilten sich in zwei Gruppen. Die Löwen taten es ihnen nach, offenbar um beide Gruppen zu verfolgen, die verschiedene Richtungen einschlugen. Das war an sich schon recht ungewöhnlich. Aber noch ungewöhnlicher war die Angriffsweise der Löwen. Statt sich im Team auf ein einziges Opfer zu konzentrieren, griffen plötzlich mehrere Löwen oder Gruppen von Löwen mehrere Rinder gleichzeitig an. Entweder töteten einige Löwen oder Löwengruppen etliche Rinder der ersten Gruppe und gingen dann zur zweiten Gruppe über, oder beide Löwengruppen töteten etliche Rinder aus der Gruppe, der sie jeweils gefolgt waren. Jedenfalls war das Grasland von Kadavern übersät – an einer Stelle acht tote Rinder, etwa eine Meile weiter noch einmal vier. Als man am nächsten Tag den Fluchtweg des lebenden Viehs zurückverfolgte, fand man zwanzig Löwen bei den acht Kadavern und zehn Löwen bei den vier Kadavern. Mein Bruder, der die Existenzgrundlage der Juwasi retten wollte, erschoß zwei der Löwen.

Seiner Ansicht nach trieben die Dürre, die Brände und der daraus resultierende Grasmangel das Wild in andere Gebiete, wodurch den Löwen keine andere Wahl blieb, als Rinder zu reißen. Die Art des Tötens – das Massaker – kann er sich jedoch nicht erklären und fragt sich, ob es sich wiederholen wird. Was die Löwen angeht, werden sie sich noch lange an die Details ihrer Tat erinnern, obwohl es sich damals um einen Exzeß handelte, eine Ausnahme von der Regel. Womöglich richten sie eines Tages ein weiteres Massaker an, obwohl das erste zwei von ihnen das Leben kostete. Schließlich sind sie keine Feiglinge. Bis jetzt ist es nicht dazu gekommen. Noch bevor der Regen einsetzte und das Gras nachwuchs, kehrten die überlebenden Löwen zu ihrer gewohnten Art zurück. Zum Zeitpunkt dieser Niederschrift töten sie nur noch selten Vieh, und wenn, dann planlos wie früher. Niemand weiß warum.

TEIL DREI

Wie es heute ist

Die aus dem Eozän stammenden Katzen haben ihren Weg in alle Kontinente außer Australien gefunden. Sie haben in der ganzen Welt ihre ineinanderfließenden, rosenblätterartig angeordneten Reviere eingerichtet, in allen Klimazonen überlebt, außer an den Polen. Als Wesen, deren Leben eine Gratwanderung ist, als geschickte Jäger, deren einzige Nahrung das von ihnen selbst oder von ihren Müttern getötete Fleisch darstellt, sind die meisten Raubkatzen, wo immer man sie findet, rar. Die Entwicklung der menschlichen Population dezimiert viele Raubkatzen noch mehr; Platzmangel vertreibt sie aus ihrer Heimat, und ein rasch wachsender Markt für ihre Felle und Knochen eliminiert einen großen Teil ihrer Spezies.

Dies gilt besonders für die gefleckten Raubkatzen und die Tiger. Gefleckte Katzen wie die Ozelots, gesprenkelte Katzen, Schwarzfußkatzen und Marguays fallen dem Pelzhandel zum Opfer, während vor kurzem eine Erhebung die schockierende Tatsache ans Licht brachte, daß es trotz des

Erfolgs von Project Tiger – einer großangelegten Kampagne, die vor zwei Jahrzehnten zur Rettung der Spezies ins Leben gerufen wurde – in der freien Wildbahn der Sundarbans, wo sich die letzte lebensfähige Tigerpopulation der Welt gehalten hat, weniger als viertausend Tiger gibt. Die meisten wurden von Wilderern niedergemetzelt; ihre zermahlenen Knochen wurden als Medizin in viele Länder Asiens verkauft. Heute nähert sich die menschliche Population dieser Länder der Zwei-Milliarden-Grenze, was bedeutet, daß das Verhältnis zwischen den asiatischen Käufern und den wilden Tigern fünfhunderttausend zu eins beträgt. Mit anderen Worten: Auf jeden wildlebenden Tiger Sumatras oder Sibiriens kommen fünfhunderttausend Menschen, die glauben, ein Stück von ihm zu brauchen.

Eine der wichtigsten Maßnahmen zum Schutz der Tiger ist die, zu Sanktionen gegen jene Länder aufzurufen, die den illegalen Handel mit Tigerfellen und -knochen stillschweigend dulden. Eine weitere Maßnahme besteht darin, die Wildhüter in Naturschutzparks zu unterstützen, wo es noch wilde Tiger gibt. Oder man kann die Fortpflanzungsprogramme der Species Survival Commission, einem Zweig der International Union for the Conservation of Nature (IUCN), unterstützen.

Viertausend Tiger sind sehr wenig, selbst wenn alle zu einer Subspezies oder einer zusammenhängenden Population gehören würden. Doch diese viertausend repräsentieren alle lebenden Subspezies der Tiger, von den großen, nördlichen Altai-Tigern bis hin zu den grazilen Tigern Sumatras, und die meisten von ihnen leben in winzigen Restpopulationen in kleinen Reservaten, die wie Inseln verstreut sind. Diese Populationen haben untereinander keinen Kontakt und sind jetzt beinahe ebenso durch Inzucht wie durch den asiatischen Handel mit Fellen und Knochen' bedroht. Dem Beispiel der Farmer, Wissenschaftler und Naturschutzbehörden folgend, versucht man es jetzt mit künstlicher Insemination. Die Tigerinnen dieser Inselpopulationen werden mit dem Samen in Gefangenschaft lebender oder wilder männlicher Tiger aus anderen Inselpopulationen befruchtet.

Das Verfahren wird gerade erst entwickelt und ist nicht ganz problemlos. Der Tiger muß betäubt und der Samen mit Hilfe eines Verfahrens entnommen werden, das als Elektroejakulation bekannt ist. Dann muß sein Samen zu einem wilden Weibchen transportiert werden, das ebenfalls betäubt und künstlich befruchtet werden muß. Es ist zu hoffen, daß sie ihr eigenes Revier hat und sich selbst versorgen kann. Außerdem ist zu hoffen, daß sie imstande sein wird, ihre Fertigkeiten an die Jungen weiterzugeben, so daß auch sie eigenständig überleben können, wenn die Zeit gekommen ist. Der männliche Tiger kann von irgendwoher stammen, selbst aus einem Zoo. Bei ihm zählt nur seine Subspezies und seine genetische Geschichte, nicht seine Fertigkeiten.

Tiger, deren Geburt einer Elektroejakulation zu verdanken ist, sind natürlich viel besser als gar keine Tiger. Doch in Zukunft werden Wissenschaftler jene Entscheidungen übernehmen, die die Tiger bisher selbst getroffen haben. Wenn sich die Tiger künftig also durch genetische Eingriffe fortpflanzen, dann werden die so geborenen Tiere zwar vielleicht nicht in Käfigen leben, aber auch nicht wild sein.

Und trotzdem wird sich wahrscheinlich in absehbarer

Zeit die Mehrzahl aller Tiger in Gefangenschaft befinden, in Zirkussen oder Zoos. Tiger vermehren sich, genau wie Hauskatzen, unter fast allen Bedingungen rasch und problemlos. Und hier ähnelt das Problem auf unheimliche Weise dem der wilden Tiger. Zoos und Zirkusse können jedem der alljährlich in Gefangenschaft geborenen Tigerjungen eine Heimat bieten. Für die, die Glück haben, findet sich ein Platz. Doch was geschieht mit dem Rest?

Die Antwort hängt weitgehend mit den ethischen Richtlinien der Zoodirektion zusammen. Vielen Tigern, die an Fortpflanzungsprogrammen für gefährdete Spezies teilnehmen, ist nur ein kurzes Leben beschieden. In der Regel dürfen die meisten Tiger nur relativ wenige Junge in den Genpool ihrer Subspezies einbringen. Nachdem dies geschehen ist, sind sie zu nichts mehr nutze. Da sie die kargen Mittel des Zoos erschöpfen und kostbaren Käfigraum vergeuden, werden sie getötet oder an andere Zoos verkauft. So entsteht Platz für neue Tiger, die ihren genetischen Beitrag leisten.

Zoobesitzern wäre es natürlich lieber, für diese Tiger einen guten Platz zu finden, und verantwortungsvolle Zoobesitzer verkaufen ihre Tiere nicht an irgendwen; erstens, weil in den USA (wenn nicht in allen Ländern) die Gesetze bezüglich privater Haltung von Großkatzen glücklicherweise sehr streng sind, und zweitens, weil die Zoobesitzer genau wissen, was mit Tigern geschieht, die in falsche Hände fallen. Sie werden an Lieferanten für asiatische Heilmittel verkauft, die ihre Knochen zu Staub zermahlen. Oder sie werden wegen ihres Fells verkauft. Wieder andere verschachert man an Wildfarmen, wo sogenannte Hobbyjäger sie als Nervenkitzel und zum Zeitvertreib niedermetzeln. Der junge Tiger wird in einem Transporter zum Schauplatz seiner Hinrichtung geführt, wo bereits der Hobbyjäger wartet, das Gewehr im Anschlag. Die Ladeklappe wird geöffnet, Leute treiben den Tiger mit Stöcken an, und das verängstigte Tier kommt herausgekrochen. *Tak! Tak!* Der Tiger liegt sterbend am Boden, und aus dem Hobbyjäger ist ein Großwildjäger geworden – er fühlt sich wie ein wahrer Jim Corbett.

Statt den Handel mit Tigerknochen und -fellen oder den billigen Nervenkitzel für bequeme oder unfähige Jäger zu unterstützen, sind viele verantwortungsbewußte Zoobesitzer der Meinung, daß Euthanasie, so traurig es scheint, für unerwünschte Tiger ein besseres Ende ist. Zumindest können die Leichen zu Studienzwecken seziert werden, was der Spezies zugute kommt, speziell im Hinblick auf die Reproduktionsprogramme.

Die Verantwortlichen sind sich des moralischen Dilemmas bewußt, das durch die Nachzuchtprogramme entsteht. Sie sehen durchaus, welche Konsequenzen der Versuch, die Subspezies am Leben zu halten, für einzelne Tiger hat. Doch in einer Situation, in der eigentlich alle Lösungen des Problems der Tigernachzucht problematisch sind, haben sich die Zoodirektoren eventuell doch für die beste Lösung entschieden.

Nur wenige Menschen würden bestreiten, daß es Zoos geben muß. In einer Welt, in der die meisten Menschen keinen Zugang mehr zur Natur haben, sind Zoos der einzige Ort, wo wir wenigstens noch in kleinstem Rahmen Kontakt zu anderen Lebewesen haben können. Darüber hinaus sind Nachzuchtprogramme mit in Gefangenschaft lebenden Tieren vielfach die einzige Möglichkeit, gefährdete Arten und Unterarten zu erhalten. Daß es durch die anhaltende ökologische Katastrophe auf unserem Planeten soweit kommen mußte, ist nicht die Schuld der Zoos; sie sollten ermutigt und unterstützt werden, ungeachtet der Konsequenzen für die betroffenen Tiere.

Einige wenige der in Gefangenschaft geborenen Tiger dürfen am Leben bleiben. Wie sieht dieses Leben aus? Manche Zoos lassen ihre Tiger jetzt tagsüber in großen, offenen Freigehegen. Dies ist ein angenehmeres Ambiente für die Zoobesucher, die die Tiger lieber in naturalistischer Umgebung im Gras schlafen sehen als auf Zementböden hinter Gittern. Wie die Tiger diesen Unterschied empfinden, ist nicht so klar. Als ich neulich in einem großen städtischen Zoo einige Tage lang zwei Tiger beobachtete, war ich zwar von ihrem schönen großen Gehege beeindruckt, stellte jedoch erstaunt fest, daß die beiden Tiger den ganzen Tag hinter ein paar Sträuchern lagen – der einzigen Stelle, wo sie ihre massigen Leiber verbergen konnten. Wenn es Abend wurde, liefen sie zu einer verborgenen Tür am Hang und warteten ungeduldig darauf, in das Tigerhaus eingelassen zu werden, wo sie in kleinen Käfigen die Nacht verbrachten. Abseits der Öffentlichkeit, ohne Zurufe und Blitzlichtfotos, konnten sie mit ihren Wärtern und ein paar anderen Tigern kommunizieren – was viel angenehmer für sie war als das Freigehege mit den permanent anwesenden, anonymen Menschenmassen. Sodann verbrachten sie eine erholsame, mitteilsame Nacht auf ihren Liegebrettern in den kleinen Käfigen, um am nächsten Morgen unter Drohungen und Schaufelgeklirr hinausgetrieben zu werden, in einen neuen Tag stressiger Langeweile. Ich fand ihre Vorliebe interessant und anrührend, vor allem, weil Futter dabei keine Rolle spielte. Die Tiger wurden im Freien gefüttert.

Ganz anders als die Zootiger sind die Zirkustiger. Es sind größtenteils generische Tiger, die auf die gleiche Weise gezeugt wurden wie Hauskatzen – durch eine zufällige Begegnung der Eltern. Und so wie Hauskatzen zum Beispiel Siam-Anteile aufweisen können, finden sich bei einem generischen Tiger eventuell Anteile des Sibirischen Tigers. Andererseits werden Zirkustiger manchmal wirklich aus Liebhaberei gezüchtet. So wie Katzenzüchter nichts davon abhalten kann, Katzen ohne Fell zu züchten oder Katzen, die man dressieren kann, wie tot umzufallen, so kann auch viele Tigerzüchter nichts davon abhalten, Tabby-Tiger oder weiße Exemplare zu züchten. Erstere haben vermutlich charakteristische Streifen, letztere sind nur eine anomale Form, bei der die übliche orangerote Farbe durch Weiß ersetzt wird, oft mit dem unerwünschten Nebeneffekt einer eigensinnigen Persönlichkeit und starken Schielens.

Bei weißen Tigern handelt es sich um Mißgeburten, nicht um eine gefährdete Spezies, wie einige Züchter behaupten. Daß (zum Zeitpunkt dieser Niederschrift) der einzige Tiger des Nationalzoos ein weißer Tiger ist, sollte nicht als Zurschaustellung der Farbvariante verstanden werden – seine Gegenwart verdankt er den Tierpflegern, die ihn nicht wegschaffen wollen, bloß weil er keine normale Farbe hat. Sie halten ihn *trotz*, nicht *wegen* seiner ungewöhnlichen Färbung. Inzwischen ist es zwei Männern in Las Vegas gelungen, einen völlig weißen Tiger ohne Streifen zu züchten. Man kann sich denken, daß solch ein Meisterstück manipulierter Inzucht viele Versuche und Fehlschläge erfordert hat und die Geburt zahlloser Tigerkätzchen. Wo sind diese jungen Tiger jetzt? Der weiße Tiger, dem angeblich Reißzähne und Klauen entfernt worden sind, muß im Rahmen einer Weiße-Tiger-Show auftreten, die von den beiden Männern allabendlich veranstaltet wird. Die schauerliche Anomalität dieser Tiere und ihr Leben auf einer Glitzerbühne in Las Vegas belegen die tiefe Entwürdigung wilder Tiere in der modernen Welt.

Jedenfalls leben die Besitzer und Wärter von diesen Tieren und behandeln sie deshalb angeblich recht gut. Wahrscheinlich wohnt der Tigerfavorit im Haus seines Besitzers und hat ein eigenes Zimmer. Wollen Großkatzen überhaupt mit Menschen zusammenleben? Was die Tiger von Las Vegas betrifft, liegen mir keine Informationen vor, aber ich habe einmal von einem Löwen gehört, der unter ähnlichen Umständen existierte – natürlich lange nicht so luxuriös.

Bei diesem Löwen handelte es sich um ein großes, schwarzmähniges Kalahari-Männchen. Der Löwe, ein Mann und ein Rüde – eine dänische Dogge – tingelten durch den Süden und traten bei Lokalereignissen, wie etwa kleinen Einweihungsfesten, auf. Aber irgend etwas war schiefgelaufen. Vielleicht reichten dem Trio die Einkünfte nicht. Jedenfalls mußten sie sich trennen. Was mit dem Hund und dem Löwen geschah, ist nicht ganz klar. Als ich dem Mann begegnete, arbeitete er als Wachmann eines kleinen Zirkusmuseums in Florida und war sehr einsam. Er liebte Tiere und trauerte um seine früheren Gefährten, mit denen er in einem Wohnwagen zusammengelebt hatte. Da mich die Vorstellung erschreckte, auf so engem Raum mit einem freilaufenden Löwen die Nacht zu verbringen, fragte ich ihn, ob denn der Löwe keinen Käfig gehabt habe. «Natürlich hatte er einen Käfig», antwortete der Mann betrübt. «Aber er hat lieber bei mir und dem Hund im Wohnwagen geschlafen.»

Was also ist das ideale Leben für einen gefangenen Löwen oder Tiger? So merkwürdig es klingt, die Antwort könnte lauten: im Zirkus aufzutreten. Wenn ein Zirkustiger Glück hat, teilt er den Käfig mit einem anderen Tiger, der zu ihm paßt, und lebt in einer Gruppe von zehn bis zwanzig Tigern, deren Besitzer sie nicht nur dressiert und mit ihnen auftritt, sondern auch mit ihnen zusammenlebt. Es versteht sich von selbst, daß man Tiger ausschließlich ihren Besitzern anvertrauen kann, egal wie erfahren oder wohlmeinend andere Betreuer sind. Deshalb sind Tiger und ihre Besitzer fast immer zusammen. Wenn die Tiger Gefangene ihrer Besitzer sind, so sind umgekehrt die Besitzer auch Gefangene der Tiger, in einer Lebensgemeinschaft, die viele Jahre dauern kann. Wenn sie durch die Gegend tingeln, leben Menschen und Tiger unter unbequemen, ja sogar harten Bedingungen. Die Besitzer leben in kleinen Wohnwagen und die Tiger in rollenden Transportkäfigen, die nur etwa zweimal so lang sind wie sie. Manchmal schützt diese kleinen Gruppen von Menschen und Tigern nur eine große Plane oder der Rand eines Zirkuszelts vor Sonne, Wind und Regen. Meistens gelingt es den Menschen, selbst siebenmal pro Woche zu essen und die Tiger sechsmal pro Woche zu füttern (selbst in den bestgeführten Zoos fasten Tiger einen Tag pro Woche, weil es ihnen angeblich guttut). Doch weil Katzen eben ausschließlich Fleisch fressen, ist das Leben unterwegs manchmal kaum rentabel – ein Tiger frißt pro Woche für 300 bis 400 Dollar Fleisch; und die Großhändler und Schlachthäuser geben nicht immer Kredit, vor allem nicht Zirkusleuten, die heute hier und morgen dort sind. Also bekommen Tiger an manchen Tagen nicht ihre volle Ration. Und doch würde mir, wenn ich ein Tiger wäre, das Zirkusleben trotz der langen Dressurstunden und all der Mühsal nichts ausmachen.

Natürlich wäre der Zirkus nicht meine erste Wahl. Am liebsten wäre ich ein wilder Tiger mit einem hohen Status und einem großen, wildreichen Revier in Indien. Doch gleich an zweiter Stelle würde ich den Zirkus wählen, gute Behandlung vorausgesetzt. Die dritte Wahl wäre, ein weniger durchsetzungsfähiger wilder Tiger zu sein, etwa bei zu hoher Populationsdichte oder in einer manipulierten Inselpopulation. Meine letzte Wahl wäre der Zoo. Selbst wenn es sich um einen ausgezeichneten Zoo wie den Minnesota-Zoo oder den Brookfield-Zoo in Chicago handeln würde – die durchschnittliche Zoos weit hinter sich lassen –, fände ich die Langeweile problematisch. Und die Tiger finden das auch.

Von Dr. Ronald L. Tilson, biologischer Direktor des Minnesota-Zoos und Herausgeber von *Tigers of the World*, stammt einer der ergreifendsten Tigerberichte, die ich je gehört habe. Während einer Langzeitstudie über ein Tigernachzuchtprogramm lebten zahlreiche Tiger in kleinen Käfigen in einem hektischen Labor, wo sie zwecks Blutentnahme regelmäßig betäubt wurden. Man könnte jetzt meinen, sie hätten gelitten. Aber im Gegenteil, sie fühlten sich wohl. Wahrscheinlich haßten sie die Injektionen und wurden wütend, wenn man sie mit Pfeilen betäubte, aber die hektischen Aktivitäten gefielen ihnen. Sie konnten alles beobachten – Beobachtung ist eine Lieblingsbeschäftigung aller Katzen –, sie hatten Verbindung zu den Menschen und standen zumindest visuell und akustisch mit den anderen Tigern in Kontakt. Die relativ kleinen Käfige störten sie nicht – sie lagen ruhig auf ihren Liegebrettern und tigerten nicht rastlos hin und her, sondern nahmen als Publikum oder Akteure an dem lebhaften Treiben des Labors teil. Mit einem Wort, sie erlebten etwas. Dr. Tilson wies darauf hin, daß die Tiger während der gesamten Studie sehr gesund wirkten. Das kam daher, weil ihre Stimmung gut war. Sie hatten glänzendes Fell, klare Augen, straffes Zahnfleisch und schimmernde Zähne. Ihr Gesamtzustand war besser als der von Zootigern. Das Beste, aus der Sicht der Wissenschaftler, war die Tatsache, daß das Blutbild dieser Tiger den Beweis für ihr Wohlergehen lieferte.

Vielleicht können wir uns vorstellen, wie unterschiedlich das Leben gefangener Tiger aussieht, oder zumindest, wie es uns unter ähnlichen Bedingungen ergehen würde. Mit dem Leben eines wilden Tigers könnte man das normale Leben einer Person vergleichen, die Heim und Familie besitzt und täglich zur Arbeit geht, um Essen auf den Tisch zu stellen. Im Gegensatz dazu ist das Leben im Gefängnis die einzige Existenzform, die sich entfernt mit dem Leben im Zoo vergleichen läßt – Gefängnis oder der gelb tapezierte Raum, der durch Charlotte Perkins Gilman berühmt geworden ist. Um sich das Zooleben besser vorstellen zu können, könnte folgendes Bild helfen: Sie liegen mit einem gleichgeschlechtlichen Geschwister in einem Schaufenster, das wie ein luxuriöses Wohnzimmer eingerichtet ist. Satinvorhänge verhüllen die Glastüren, Sofa und Sessel sind weiß gepolstert, und den Parkettboden bedeckt ein dicker Orientteppich. Doch die Türen führen nirgendwohin, in den Regalen stehen nur Buchattrappen, der Fernseher geht nicht, das Radio hat keine Innereien, und die einzige Zeitschrift, die auf dem Couchtisch liegt, eine Nummer von *Schöner Wohnen*, stammt aus dem Jahr 1980. Die haben sie inzwischen so oft gelesen, daß Sie sie fast auswendig kennen. Sämtliche Differenzen zwischen Ihnen und Ihrem Geschwister sind längst geklärt. Sie haben sich kaum noch etwas zu sagen und denken nicht mehr an Flucht. Sie haben vergessen, was Freiheit ist, und sich Ihrem Schicksal ergeben. Das Gebäude ist Ihr Gefängnis, und Sie wissen, daß Sie es nie mehr lebend verlassen werden. Tag für Tag versammeln sich Menschenmassen vor dem Schaufenster und staunen über den Luxus, der Sie umgibt. Um diese Menschenmassen und die Langeweile zu vergessen, legen Sie und Ihr Geschwister sich hinters Sofa und flüchten in die Welt der Träume. Wenn irgend möglich, wachen Sie auch dann nicht auf, wenn jemand draußen an die Scheibe klopft, weil er gesehen hat, daß Ihre Füße hinterm Sofa hervorschauen. Sie träumen von der Nacht, die Sie mit drei oder vier Mitgefangenen verbringen, an die Stühle im Aufenthaltsraum der Wärter gekettet. Wenigstens können Sie sich die ganze Nacht mit Ihren Mitgefangenen unterhalten, ohne wild durchs Fenster angestarrt zu werden.

Stellen Sie sich jetzt einmal vor, Sie seien im Zirkus. Sie frieren oft, Sie sind oft hungrig, und Ihre Unterkunft ist kaum größer als das Innere eines Wagens. Aber Sie haben viel freundschaftlichen Kontakt mit Ihren Wärtern; es herrscht ständig ein reger Austausch mit den anderen Gefangenen, freundlich und weniger freundlich, und es gibt immer eine Menge zu sehen – ein ständiges Kommen und Gehen von Menschen und Tieren. Und das Wichtigste ist, daß Sie drei- bis viermal täglich anspruchsvolle Aufgaben erfüllen müssen, die Sie geistig und körperlich fordern. Gut, auch hier werden Sie von vielen Menschen beobachtet, aber die Masse wirkt wie eine verschwommene, weit entfernte Wand, eine Wand, die zwar atmet und gelegentlich Rufe ausstößt, Sie aber nicht belästigt. Und am Ende des Tages, wenn die Arbeit getan ist, wissen Sie, daß Sie friedlich in Ihrem kleinen Raum schlafen werden, wo Ihnen niemand etwas tun kann.

Und deshalb ist das Zirkusleben, so unglaublich es scheinen mag, gar nicht so schlecht. Im Gegensatz zu irrigen Äußerungen einiger wohlmeinender, aber falsch informierter Tierschützer mögen viele Tiger das Zirkusleben. Sie erfüllen sinnvolle Aufgaben und werden von ihren Dompteuren in keiner Weise gequält oder verletzt. Auch dies widerspricht dem, was uns Tierschützer weismachen wollen. Da Strafe generell ein untaugliches Erziehungsmittel ist, verlassen sich gute, erfahrene Dompteure lieber auf Zuspruch, Übung und Belohnung. Je sensibler der Dompteur, desto einfacher der Job. Viele Tiere mögen ihre Dompteure sehr und freuen sich auf die Dressurstunden in der Arena.

Das heißt natürlich nicht, daß es keine rohen, gefühllosen Dompteure gibt, die gibt es durchaus. Und manche Tiger werden unter erschreckenden Bedingungen gehalten. Ich habe einmal von einem Ehepaar gehört, das seine Tigermenagerie satt hatte und sich einfach absetzte. Das Paar packte seine Sachen, stieg ins Auto und fuhr auf und davon, während die Tiger in ihren Käfigen langsam verhungerten und verdursteten. Doch die Tatsache, daß solche Dinge passieren, ist sicherlich kein Grund, Zirkusauftritte von Tieren zu verbieten, was einige Tierschützer empfehlen. Auch Nutz- und Haustieren stößt regelmäßig Schlimmes zu, und doch schlägt niemand vor, den Besitz von Haustieren oder Nutztieren zu verbieten. Da ist es schon besser, den Mißbrauch zu verhindern. Momentan ist es zumindest in den Vereinigten Staaten viel einfacher, den brutalen Besitzer eines Tigers zu bestrafen als einen brutalen Farmer oder Haustierbesitzer, da alle in Gefangenschaft lebenden Tiger registriert werden müssen und die Bedingungen für die Haltung großer Fleischfresser durch zahlreiche Gesetze des Bundes und der einzelnen Staaten geregelt sind. Die Gesetze dienen vorwiegend dem Schutz der Öffentlichkeit, manchmal aber auch dem Schutz der Tiger, und oft läuft beides auf dasselbe hinaus.

Meist sieht man es den Tigern an, ob sie gut behandelt werden. Ich habe unzählige Dressurakte im Zirkus gesehen und über vier Jahre lang viel Zeit dafür aufgewandt, die Dressurstunden und Auftritte von neun Dompteuren und ihren Tigern und/oder Löwen zu beobachten. Ich habe sowohl kleine Menagerien als auch Giganten wie die Ringling Brothers Barnum and Bailey Circus gesehen. Meist stehen die Tiger geduldig an der Käfigtür und warten, bis in der Arena die Dressur beginnt. Manchmal hellen sich ihre Gesichter erwartungsvoll auf, wenn der Dompteur den Stall betritt.

Dies heißt nicht, daß Tiger vor dem Auftritt oder der Dressur niemals Angst hätten. Sie haben sogar häufig Angst, aber der Grund ist fast immer ein anderer Tiger oder ein unvertrauter Gegenstand. Bei einer mir bekannten Gelegenheit war es eine große, zusammenklappbare Pyramide, ein anderes Mal eine riesige Glitzerkugel, die knarrend auf einem Untersatz rotierte. Bei ihrer ersten Begegnung mit diesen mechanischen Horrorgeräten wichen die Tiger voller Angst zur anderen Seite der Arena zurück. Die Aufgabe des Dompteurs bestand nun darin, sie an das Gerät zu gewöhnen, was in beiden Fällen dadurch geschah, daß er sie mit kleinen Fleischstückchen anlockte. Bei der dritten oder vierten Dressurstunde gingen die Tiger schon freiwillig auf die Geräte zu, und bei der fünften bis sechsten Stunde benutzten sie sie.

Tiger und die meisten anderen Katzen haben auch Angst, wenn sie sich nirgends verbergen können. Tiger versuchen diese Angst dadurch zu bewältigen, daß sie am Rand der Arena entlangschleichen. Die Angst vor anderen Tigern ist wahrscheinlich nicht so leicht in den Griff zu bekommen. Die mir bekannten Tiger empfanden zwar nicht ständig, aber doch hin und wieder ziemliche Angst voreinander, was auf eine instabile Beziehung hindeutet. In solchen Fällen behielt der Dompteur den Tiger, der den anderen bedrohte, genau im Blick, damit sich der bedrohte Tiger nicht zur Verteidigung aufgerufen fühlte. Das Verhältnis dieser Tiger war insgesamt ausgeglichen, so daß kein Tiger die anderen über einen längeren Zeitraum zu dominieren schien. Doch dieselben Tiger – selbst der größte und wildeste von ihnen – hatten Todesangst vor einem Löwen, der einem anderen Dompteur gehörte, aber manchmal bei ihnen untergebracht war. Sie mußten nie mit ihm gemeinsam in die Arena, doch schon die bloße Gegenwart des Löwen im Stall genügte, daß die Tiger an ihren Käfigwänden emporsprangen. Niemand weiß warum. Der Löwe war nie mit einem der Tiger im selben Käfig eingesperrt gewesen und hatte keinem etwas getan. Aber er wirkte beängstigend und verhielt sich auch so. Wahrscheinlich legte er es auf diese Wirkung an. Wer wollte ihm einen Vorwurf machen? Als männliches Tier einer Spezies, deren beste Strategie das Leben zu zweit ist, mit einem Bruder oder einem Freund, lebte dieser Löwe ganz allein in einem Stall voller Tiger. Sie traten als Gruppe auf, er nicht. Wären die Käfige geöffnet worden, hätten sie eine große Gruppe gebildet, er aber wäre allein gewesen. Vielleicht legte er deshalb immer ein einschüchterndes Verhalten an den Tag. Wenn irgend möglich, betrat er den Stall nicht langsam, sondern kam hereingestürmt. Daß er leise vor sich hin brummte, war die Ausnahme, dafür brüllte er oft. Eines Tages brüllte er alle fünfzehn bis zwanzig Minuten, dreißig- bis vierzigmal während der ganzen Dressursitzung. Die Tiger litten sehr darunter und verhielten sich mucksmäuschenstill.

Außerdem versprühte er Urin. Sein Eckkäfig war nach zwei Seiten zum Raum hin offen – eine Seite zum Gittergang und eine Seite zu einem anderen Käfig, der leer stand, weil kein Tiger neben diesem Löwen bleiben wollte. An meinem ersten Beobachtungstag war er gerade angekommen und sorgte dafür, daß dies auch alle mitbekamen. Die beiden Wände waren vom Boden bis fast unter die Decke voller Urin. Und während ich so dastand, meine Notizen kritzelte und überlegte, warum er so oft spritzte, konnte ich plötzlich nichts mehr durch meine Brille erkennen. Und Kleider und Haare waren naß – er hatte mich angespritzt!

Einen Tiger aber, der Angst vor einem Dompteur gehabt hätte, habe ich nie erlebt. Ebenso keinen Dompteur, der sich vor einem Tiger gefürchtet hätte. Im Gegenteil, die meisten Dompteure betreten die Arena nur mit einem Stock und einem Stab bewaffnet. Mit dem spitzen Stachelstock kann man dem Tiger kleine Fleischstückchen hinhalten, und mit dem Stab, an dem oft ein Stück Schnur befestigt ist, fuchtelt man dem Tiger unterm Kinn herum, um seine Aufmerksamkeit zu erregen oder, weil er davor zurückweicht, um ihn dazu zu bringen, sich auf den Hinterbeinen aufzurichten. Der Stab wird auf keinen Fall dazu benutzt, den Tiger zu schlagen, denn es gehört zum Wichtigsten, was ein Dompteur seinen Tigern vermitteln muß, daß eine Dressurstunde nicht Kampf und Konfrontation bedeutet, sondern Spaß, Erfolg und viele kleine Leckerbissen. In letzterer Atmosphäre ist der Dompteur überlegen, in ersterer der Tiger.

Kurzum, oft genießen Tiger die Dressurstunden, da sie nicht nur Leckerbissen, sondern auch etwas zu tun bekommen. Dies erklärt, warum viele Zirkustiger wesentlich lebhafter wirken als die meisten Zootiger. Zirkustiger sind aufgeschlossener und extrovertierter und machen sich häufiger vernehmbar. Außerdem scheinen sie länger zu leben als Zootiger.

Ein Grund hierfür mag sein, daß man sie länger behält.

Ein kooperativer, gut dressierter Tiger mit langer Erfahrung und wachsenden Fertigkeiten ist im Alter sogar noch wertvoller als in seiner Jugend, was man von einem Zootiger, der seine Gene beigesteuert hat und nur noch Platz wegnimmt, nicht behaupten kann. Doch vielleicht leben Zirkustiger auch deshalb länger als Zootiger, weil sie glücklicher sind und mehr Anregungen erhalten. Außer an Ruhetagen kommt es nie vor, daß Zirkustiger stereotyp im Käfig hin- und herlaufen oder in Apathie versinken, was für Zootiger die Norm ist. Meine eigenen kurzfristigen und formlosen Beobachtungen ergaben einen kleinen, aber vielleicht wichtigen Unterschied zwischen Zoo- und Zirkustigern. In Zoos, die nicht an Nachzuchtprogrammen zum Schutz gefährdeter Arten teilnahmen (was sich zwangsläufig lebensverkürzend auswirkt), betrug das Durchschnittsalter großer Raubkatzen neun Jahre. Dagegen betrug das Durchschnittsalter der von mir beobachteten Zirkustiger zwischen elf und dreizehn Jahren. In letzter Zeit hörte ich von Zootigern, die schon mit acht bis zehn Jahren aus ungeklärten Gründen gestorben sind. Im Gegensatz dazu waren zahlreiche Zirkustiger auch mit fünfzehn und sechzehn Jahren noch gut in Form, und manche blieben bis in die Zwanziger bei guter Gesundheit. Ein Zirkuslöwe, Ace, war siebenundzwanzig Jahre lang der geliebte Partner und Gefährte des Dompteurs Klaus Blaszak. Die Beziehung war so eng, daß Ace während der Mahlzeiten neben Klaus saß und Essen von seinem Teller stibitzte. Als ich Klaus' Frau, die Dompteuse Ada Smieya-Blaszak, und ihren Sohn Brunon Blaszak kennenlernte, der ebenfalls Dompteur war, enthielt ihre Menagerie mehrere ältere Tiger. Unter anderem die siebzehnjährige Tigerin Rowena und den fünfzehnjährigen Tiger Harry. Rowena war ein sehr liebenswürdiges Tier, wurde aber wegen ihres Alters spätabends müde. Wenn um 23 Uhr die letzte Vorstellung begann, schlief die alte Tigerin bereits in ihrem Käfig. Beim Klang der Musik, die die Tigernummer ankündigte, wachte sie auf und kam, loyal und altgedient, bereitwillig in die Arena getrottet. Doch so hellwach wie früher wurde sie nicht mehr, und manchmal döste sie auf ihrem Hocker ein. Die Lider fielen ihr zu, ihr Kopf sank nach vorn, die Schenkel lockerten sich, und die Knie sanken langsam auseinander. Schließlich hing sogar ihr Schwanz schlaff herunter. Jetzt tauschten der Dompteur und die übrigen Tiger einen Blick, der besagte, daß die Nummer wohl ohne Rowena weitergehen mußte. Manchmal geriet sie ins Schwanken und erwachte mit einem Ruck, und wenn ihr Stichwort kam, versuchte sie wach zu bleiben und mitzumachen, aber kaum saß sie wieder auf dem Hocker, nickte sie abermals ein. Wenn die Tigernummer zu Ende war und das Spotlight zur nächsten Szene schwenkte, erhob sich Rowena und trottete dankbar in ihren Käfig zurück, um morgens frisch und ausgeschlafen zu einer neuen Vorstellung zu erwachen.

Harry war das genaue Gegenteil. Er war im Alter zornig und mürrisch geworden, weshalb er aus Sicherheitsgründen nicht mehr auftreten durfte. Mit Harry wollte kaum noch jemand in derselben Arena sein. Trotzdem wurde er nicht eingeschläfert oder verkauft, sondern von den Blaszaks überallhin mitgenommen und gut gepflegt. Er bekam einen extra großen Käfig, weil ja die Dressur in der Arena wegfiel. Eine große rotweißblaue Plane gab ihm das Gefühl, ungestört zu sein. Hinter dieser Plane lag er auf der Seite, den erhobenen Kopf entspannt an die Wand gelehnt, und verfolgte gelangweilt, was draußen vorging.

Die meisten von uns vermögen sich eine solche Gemeinschaft kaum vorzustellen, eine Gemeinschaft, die aus vier hervorragend ausgebildeten Menschen – Klaus, Ada, Brunon und dessen Ehefrau Marita – und acht hervorragend ausgebildeten Tigern besteht, wobei Menschen wie Tiger durch die Bedürfnisse der jeweils anderen Spezies vom Kontakt zu ihrer eigenen Art abgeschnitten sind; alle Mitglieder dieser Gemeinschaft sind eng verbunden und reisen zusammen durch Raum und Zeit wie Astronauten, wie ein Wolfsrudel, wie eine Kampfeinheit oder wie eine Familie.

Um ihre Tiger ernähren zu können, müssen die Blaszaks die erstbesten Jobs annehmen, die sich ihnen bieten. Dies bedeutet oft, daß sie in ziemlich unschöner Umgebung leben müssen. Ich lernte sie im Jolly Roger Amusement Park kennen, im lärmigen Ocean Beach, Virginia – ein Triumph der Stranderschließung, wo es von Bars, Hotels, Motels, Läden, Tankstellen und Schnellrestaurants nur so wimmelt. In östlicher Richtung liegt der Strand, falls man ihn unter den Tonnen menschlichen Fleisches überhaupt noch sieht, und westlich liegt ein Hafen, auf dessen ölverschmutztem Wasser Abfälle dümpeln. Die ungewöhnlich große Abfallmenge könnte darauf zurückzuführen sein, daß es hier schaurigerweise keine Vögel gibt, vor allem keine Möwen und andere Aasfresser – sie wurden mitsamt ihren Nistplätzen im Rahmen eines von der Handelskammer propagierten «Verschönerungsprogramms» systematisch ausgerottet.

In dieser Umgebung würde man eigentlich nicht vermuten, daß sich einem die Gelegenheit zur Beobachtung von Tigern bietet. Doch gerade hier hatte ich die Ehre, ein faszinierendes Wechselspiel zwischen einem der Tiger, Rajah, und seinem Dompteur, Brunon, mitzuerleben. Rajahs Interesse galt einem Käfig, in dem einige Tigerinnen hin- und herliefen, deren Klagelaute ihre sexuelle Empfänglichkeit signalisierten. Natürlich gab Rajah ständig Antwort, während er auf unterschiedlichste Art und Weise versuchte, die Tigerinnen durch die Stäbe seines Gitters zu erreichen.

Jeden Tag kam Brunon vorbei, um die Geräte für die erste Vorstellung bereitzustellen, frische Sägespäne zu streuen, die Tiger zu tränken und zu füttern. Obwohl Brunon den Tigern nur Freundlichkeiten erwies, sprang Rajah jedesmal, wenn er ging, mit weitaufgerissenem Maul und furchtbarem, herausforderndem Gebrüll gegen das Gitter. Warum?

Ada erzählte mir, daß Rajah und Brunon gemeinsam großgeworden waren, und daß Rajah jetzt, wo sie beide erwachsen waren, Brunon als Rivalen empfand. Rajah unterstellte einem Menschen die Motivation eines Tigers und hatte Angst, der junge, kraftvolle Brunon könnte ihm die Weibchen wegnehmen. Allerdings war das Verhalten der Tigerinnen durchaus dazu angetan, Rajahs Befürchtungen zu unterstützen. Jedesmal, wenn Brunon vorbeiging, schnaubten sie und rieben zärtlich Wangen und Kinn an den Gitterstäben.

Rajah wiederholte sein Drohgebrüll jeden Morgen, bis

zu dem Tag, wo er und die jammernden Tigerinnen mit Brunon die erste Vorstellung in der Arena hatten. Überraschenderweise änderte sich Rajahs Verhalten an diesem Tag schlagartig, und die Vorführung verlief reibungslos. Es hätte sicher viele Menschen gegeben, die an diesem Tag weniger professionell gewesen wären wie Rajah – ihm war nichts von seinen Differenzen mit Brunon oder seinen Empfindungen für die Tigerinnen anzumerken. Sein Wohlverhalten ging so weit, daß er, als er einen Drang zur Entleerung fühlte, diskret von seinem Hocker stieg und sich, während die Vorstellung um ihn herum weiterwirbelte, an den Rand der Arena hockte, den Schwanz aufstellte und defäkierte. Brunon und die anderen Tiger gingen darüber hinweg, wie man eben höflich darüber hinweggeht, wenn jemand mal kurz auf die Toilette muß. Als er fertig war, scharrte Rajah seinen Kot sehr langsam und bewußt mit Sägespänen zu; erst ein paarmal mit der rechten Hinterpfote, dann ein paarmal mit der linken, dann einige Male im Wechsel. Schließlich kletterte er würdevoll, ohne daß sein Timing durcheinandergeraten war, auf seinen Hocker und wartete auf das nächste Stichwort.

Daß er die Sägespäne zusammengescharrt hatte, sagt viel über Rajahs Verhältnis zu seinem Dompteur aus. Möglicherweise hatte er das Gefühl, sich in Gegenwart eines überlegenen Männchens auf vertrautem Terrain zu befinden. Rajah forderte Brunon zwar durch Gebrüll heraus, war aber offenbar noch nicht soweit, einen Revieranspruch anzumelden. Sonst hätte er den Kot vermutlich nicht zugescharrt. Ebenso interessant ist es, daß Rajah offenbar die Arena als sein Revier betrachtete, obwohl man mit der Tigernummer ja von einem Ort zum anderen zog. Wichtig waren Rajah offenbar die Arena, die Käfige und die Dynamik der Vorführung, nicht das weitere Umfeld. Andere Zirkustiere und -menschen empfinden ebenso – man denke an die bekannte Geschichte vom Hund des Zirkusdirektors, der unter einem Zirkuswagen einen Knochen verscharrt. Als der Zirkus in die nächste Stadt zieht, wird er genauso wieder aufgebaut, und der Hund begreift nicht, warum sein Knochen nicht mehr unter dem Wagen liegt.

Lange Zeit galt die Raubtiernummer im Zirkus als Kraftakt, Mensch gegen Bestie, wobei der mit Peitsche und Pistole bewaffnete Mensch die mit Zähnen und Klauen bewaffnete Bestie unterwarf. Diese Vorführungen beruhten, gelinde gesagt, auf Konfrontation. Aber all dies ändert sich allmählich. Heute sieht eine typische Zirkusnummer eher so aus wie die Tigernummer Eddie Schmitts, dessen Tigerin Natasha gelernt hat, auf der vorhin erwähnten Glitzerkugel zu balancieren. Die überkreuzten Vorderpfoten graziös erhoben, reitet sie auf der langsam rotierenden Kugel, während Tausende winziger Spiegel das Publikum mit Lichtfunken übersäen. Die Botschaft lautet nicht, daß Natasha gefährlich ist, sondern daß sie schön ist.

Eigentlich ist sie beides. Das macht sie so interessant. Sicher fanden viele Menschen, mich eingeschlossen, die auf Konfrontation beruhenden Raubtiernummern spannend – und sei es nur, weil der Dompteur nicht wie ein Tyrann wirkte, dem hilflose Tiere unterworfen sind, sondern eher wie ein kleiner Mensch zwischen mächtigen

Raubkatzen, über die er nur minimale Kontrolle besitzt. Noch spannender jedoch war die allem zugrundeliegende Botschaft, daß es sich bei dem ganzen Spektakel nur um eine Vorführung handelte und daß Dompteur und Raubkatzen Theater spielten. Das Geknurre und Peitschengeknalle erschien nicht real – dazu befanden sich einfach zu viele Großkatzen in dieser Arena. Jeder konnte sehen: Hätten die Katzen den Dompteur zerfleischen wollen, hätten sie es auch getan, auch wenn sie dabei selbst verletzt worden wären.

Die neue Zirkusbotschaft ist also nicht ganz so neu wie sie scheint. Mittlerweile erlebt die alte Botschaft ihre eigene Metamorphose. In den letzten Jahren tritt jeden Abend bei Sonnenuntergang auf einem Kai in Key West, Florida, ein wundervoller Dompteur namens Dominique La Font mit vier anmutigen kleinen Hauskatzen auf. Die Katzen öffnen ihre Käfige selbst, springen geschmeidig auf ihre Hocker und führen ein paar atemberaubende Kunststücke vor, während Dominique – in der einen Hand einen Stuhl, in der anderen eine Peitsche – so tut, als halte er sie wie Löwen in Schach. Nach der letzten Vorstellung schlendern Mensch und Katzen miteinander davon, die Katzen in ihre Transportkisten, der Mann zu seinem großen Wohnmobil, in dem sie alle leben, in einem sympathischen Chaos aus Kaffeetassen, Trockenfutter und Katzenklos.

Zoos trennen Menschen und Tiere voneinander. Der Zirkus führt sie zusammen. In der Ringling Brothers Barnum and Bailey Red Show klettern ein Mann und ein Tiger auf ein doppeltes Riesenrad. Dieses «Todesrad» hebt sie höher als Luftakrobaten, was den Tiger jedoch völlig kaltläßt. Sehr erstaunlich. Am eindrucksvollsten finde ich jedoch den Augenblick davor, wenn das Licht gedimmt wird, der Tiger die Arenamitte, wo gerade die traditionelle Tigernummer stattgefunden hat, verläßt und zum Riesenrad schreitet. Ohne irgendeine Sicherheitsbarriere zwischen ihm und dem Publikum geht er neben seinem Trainer zum Riesenrad. Er trägt zwar ein Halsband und ist vermutlich angeleint, aber für einen Tiger seiner Größe hätte die Leine keine Bedeutung. Man könnte ihn ebensogut frei laufen lassen. Seite an Seite durchqueren der kleine Dompteur und sein großer Kollege im Halbdunkel die ganze Arena, ein Bild der Professionalität. Wenn die beiden das Riesenrad erreicht haben, wird es wieder heller. Sie besteigen das Rad, und die Show geht weiter.

Der Dressurakt selbst demonstriert nur selten die Bindung zwischen Tier und Dompteur. Die aufwühlendste Zirkusnummer habe ich 1960 gesehen. Die Dompteuse war eine schöne schwarzhaarige Frau, bei dem Tier handelte es sich um einen stattlichen Löwen mit schwarzer Mähne. Auch diese beiden gingen Seite an Seite und ohne Sicherheitsvorkehrungen vom Eingang der Arena zu einer großen Schaukel. Der Löwe setzte sich auf die Hinterbacken, während die Frau sich breitbeinig hinter ihn stellte, und dann begannen sie zu schaukeln. Es herrschte absolute Stille. Sie schwangen höher und höher, bis sie die Schaukel über die Köpfe des Publikums trug, und auf dem Scheitelpunkt jedes Schwungs brüllte der Löwe.

Können Raubkatzen, die in Gefangenschaft leben, ihre Situation begreifen? Sie wollen es gern. Sie versuchen es. Und dank ihrer beeindruckenden Intelligenz und ihrer hervorragenden Beobachtungsgabe gelingt es ihnen auch oft.

Die womöglich größte Tigermenagerie der Welt – die Jungen mitgerechnet bis zu siebzig Tiger – befindet sich in Nord-Illinois. Es handelt sich um ein Areal, das Ställe, Gehege und Wohnwagen umfaßt und von einem hohen Sicherheitszaun begrenzt wird. In dieser Anlage, als Hawthorn Corporation bekannt, werden Dutzende, wenn nicht sogar Hunderte von Tigern aufgezogen und für Zirkusauftritte dressiert. Der Eigentümer, John Cuneo, lebt etwa zwanzig Meilen entfernt im Seengebiet des Bundesstaats und war während meiner ersten Besuche nicht anwesend. Dafür leben innerhalb der Anlage viele andere Personen – Tierpfleger, Aufsichtspersonal und Dompteure, alle unter der Leitung von Roelof de Vries, der mit seiner Ehefrau Elke zu diesem Zweck aus Holland hierhergekommen ist.

Die Tiger leben in zwei Ställen, die mehrere Reihen geräumiger Käfige enthalten, einen für jeden erwachsenen Tiger. Meist sind mehrere Verbindungstüren offen, so daß außerhalb der Fütterungszeiten zwei oder mehr Tiger zusammensein können. Die jungen erwachsenen Tiger, vor allem Tiere aus einem Wurf, verstehen sich gut und fühlen sich in Gesellschaft wohl. Manche älteren Tiger, vor allem ältere Männchen, sind lieber allein, was ihnen auch zugestanden wird. Viele Käfige haben einen Zugang zu den Freigehegen, in denen sich die Tiger bei gutem Wetter aufhalten können. Auch ist jeder Käfig mit einem hoch angebrachten Liegebrett ausgestattet, auf dem die Tiger gerne ruhen, so daß jeder Tiger ein Brett für sich hat.

Diese Tiger haben eine sinnvolle Beschäftigung, die ihnen Spaß zu machen scheint, da die meisten gern zur täglichen Dressur in die Arena kommen – die Augen weit offen, den Schwanz hochgereckt, Ohren und Schnurrhaare nach vorn gerichtet. Es sind sehr lebhafte Tiere, die nur dann in die Apathie der Zootiere verfallen, wenn nachts die Ställe geschlossen werden und alle Aktivitäten ein Ende haben. Ansonsten sind sie immer auf den Beinen und reagieren aufeinander und auf ihre zehn bis zwölf Pfleger und Dompteure, deren ganzer Arbeitstag nur darin besteht, für sie zu sorgen und sich mit ihnen zu beschäftigen. Die Tiger kennen diese Menschen natürlich gut und haben zu allen eine ausgeprägte Beziehung. Normalerweise laufen die Tiger also den ganzen Tag lebhaft durch die Käfige, haben Kontakt zu den anderen Tigern und zu den Menschen, die sie wie ihre Artgenossen begrüßen, indem sie den Kopf senken und schnauben.

Da ich für die Tiger bei meinen ersten Besuchen der Hawthorn Corporation eine Fremde war, schien ich besonders interessant für sie zu sein. Jedesmal wenn ich die Stallungen betrat, hielten sie inne und beäugten mich. Als ich eines Tages die größere der beiden Stallungen betrat, stellte ich überrascht fest, daß mich der Tiger im nächstgelegenen Käfig gar nicht bemerkte, weil er von seinem Liegebrett aus irgend etwas in einer weit entfernten Ecke am anderen Ende des Stalls beobachtete.

Da ich gewohnt war, begrüßt zu werden, schnaubte ich, aber er schaute nur kurz, woher das Geräusch kam, und wandte sich wieder der Ecke zu. Wie merkwürdig. Auch der Tiger im nächsten Käfig ignorierte mich, ebenso der dritte. Als ich die Leiter hinaufstieg, die auf die Käfige hinaufführte, sah ich, daß alle Tiger in derselben Haltung auf ihren Brettern lagen: seitlich aufgestützt, mit erhobenem Kopf und aufgestellten Ohren. Es war ganz offensichtlich, daß alle irgend etwas in der Ecke am Ende des Stalls beobachteten.

Aber was? Ich konnte nichts sehen und hatte keine Lust, über die Käfige zu klettern, weil die Tiger bisher jedesmal versucht hatten, mich zu erwischen – zwar hätten ihre Pranken nicht durch das enge Gitter gepaßt, aber allein schon der Versuch war beunruhigend.

Es war eine höchst ungewöhnliche Szene. In all den Stunden, die ich bei diesen Tigern verbracht hatte, hatte ich so etwas noch nie erlebt. Doch kannte ich sie immerhin schon so gut, daß ich wußte, was sie *nicht* sahen – sie sahen kein Tier, das ihren Jagdinstinkt geweckt hätte, etwa einen Hund oder ein Pferd. Dann hätten sie lauernd auf dem Brett gekauert, aufgeregt, mit zuckendem Schwanz. Und auch die tägliche Futterration, riesige Fleischbrokken, konnte es nicht sein, da das Fleisch aus der anderen Richtung angekarrt wurde und die Fütterung außerdem schon vorbei war. Hätten sie die Ankunft eines fremden Tigers beobachtet, wären sie maunzend am Gitter hin- und hergelaufen, und bei der Ankunft des Löwen wären sie am Gitter hochgesprungen. Da ich merkte, daß sich die Tiger nicht um mich kümmern würden, kletterte ich höher – und was sah ich? Nur vier Männer, die beisammen standen und sich unterhielten. Drei davon kannte ich – es waren ein Wärter und zwei Dompteure –, aber den vierten hatte ich noch nie gesehen. Aus dem Verhalten der Tiger schloß ich plötzlich, wer es war – John Cuneo, ihr Besitzer.

Daß die Tiger John Cuneo beobachtet hatten, bestätigte

sich, als er das Gebäude verließ. Kaum war er gegangen, kletterten die Tiger von den Liegebrettern, obwohl die drei anderen Männer noch da waren, und kehrten zu ihren normalen Aktivitäten zurück. Die Tiger, die mir am nächsten waren, versuchten sofort, mich durch die Gitterstäbe zu erwischen. Später wurde ich John Cuneo vorgestellt. Aber ich hatte das Gefühl, ihn bereits zu kennen.

Diese Episode hat mich tief beeindruckt. Wieso hatten die Tiger ausgerechnet John Cuneo so gespannt beobachtet, wo doch tagtäglich viele Menschen im Stall ein und aus gingen und sich mit den Tigern beschäftigten? Obwohl John Cuneo selbst Dompteur ist, werden die Tiger nicht von ihm dressiert, und Tränkung, Fütterung und Käfigreinigung übernehmen die Tierpfleger. Die Tiger hatten also gar keine direkte Erfahrung mit ihm gehabt. Hinzu kommt, daß er nicht der einzige Mensch ist, der die Einrichtung in großen Abständen besucht, wenngleich er natürlich eine sehr wichtige Rolle spielt. Das träfe aber auch für die Veterinäre zu. Nein – es läßt sich kaum erklären, woher die Tiger wußten, wie wichtig John Cuneo ist. Es handelt sich um einen Prozeß des Beobachtens und Folgerns, den wir zum gegenwärtigen Zeitpunkt nicht einmal annähernd verstehen.

Im Gegensatz zur Situation wildlebender Tiger und der meisten wildlebenden Katzen vor allem der Alten Welt ist die Situation bestimmter Katzenpopulationen in Nordamerika überraschend gut. Teilweise ist dies auf Wiederbevölkerungsversuche zurückzuführen, obwohl sie nicht alle erfolgreich verliefen. Der Plan, die Adirondacks wieder mit dem Luchs zu bevölkern, scheiterte, vermutlich weil man als Ersatz für die Luchse der Adirondacks, die schon immer sehr bescheidene Reviere hatten, die Alaska-Luchse wählte, deren Reviere schon immer sehr groß waren. Offenbar waren die Adirondacks für die Mehrzahl der alaskischen Luchse zu klein, denn gleich nach der Aussetzung liefen sie weit weg. Andererseits wollten sie vielleicht nur wieder nach Alaska zurück. Sie wären nicht die ersten Katzen, die versucht hätten, nach Hause zurückzufinden.

Doch am spektakulärsten hat sich von allen Katzen der Neuen Welt der Puma erholt, der in manchen Regionen seines früheren Verbreitungsgebiets ein außergewöhnliches Comeback feiert. Nirgends wurde dies deutlicher als in Colorado, in der Front Range der Rocky Mountains, wo es keine Pumas mehr gegeben hatte. Sie waren um die Jahrhundertwende verschwunden, als negative Folge eines Goldrauschs. Horden von Goldsuchern, die von dem Land lebten, während sie ihre Claims ausbeuteten, hatten in kürzester Zeit sämtliche Elche und Rothirsche erlegt. Da die Pumas, die bereits von den Prämienjägern Colorados bedroht wurden, nicht ohne ihre natürliche Nahrung leben konnten, verschwanden sie ebenfalls. Als man Jahre später für die Hobbyjäger Colorados wieder Elche und Rotwild einführte, vermehrten sich die importierten Populationen und wurden schließlich so groß, daß sie auch eine Pumapopulation ernähren konnten. Daraufhin kehrten die Pumas zurück.

Das Wachstum der Pumapopulation wurde durch eine demographische Veränderung gefördert. Die jagenden Bergbewohner waren von joggenden Vorstädtern abgelöst worden. Und um dem neuen Bewußtsein entlang der Front Range gerecht zu werden, verbot der Staat die Prämienjagd auf Pumas und bestrafte jeden, der die Tiere ohne Lizenz oder außerhalb der Jagdsaison tötete. Unter derart günstigen Bedingungen vergrößerte sich die Pumapopulation. Mittlerweile wuchsen auch die Vororte von Denver und Boulder und krochen an den Cañons entlang über die Ausläufer der Front Range hinauf in Gebiete, in denen auch Pumas lebten, und so kommt es, daß heutzutage an der Front Rage Pumas an völlig unerwarteten Stellen auftauchen, sogar in Städten.

Zur allgemeinen Verwunderung kehren die Pumas sogar nach Neuengland zurück. Offiziell wurde die östliche Subspezies des Pumas, *Felis concolor cougar*, vor über hundert Jahren ausgerottet, damit Neuengland ohne Gefahr landwirtschaftlich genutzt werden konnte. Und viele Wildbiologen sagen, die nächste Pumapopulation befinde sich fast tausend Meilen entfernt. Woher kommen dann die Pumas in Neuengland?

Zuerst vermuteten Experten, daß gefangengehaltene Pumas freigelassen worden waren. Und da es keine verantwortungsbewußte Institution gibt, die so etwas täte, fiel der Verdacht auf private Tierhalter. Doch diese Theorie schien eher unwahrscheinlich, und sei es nur deshalb, weil ein Puma ohne Krallen in der Wildnis nicht überleben und ein Puma *mit* Krallen nicht im Haus geduldet werden kann. Eine Hauskatze, die ihre Krallen an den Möbeln schärft, bräuchte mehrere Jahre, um ein Sofa zu zerfetzen; für einen Puma wäre dies eine Sache von Stunden.

Trotzdem haben die Behörden Neuenglands die Rückkehr der Pumas rundweg abgestritten und tun dies zum Zeitpunkt dieser Niederschrift immer noch, wenn auch unter erschwerten Bedingungen. Schließlich werden immer wieder Pumas gesichtet. Die einzige plausible Erklärung ist also die, daß es in Neuengland mit oder ohne Wissen der Behörden schon immer Pumas gegeben hat.

Als in Neuengland die ersten Pumas gesichtet wurden, leugneten die offiziellen Stellen dies ebenso ab, wie sie es heute tun. Anfang der vierziger Jahre glaubten viele Menschen im ländlichen New Hampshire – ich ebenfalls –, daß im Wald ein seltsames Tier lebe. Zahlreiche Leute berichteten, sie hätten einen schwarzen Panther gesehen, der schließlich als *der* schwarze Panther bekannt wurde. Da man glaubte, Panther gebe es nur in Indien und Afrika, nahm man an, er sei aus einem Zoo entsprungen. Daß sich die einzigen Zoos weit weg in Nashua und Boston befanden, kümmerte keinen – als städtische Zentren standen Nashua und Boston für alles Exotische, und die Vorstellung eines Panthers aus der Stadt erschien nicht abwegig. Und doch glaubten nicht alle an seine Existenz. Mancher, der so mutig war, von seiner Entdeckung zu erzählen, bekam zu hören, er habe sich getäuscht, sei betrunken gewesen oder sage einfach nicht die Wahrheit. Es habe sich wohl um einen Hund, einen Coyoten, einen Otter oder eine Hauskatze gehandelt, sagten die selbstgefälligen Zweifler.

Als es mit der Landwirtschaft Neuenglands zu Ende ging und folglich der Krieg gegen wildlebende Tiere beendet wurde, gab es immer öfter und in immer größerem Umkreis Berichte über den Panther. Wäre der Panther wirklich so oft an den verschiedensten Stellen gesichtet worden, hätte er Siebenmeilenstiefel gebraucht. Außerdem wäre er inzwischen über vierzig Jahre alt gewesen, das heißt beinahe doppelt so alt wie die älteste bekannte Raubkatze. Jetzt wurde klar: Bei dem Tier, das so oft gesichtet worden war, hatte es sich nicht um einen entlaufenen Zoopuma gehandelt, sondern um mehrere Pumas.

Merkwürdig, daß darüber jemals Unklarheit bestand. Pumas sind große Tiere. Ein ausgewachsenes Männchen kann bis zu zweihundertfünfzig Pfund wiegen, eine Schulterhöhe von sechundsiebzig Zentimetern haben und von der Nase bis zum Schwanz drei Meter messen. Und Pumas schreien. Bergbewohner und andere frühe Siedler, deren Pumageschichten 1946 von den Wildbiologen S. P. Young und E. A. Goldman* gesammelt wurden, beschrieben das Schreien der Pumas so: ein schreckliches Gebrüll, ein schauriges Gejammer, ein unmenschlicher Schrei, laute, gruselige Schreie, ein lauter, durchdringender Schrei, ein tiefer stöhnender Schrei, ein lautes, klagendes Kreischen, ein seltsamer, fast menschlicher Schrei, wie der Schrei einer Frau, die panische Angst hat, wie der Schrei einer Frau in Not, wie die gemarterte Stimme eines Jungen oder einer Frau, wie das Gebrüll eines Menschen, der ohne Betäubung operiert wird – das sind einige der Vergleiche. Warum schreien Pumas? Sie schreien, weil sie weit verstreut in den Wäldern leben, wo die meisten Geräusche von den Bäumen verschluckt werden. Wenn sie nicht schreien, können sie einander nicht hören. Wer hätte also geglaubt, daß es über die Gegenwart oder Abwesenheit eines so großen, weithin vernehmbaren Tiers irgendwelche Zweifel geben könnte?

Schließlich war mein Interesse an der Pumakontroverse so groß geworden, daß ich die Jagd- und Fischereibehörde in New Hampshire aufsuchte, eine Behörde, die – obwohl sie bestreitet, daß es im Nordosten Pumas gibt – alle Berichte über Pumasichtungen registriert. In zwei dicken Aktenordnern fand ich dort über hundert Schilderungen, angefangen beim Bericht über einen 1895 getöteten Puma, bis zu einer Sichtung, die erst wenige Wochen zuvor stattgefunden hatte. Die meisten Berichte wirkten vernünftig und exakt und enthielten oft Schilderungen ty-

* S. P. Young und E. A. Goldman, *The Puma: Mysterious American Cat,* Dover, New York 1946.

pischer Merkmale wie etwa des langen Schwanzes «von der Dicke eines Kinderarms». Dies ist eine exakte Beschreibung des Pumaschwanzes und ist deshalb besonders aufschlußreich, weil die einzigen anderen Katzen, die man groß nennen könnte – Luchse und Rotluchse –, kurze Schwänze haben. Von 1980 bis zum Zeitpunkt dieser Niederschrift ist kein Jahr vergangen, in dem nicht mindestens ein Puma gesichtet wurde. Manchmal schienen sich die Sichtungen zu häufen, als hätten mehrere Leute denselben Puma gesehen, aber selbst wenn man dies berücksichtigt, nahm die Zahl der Sichtungen allmählich zu, wahrscheinlich ein Hinweis darauf, daß die Pumapopulation wuchs.

Noch faszinierender waren Schilderungen von Leuten, die nicht genau wußten, was sie eigentlich gesehen hatten. Oft klang der Bericht durch die unvoreingenommene Betrachtungsweise dieser Beobachter besonders überzeugend, wie etwa die Schilderung eines Manns, der 1984 berichtete, dem Puma sei ein «kleiner getüpfelter Hund» gefolgt. Erst klang diese Beschreibung falsch. Bis auf ein oder zwei seltene und teure Miniaturzüchtungen gibt es keine kleinen getüpfelten Hunde. Und außerdem wäre ein solcher Hund nicht so dumm, hinter einem Puma herzulaufen, weil er sonst nämlich getötet würde. Auf ein Pumajunges jedoch trifft diese Beschreibung exakt zu, und daß der Beobachter dies nicht wußte, macht seine Schilderung um so glaubwürdiger. Hinzu kommt, daß die Existenz eines jungen Pumas zwei erwachsene Pumas voraussetzt, also eine Art Gemeinschaft, und nicht nur ein einzelnes Tier, das von weit her gekommen ist.

Es werden auch weiterhin Pumas gesichtet, und die Liste der Augenzeugen enthält jetzt unter anderem einen Biologen vom U. S. Fish and Wildlife Service; außerdem die ehemalige Rektorin des Radcliffe College, Dr. Mary Bunting Smith; und schließlich – mit einer Sichtung in Connecticut – keinen andereren als Dr. George Schaller persönlich, den vielleicht bekanntesten Wildbiologen der Welt, dessen Ruhm mit seinen Feldstudien über Tiger und Löwen begann.

Mir hätten die Augenzeugenberichte solch prominenter Persönlichkeiten eigentlich genügt, aber es blieb nicht dabei. Am 3. Februar 1992 sah ich aus meinem Haus in New Hampshire einen Puma über mein eigenes Feld laufen. Er war gelbbraun, wie ein Hirsch oder ein Reh, genau die Farbe, die in den meisten Augenzeugenberichten erwähnt wird, und er jagte ein kleines Tier, das hakenschlagend vor ihm herrannte. Der Puma beschrieb einen großen Kreis und verschwand dann wieder in der Richtung, aus der er gekommen war.

Da ich gerade dabei gewesen war, etwas über die Pumakontroverse zu schreiben, und beim Aufblicken plötzlich selbst einen sah, hätte ich an eine Halluzination geglaubt, wenn ihn nicht Pearl, meine Hündin, ebenfalls gesehen hätte. Sie schien sogar zu wissen, worum es sich handelte, denn sie lief nicht zur Tür, um hinauszurennen, was sie bei jedem anderen Tier getan hätte. Statt dessen stand sie klugerweise wie angewurzelt da, die Nase an die Scheibe gedrückt, Ohren aufgestellt, Augen weit geöffnet und vor Erregung am ganzen Körper zitternd. Das Gebiet wurde zwar sofort mit Hunden abgesucht, aber ohne Erfolg – auf dem gefrorenen Boden lag kein Schnee.

In heller Aufregung rief ich alle Personen an, von denen

ich glaubte, es könne sie interessieren, und wir organisierten eine großangelegte Suche. Sue Morse, die Forstökologin und Spurenexpertin, kam aus Vermont und brachte ein Paar Pumapfoten aus Gummi mit, um uns zu zeigen, wie die Spuren aussahen. In Begleitung vieler Hunde durchkämmten wir große Waldgebiete, fanden aber nichts, und die ausgelegten Köder – Fisch, Moschus und Katzenminze, die dem Puma vorgaukeln sollten, hier gäbe es Fressen, Sex und Drogen, alles in einem Aufwasch – überzeugten ihn anscheinend nicht. Durch einen Freund von Sue bekamen wir sogar ein Fläschchen mit Pumaurin (wobei wir darauf achteten, daß es sich um einen gesunden, geimpften Spender handelte, der die heimischen Wildkatzen nicht anstekken konnte). Wir versprühten den Urin im Wald, erreichten damit aber nur, daß ein Rotluchs aus Protest gegen den vermeintlichen Eindringling auf einer der uringetränkten Stellen seinen Kot absetzte. Als letzte verzweifelte Maßnahme kaufte ich ein Gerät, das Raubtiere anlockt, indem es das ohrenbetäubende Geschrei eines gefangenen Hasen ausstößt, aber leider hatte auch dies keinen Erfolg. Und doch war der Puma offenbar noch in der Nähe. Einige Tage später kam ein Nachbar vorbei, um mir mitzuteilen, er habe in seinem Feld ein großes gelbbraunes, katzenartiges Tier gesehen.

So scheu die Pumas des amerikanischen Ostens sind, so kühn sind die des Westens, die heutzutage bis in die Städte vordringen. Die in Denver und Boulder erscheinenden Zeitungen berichten regelmäßig über Pumas, die Hunde und Katzen gejagt, auf Terrassen stehende Futternäpfe leer gefressen und sich in dichten, exotischen Gartensträuchern versteckt haben sollen. 1992 habe ich eine Studie über die Pumas verfaßt, die in jenem Jahr in Denver und Boulder gesichtet worden waren. Dabei kam ich zu dem Schluß, daß es sich um junge Tiere gehandelt haben muß, die zum erstenmal allein unterwegs waren. Die Tatsache, daß gegen unsere Spezies kein kulturelles Tabu besteht, und der Mangel an Erfahrung hatte sie in die Städte geführt. So schien es zumindest. In fast allen Fällen konnte ich ohne weiteres rekonstruieren, woher der junge Puma gekommen war und warum er sich die betreffende Stadt ausgesucht hatte. Alle Orte lagen an den Gebirgsausläufern der Hochebenen, und in allen Fällen hatte der junge Puma bei Antritt der Reise wahrscheinlich keine Wahl gehabt, als Richtung Osten zu laufen. Westlich ging es zurück in die Berge, wo sich die erwachsenen Pumas der größer werdenden Population sämtliche guten Reviere angeeignet hatten und wo höchstwahrscheinlich große, starke Pumas die Grenzen der zahlreichen Pumahabitate am Eastern Slope patrouillierten, um jeden jungen Neuankömmling zu verscheuchen.

Eigentlich gab es nur eine einzige Frage, die sich nicht durch topographische und demographische Faktoren beantworten ließ: Warum kamen die jungen Pumas so furchtlos mitten in die Städte und machten keinen Bogen um sie? Um diese Frage zu beantworten, brauchte ich nur ins Gebirge zu gehen und nachzuprüfen, was die Pumas als junge Kätzchen gesehen hatten. Östlich der Gebirgsausläufer der Region von Denver und Boulder ist die Colorado-Ebene mehr oder weniger dicht besiedelt, und von fast jedem Punkt des Eastern Slope blickt man auf ein von Automassen umgebenes Häusermeer mit glitzernden

Fenstern. Die Szenerie ist weit genug entfernt, daß man weder das Heulen der Ambulanzen und Einsatzwagen noch sonstige Geräusche hört; der Anblick hat also schon bei Tag betrachtet nichts Beängstigendes. Bei Nacht jedoch wird er für Katzen sicherlich höchst faszinierend. Boulder zum Beispiel wird zu einem riesigen Meer aus beweglichen, rotierenden, blinkenden Lichtern, ein Anblick, der Katzen so sehr zusagen muß, als sei er zu ihrem Vergnügen geschaffen worden. So wie Hauskatzen beim Fernsehen nicht die gezeigten Bilder, sondern die unregelmäßigen, abrupten Bewegungen faszinieren, könnten die zuckenden Lichter der Stadt die jungen Pumas in den Rocky Mountains fasziniert haben.

Der nächste Schritt wäre dann, daß der junge Puma den Berg hinunterläuft, auf die ihm völlig vertraute Landschaft zu, die er seit dem Verlassen der Höhle fast jeden Tag und Abend gesehen hat. Die ersten menschlichen Behausungen, die der junge Puma auf seiner Reise nach Osten passieren würde, wären die weit verstreut liegenden Häuser wohlhabender Vorstädter, die sich jedes Jahr ein Stück höher den Hang hinaufziehen. Da jemand, der sich hier niederläßt, vermutlich Einsamkeit und Ruhe schätzt, dürften sich die Bewohner dieser Häuser fast ebenso leise und vorsichtig verhalten wie die Pumas selbst – nach zehn Uhr abends sind diese Gegenden ruhig und dunkel, und man trifft kaum noch jemanden im Freien an. Um herauszufinden, was einem Puma hier begegnen könnte, bin ich oft spätabends durch diese Bezirke gelaufen, und die Antwort lautet: Nichts. Dabei habe ich mich nicht etwa verstohlen an den Gartenzäunen entlanggedrückt, sondern bin mitten auf der Straße gegangen. Aber ich wurde von niemandem bemerkt. Natürlich schlug ab und zu ein Hund an – aber meist drinnen im Haus. Nie kam jemand heraus, und manchmal hörte ich sogar, wie der Hund zum Schweigen gebracht wurde. Es scheint also, daß ein Puma diese Gegend ungehindert passieren kann.

Pumas lieben vorgegebene Wege und folgen ihnen, wenn es möglich ist. Sie haben zwar ihre eigenen Fährten, benutzen aber auch unsere Pfade, Wege und Straßen und laufen durch Flußbetten und Cañons, genau wie wir es auch tun würden. Folglich hatten die meisten Pumas, die nach Boulder kamen, wohl relativ wenige Wege oder Straßen benutzt. Eine flüchtige Überprüfung ergab vier mögliche Routen in die Stadt: Zwei Routen führten durch Cañons von den Bergen herunter, zwei durch Bachbetten. Die Cañon-Routen führten in gepflegte Wohnbezirke mit neongrünen Rasenflächen und einem verwirrenden Labyrinth aus Zäunen, wogegen die Bachläufe in ungepflegte, vergessene Gärten mündeten und deshalb auch noch mitten in der Stadt, wo viele der Pumas gesichtet worden waren, nach unberührter Natur aussahen.

In der Mehrzahl der Fälle wurden die Pumas erst nachmittags gesichtet. Die betreffenden Menschen gerieten meist in helle Aufregung, während die jungen Pumas ganz ruhig blieben. Dies brachte die Entdecker noch mehr aus der Fassung. Ein Puma, der keine Angst vor Menschen hat, wirkt bedrohlich und gefährlich, vor allem, wenn man sich sowieso schon fürchtet. Doch auch für die Gelassenheit des Pumas kann man eine Erklärung finden, wenn man seine wahrscheinliche Route abschreitet. Da er zu den nachtaktiven Säugetieren gehört, trat der Puma seine

Reise vermutlich im Lauf des Abends an, nachdem er den ganzen Tag ausgeruht hatte, so wie wir morgens abreisen würden, nachdem wir die ganze Nacht geschlafen haben. Durch dieses Timing erreichte er die Stadt mitten in der Nacht, wo alles ruhig und die Straßen leer waren. Hätte ein Puma versucht, tagsüber durch die Stadt zu laufen, wäre er gesehen worden. Mit heulenden Sirenen hätten sich Einsatzwagen und Ambulanzen genähert, und für den Puma hätte alles in einer Katastrophe geendet.

Also kamen die Pumas nachts und waren morgens, wenn die Menschen erwachten, schon mitten in der Stadt. Dann gingen plötzlich überall Türen auf und entließen Menschen und Hunde ins Freie. Bald herrschte in allen Straßen Verkehr, und die Stadt war voller Leben und Hektik. Der Puma erschrak und merkte, daß ihm nichts anderes übrigblieb, als sich so gut wie möglich zu verstekken. In den Fällen, die ich recherchiert habe, hatten sich die Pumas meist auf offenem Gelände in Büschen oder hohem Gras versteckt. Beim für mich dramatischsten Vorfall hatte sich ein Puma den ganzen Tag lang auf dem Gelände einer Schule versteckt gehalten, in der mein Enkel David die siebte Klasse besuchte. Von weitem muß diese Schule dem jungen Puma sehr verlockend vorgekommen sein – sie steht an einem steilen, unbebauten Hang und ist von Feldern mit langem goldenem Gras umgeben, das an Wildgras erinnert. Und was das beste ist – am Rand dieser Felder wächst Gestrüpp. Aus diesem Gestrüpp heraus konnte der junge Puma die vielen Menschen beobachten und hoffen, daß ihm niemand zu nahe kam oder ihn bedrohte. Nachdem er den ganzen Tag aufmerksam beobachtet hatte, wie die Kinder um ihn herumtobten, Fußball spielten und einen Riesenlärm veranstalteten, muß er durch Gewöhnung seine Furcht verloren haben. Und als ihn nachmittags jemand sah – vielleicht weil er trinken wollte oder nach einem schattigeren Platz suchte –, hatte er schon zehn Stunden Stadt hinter sich, ohne daß ihm irgend etwas Böses widerfahren war. Zu diesem Zeitpunkt hat er wohl kaum noch Angst empfunden – ganz im Gegensatz zu seinem erstaunten Entdecker, der sich vermutlich noch nie zuvor mit dem Gedanken an Pumas befaßt hatte. Kein Wunder, daß der Mann erschrak, als plötzlich seelenruhig eine riesige gelbbraune Katze übers Schulgelände spazierte.

Was mit jenem Puma geschah, habe ich nicht erfahren. Wahrscheinlich wurde er von Beamten der Forst- und Wildbehörde oder von Polizisten getötet. Andererseits haben die Einwohner von Boulder eine so positive Einstellung zu Pumas und überhaupt zu den meisten wilden Tieren, daß die Colorado Division of Wildlife die Pumas meist betäubt und in die Berge zurücktransportiert. Trotzdem fürchtet sich die Division vor Gerichtsprozessen. Viele streunende Pumas müssen einfach deshalb getötet werden, weil es zahlreiche Prozeßhanseln gibt, die jede Begegnung mit einem Puma als potentielle Goldgrube betrachten und den Staat verklagen.

Die Angst vor einem Prozeß besiegelte auch das Schicksal eines jungen Pumas, der im August 1992 auf irgendeine Weise ins Zentrum von Denver gelangte. Er war einem fast ausgetrockneten Wasserlauf bis zur Kreuzung von Hampton und Monaco gefolgt, zwei belebten Durchgangsstraßen mit Einkaufszentren und dröhnendem Verkehr. Einen schlimmeren Ort kann man sich für einen

Puma kaum vorstellen. Und doch versteckte er sich eines Morgens in der Nähe dieser Straßen und blieb dort bis acht Uhr abends. Um diese Zeit entdeckte ihn ein Hund und scheuchte ihn auf einen Baum. Wahrscheinlich hatte der Puma versucht, seine Reise fortzusetzen. Als die Besitzer des Baums sahen, warum ihr Hund bellte, riefen sie die Polizei. Zusammen mit der Polizei kamen Feuerwehrleute, Reporter, ein Fernsehteam mit Ü-Wagen, Kabeln, Scheinwerfern und Kameras und schließlich noch ein Angestellter der Division of Wildlife. Der Auftrieb lockte viele Menschen an, die angesichts des jungen Pumas, der zu ihnen herunterspähte, um Schonung baten. Der Wildlife-Angestellte wollte ihn betäuben und aus der Stadt transportieren, doch als der Puma vom Betäubungspfeil getroffen wurde, geriet er in Panik und sprang vom Baum. Daraufhin eröffnete die Polizei das Feuer und tötete ihn.

Er muß riesig gewirkt haben, zumindest auf manche der anwesenden Reporter. Eine der Zeitungen bezifferte sein Gewicht auf zweihundertfünfzig Pfund. Aber in Wirklichkeit war er noch ganz jung und mag in seinem ausgehungerten Zustand vielleicht sechzig bis siebzig Pfund gewogen haben. Ein Foto in einer anderen Zeitung zeigt den toten, ausgemergelten kleinen Körper zusammengerollt zu den Füßen des Beamten der Forst- und Wildbehörde.

Nachdem über dieses Drama in den lokalen Fernsehnachrichten berichtet worden war, faßten einige Leute den Entschluß, Pumasichtungen nicht mehr zu melden. So verhielt sich auch ein junges Paar aus Boulder, dessen Hund Bailey eines Abends einen jungen Puma aufs Dach des Werkzeugschuppens scheuchte. Ich habe diese Leute kennengelernt, als ich über eine weitere Sichtung in der Gegend recherchierte. Sie erzählten mir, daß sie beim Anblick des Pumas, der zu ihrem Hund hinuntersah, geglaubt hatten, er wolle den Hund jagen. Das war sicher ein Irrtum. Wenn der Puma sich so verhielt, wie sie es schilderten – er habe fünfzehn bis zwanzig Minuten auf dem Dach gekauert und heruntergeschaut –, dann tat er das aus Angst vor Bailey. Doch die jungen Leute verhielten sich trotz dieser Fehleinschätzung großmütig und verzichteten darauf, die Polizei zu rufen. Statt dessen holten sie Bailey ins Haus und ließen den Puma in Ruhe. Am nächsten Morgen war er verschwunden – vielleicht hatte er sich wieder auf den Weg in die Berge gemacht –, und nichts war passiert.

Sind Pumas gefährlich? Manche ja, manche nein. Die Pumas, die den Weg in die Städte gefunden haben, haben bisher noch keinen Menschen verletzt, wenn ihnen auch etliche Hunde, Katzen und Hühner zum Opfer gefallen sind. Aber es gibt durchaus Fälle, in denen Pumas Menschen angreifen. Da Pumas allgemein wie wunderschöne Hauskatzen wirken, kann man kaum glauben, daß sie gefährlich werden können. Aber es kann den Pumas nicht entgangen sein, daß Menschen ungefähr so groß wie Hirsche oder Rehe sind. Mit anderen Worten, Menschen sind für Pumas ebenso ideal als Beute geeignet wie Mäuse für Katzen. An einem Tag im Juni 1990 attackierten zwei Pumas eine Frau aus Boulder, und möglicherweise hat einer der beiden später einen jungen Mann angefallen. Die in Boulder erscheinende Zeitung *Daily Camera* vom 4. Juni 1990 berichtet über den ersten Vorfall, bei dem eine junge

Frau, die in der Nähe der Stadt in den Bergen joggte, einen Puma geduckt auf sich zuschleichen sah. Sie warf einen Stein, aber der Puma kam trotzdem näher. Jetzt bemerkte die Frau einen zweiten Puma, der sich von hinten anschlich, worauf sie geistesgegenwärtig die Böschung hinaufkroch und auf einen Baum kletterte. Während sie auf den Baum stieg, spürte sie plötzlich einen Schmerz in der Wade und sah, daß ihr die Pumas nachkletterten, einer hinter dem anderen. Der, der ihr am nächsten war und sie verletzt hatte, sah jetzt zu ihr hinauf. Seine Pranke lag auf ihrem Ast.

Laut *Camera* erwartete die Frau, daß die Pumas sie töten würden. Da sie aber nicht kampflos aufgeben wollte, trat sie dem obersten Puma auf den Kopf. Der Puma fiel vom Baum. Jetzt kletterte der zweite Puma höher und knurrte, als die Frau ihn mit einem Ast zurückscheuchen wollte. (Unkooperatives Verhalten von seiten der Beute versetzt Katzen manchmal in Wut – ich habe einmal erlebt, wie Rajah, der Hauskater, fauchte und zischte, als ihm eine ins Haus geschleppte Maus entwischte und in einen Stiefel flüchtete.) Doch schließlich sprang auch der zweite Puma vom Baum. Eine Weile liefen die beiden unter dem Baum hin und her; dann gingen sie weg, um aus einem Fluß zu trinken und schließlich endgültig zu verschwinden. Die tapfere junge Frau stieg vom Baum und rannte, bis sie nach fünfhundert Metern ein paar Häuser erreicht hatte.

Wenige Wochen später wurde etwa fünfundzwanzig Meilen weiter ein junger Mann von einem Puma getötet. Möglicherweise handelte es sich um einen der beiden Pumas, die die junge Frau angegriffen hatten. Auch er war gerade beim Joggen, als der Angriff von hinten erfolgte.

Man fand seine teilweise verstümmelte Leiche in der Nähe der Straße; dort hatte ihn der Puma hingeschleift und wie ein Stück Wild mit Laub bedeckt. Nach einiger Zeit bemerkten die Sucher, daß sie aus einiger Entfernung von einem Puma beobachtet wurden. Dieser Puma wurde später gejagt und erschossen. Es war ein junges Männchen, etwa zwei Jahre alt und hundert Pfund schwer. In seinem Magen fand man Überreste vom Körper des jungen Mannes, womit bewiesen war, daß man den Richtigen gefunden hatte und daß ein menschenfressender Puma nicht lange überlebt.

Wie viele Menschen wurden von Pumas getötet? Es liegen unterschiedliche Angaben vor. Auf alle Fälle bleibt die Zahl weit unter tausend – dies war die Anzahl der Pumas, die zwischen 1950 und 1960 von einem gewissen Robert McCurdy getötet wurden, einem Führer und Prämienjäger im Südwesten, dessen ermüdende Prahlereien in der blutgetränkten Biographie *Life of the Greatest Guide* verewigt sind. In praktisch allen Ländern, aber ganz sicher in der Neuen Welt, werden weit mehr Menschen von gewöhnlichen Haushunden getötet als von Raubkatzen; noch mehr Menschen fallen Insektenstichen zum Opfer, noch mehr werden vom Blitz erschlagen, und noch viel mehr kommen bei Sportunfällen ums Leben, ganz zu schweigen von Menschen, die von ihren Artgenossen umgebracht werden, vorwiegend durch Schußwaffen und Verkehrsunfälle. Im Gegensatz dazu ist der Mensch für sämtliche Katzenarten Todesursache Nummer eins. Katzen aller Spezies kommen in weit größerer Zahl durch unsere Raubzüge ums Leben als durch Unfälle, Krankheiten oder Hunger. Ironischerweise könnte gerade die Taktik der Jagd- und Forstbehörden – sie verbindet in manchen Gebieten des amerikanischen Westens eine laxe Haltung gegenüber Wilderern mit einer verlängerten Jagdsaison, die das Töten männlicher Raubkatzen begünstigt – mehr als alle anderen Faktoren dazu beitragen, daß Raubkatzen Menschen anfallen. Warum? Weil Fisch- und Wildbiologen meistens das soziale System der Katzen verkennen. Viele hängen dem Aberglauben an, daß wildlebende Katzen ungesellig seien und männliche Katzen wahllos junge Kätzchen töteten. Der Irrtum könnte gar nicht größer sein – wenn dies zuträfe, gäbe es keine wildlebenden Katzen. Die Anwesenheit eines großen Puma-, Rotluchs- oder Luchsmännchens dient dazu, eine Region zu stabilisieren; denn da dieses Männchen vermutlich der Revierinhaber ist, hat es den fälligen Kindsmord schon begangen und wird zumindest in naher Zukunft alle potentiellen Rivalen verscheuchen. Unter seinem Schutz können die von ihm gezeugten Jungen aufwachsen und so lange bei ihren Müttern bleiben, bis sie allein überleben können. Und so stabilisiert und vermehrt sich eine Katzenpopulation unter dem Schutz des dort ansässigen Männchens.

Viele Tierarten regulieren das Populationswachstum selbst, und zwar schon seit Entstehung ihrer Spezies. Dies trifft vor allem auf die Karnivoren zu. Doch die umgekehrte Ansicht, daß der Mensch die Populationen wildlebender Karnivoren regulieren muß, um Futterknappheit zu vermeiden, hält sich hartnäckig wie ein religiöses Dogma; sie ist eine Lieblingsausrede der Pelzhändler und wird sogar von schlechten Biologielehrern vertreten. Und so wird die Jagd auf Raubkatzen fortgesetzt – oft auf öffentlichem Grund, dessen Wildbestand dem Bundesstaat gehört – und wird nicht nur von den Jägern des jeweiligen Bundesstaates unterstützt, sondern von den Steuerzahlern im ganzen Land. Die männlichen Raubkatzen werden von Jägern und Wilderern geschossen, in die einst geschützten Reviere dringen fremde Männchen ein; sie töten oder verjagen die Jungen des toten Männchens, und die Population wird reduziert.

Der Umstand, daß einige der verjagten Waisen sich in die Städte wagen, heißt aber in den meisten Fällen keineswegs, daß sie Menschen oder deren Haustiere gefährden. Die meisten Katzen aller Spezies und Altersstufen bleiben vorsichtig und scheu, selbst wenn es sie das Leben kostet. Auf junge Pumas trifft dies ganz besonders zu. Innerhalb eines Jahres erfuhr ich von drei verschiedenen Pumas, zwei Weibchen und einem Männchen, alle zwischen sechs und achtzehn Monaten alt, die man in der Nähe menschlicher Siedlungen verhungert aufgefunden hatte, trotz der Möglichkeit, Maultierhirsche und Eselhasen zu jagen. Wenn man diese drei durch Zufall entdeckt hatte, wie hoch mag dann die Dunkelziffer sein? Alle waren allein und wiesen keine Anzeichen von Krankheit oder Verletzungen auf. Sie waren einzig und allein daran gestorben, daß sie nichts mehr gefressen hatten. Im Magen eines der jungen Weibchen fand man die Flügeldecken eines Käfers. Alle drei schienen verwaist gewesen zu sein, und alle drei hatten sich im hohen Gras oder schützenden Gebüsch zusammengerollt, wo sie dann offenbar vor Schwäche starben.

Attacken von Pumas auf Menschen wurden von Paul Beier von der University of California untersucht, der seine Forschungsergebnisse 1991 im Rahmen einer von der Colorado Division of Wildlife gesponserten Konferenz in Denver vorlegte. Seine Studie umfaßte fünfzig unprovozierte Attacken, die im Lauf der letzten hundert Jahre in zwölf westlichen Bundesstaaten und zwei kanadischen Verwaltungsbezirken stattgefunden hatten. Der erstaunlichste Vorfall ereignete sich auf Vancouver Island, woran an sich schon interessant ist, daß die dortigen Pumas eher zu Angriffen neigen als Pumas in anderen Gebieten. Auch dies läßt wieder auf eine kulturelle Veranlagung schließen. Bedeutsam ist auch, daß dadurch der weitverbreitete Glaube widerlegt wird, dort, wo sie gejagt würden, seien Pumas scheuer. Obwohl die Pumas auf Vancouver Island von Hobbyjägern massiv gejagt werden, gelten sie als ausgesprochen mutig, und die Serie der Attacken reißt nicht ab. Wie dies, wenn überhaupt, mit der Jagd zusammenhängt, ist nicht geklärt.

Der Angriff in Vancouver erinnerte mich daran, wie Ruby, der Puma meiner Freundin Lissa, einmal den Hirsch im Diorama ansprang. In Vancouver sprang ein Puma durch das große Glasfenster einer einsamen Hütte, warf die einzige Lampe um und packte den Hüttenbewohner, einen Telefontechniker, der gerade zu Bett gehen wollte und schon in Unterwäsche war. Im Dunkeln kämpfte sich der Mann, während der Puma ihn gepackt hielt, bis in die Küche, wo er mit einem Messer so lange auf den Puma einstach, bis der ihn losließ. Der Mann rannte ins Freie, schlug die Tür hinter sich zu und schloß den verwundeten Puma ein. Er selbst stand in der bitterkalten Winternacht. Trotz seiner schweren Verletzung stieg der halbnackte Mann in sein Boot und ruderte sechs Meilen gegen starken Wind und schwere See zu einer Nachbarhütte, in die er einbrach, da niemand zu Hause war. Durch Schock und Unterkühlung dem Tode nahe, mußte er sich erst einige Stunden in eine Decke hüllen, bevor er telefonieren konnte. Seine Retter fanden den Puma noch in der Hütte und erschossen ihn. Wie bei den meisten anderen Pumas, die Menschen angefallen haben, handelte es sich auch hier um ein junges Männchen.

Von den Opfern der fünfzig unprovozierten Attacken, die Dr. Beier erörterte, waren zwei Drittel Kinder. In elf Fällen war das Kind allein, in sechzehn Fällen jedoch waren andere Kinder dabei, in acht Fällen Erwachsene. Dies stützt die These, daß es für den Puma keine Rolle spielte, ob noch jemand anwesend war oder nicht, sondern nur, wie groß und wie alt sein potentielles Opfer war.

Trotz all dieser Vorfälle haben erstaunlich viele Leute keinen Begriff davon, wie gefährlich Pumas werden können. Wahrscheinlich hängt dies mit ihrem Aussehen zusammen. Menschen finden Pumas sehr hübsch. Sie haben den Gesichtstyp, den man oft auf Glückwunschkarten findet: große Augen, runde Ohren und ein schmales Kinn – genau die Merkmale, die auf Menschen beruhigend wirken. In diesem Punkt bilden Pumas einen Gegensatz zu Wölfen, deren Gesichtsform – lange Nase, spitze Ohren – manchen Menschen angst macht. Viele Leute reagieren beim Anblick der Pumas sehr vernünftig und sagen sich: Wie gut, daß Hauskatzen nicht so groß sind, sonst hätten wir alle ziemliche Probleme. Andere Leute sehen nur das, was ihnen niedlich vorkommt, und ignorieren die Konsequenzen der Körpergröße. Bei der Pumakonferenz in Denver wurde ein bizarrer Schnappschuß präsentiert. Er zeigte eine Frau, hinter der ein Puma hervorspäht. Die Frau trägt ein Kleinkind auf dem Arm, und so blicken alle drei in die Kamera, die der Vater des Babys hält. Offenbar fand er nichts dabei, Frau und Kind neben einem großen, wilden, erwachsenen Pumamännchen posieren zu lassen, das sich im Gebüsch versteckt hatte. Die Frau auf dem Foto lächelt, der Puma wirkt verwirrt. Die beunruhigende Furchtlosigkeit des Pumas hätte im Kopf der Eltern eigentlich alle Alarmglocken schrillen lassen sollen, tat es aber nicht. Alle drei kamen wie durch ein Wunder mit dem Leben davon, doch ihre Fehleinschätzung entsprach der eines anderen Paars, das seinen kleinen Sohn fotografieren wollte, wie er gerade von einem Bären geküßt wird. Die Eltern schmierten dem Kind Marmelade auf die Wange und schoben es aus dem Wagen. Gierig nach der Marmelade tötete der Bär das Kind, was auch ihn das Leben kostete – die Parkverwaltung ließ ihn erschießen.

(Doch nicht immer werden Tiere für einen solchen Irrtum getötet – in mindestens einem Fall wurde das Leben eines Grizzlybären im Yellowstone Park geschont, nachdem er einen Fotografen getötet hatte. Der Bär wurde durch die Fotos gerettet, die genau dokumentierten, daß ihn die Nähe des Fotografen immer mehr gereizt und daß er ihn immer wieder gewarnt hatte. Doch der Fotograf hatte sich nicht beirren lassen und weitergeknipst, und in diesem Fall suchten die Behörden die Schuld dort, wo sie auch wirklich lag.)

Am 21. August 1991 erschien im *Wall Street Journal* ein Bericht über eine ähnlich naive Einstellung. Auf Fire Island im Long Island Sound wurde ein Komitee gegründet, das «dreißig Puma-Zuchtpaare» aussetzen wollte, um die

Rotwildpopulation einzudämmen, die die Insel überschwemmte. Zwar muß man dem Komitee zugute halten, daß es nach einer organischen Lösung des Problems suchte, aber der Plan hätte nicht funktioniert. Selbst wenn Fire Island ein geeignetes Pumahabitat gewesen wäre, was nicht der Fall ist, hätte es vielleicht für einen Puma gereicht, aber nicht für dreißig. Und ganz bestimmt hätte es nicht für die zweihundert Pumas gereicht, mit denen man achtzehn Monate später konfrontiert gewesen wäre, wenn die ursprünglichen Pumas sich planmäßig fortgepflanzt hätten. Vermutlich hatte sich kein Mensch darüber informiert, daß Pumas nicht monogam leben. Und ganz sicher hatte niemand berechnet, daß die Pumas im fünften Jahr nicht weniger als fünfzigtausend Stück Rotwild gebraucht und sich nach anderen Nahrungsquellen umgesehen hätten, da sie die Insel ja nicht verlassen konnten. Die verstümmelten und trauernden Bewohner hätten das Komitee für die Folgen verantwortlich gemacht, aber auch das schien niemand bedacht zu haben – vielleicht, weil man dem gravierenden Irrtum unterlag, daß Pumas – wie ein Plakat verkündete – «für Menschen und Haustiere ABSOLUT KEINE GEFAHR darstellen».

Ein Ergebnis der Konferenz von Denver war, daß eine Art Protokoll angefertigt wurde, um die Bevölkerung zu warnen. Hausbesitzern wurde geraten, ihr Heim für Pumas nicht allzu einladend zu gestalten. Um Pumas kein Versteck zu bieten, sollten sie die Gartensträucher stutzen; um potentielle Futterquellen zu beseitigen, sollten sie Haustiere nachts hereinholen und auf Wildfütterung verzichten. Wanderer bekamen den Rat, dem Puma Tränengas ins Gesicht zu sprühen, wurden aber gleichzeitig davor gewarnt, gegen den Wind zu sprühen, um nicht hilflos, blind und taub vor dem Angreifer herumzuzappeln. (Als ich einmal eine Dose ausprobierte, funktionierte sie nicht – mir fielen nur ein oder zwei Tropfen auf die Füße. Was für eine Enttäuschung im Ernstfall!) Zuverlässigere Methoden machen sich den Umstand zunutze, daß Pumas manchmal vor einer Demonstration der Stärke zurückweichen. Man könnte also mit tiefer Stimme schreien, drohend gestikulieren oder einen Stock schwingen. Das entscheidende Wort ist *manchmal*, und zur Demonstration mag das Beispiel einer Frau dienen, die auf einem Weg, der in einen engen, steilen Cañon hinunterführte, vorschriftswidrig ihren kleinen Terrier von der Leine gelassen hatte. Als die beiden den Cañon betraten – der Hund voraus –, plumpste plötzlich vor ihnen ein Puma auf den Weg. Er hatte sie offenbar von einem Felsgesims aus beobachtet. Das mutige Hündchen schoß auf den Puma zu, der entgeistert davonrannte, den Terrier auf den Fersen. Dies beweist, daß unter Umständen selbst ein winziges Tier einen Puma verjagen kann, wenn es sich überzeugend aggressiv verhält.

Andererseits sollte man sich nicht darauf verlassen. Während er floh, überdachte der Puma die Situation nämlich noch einmal, machte plötzlich kehrt, schnappte sich den Terrier und sprang, den Hund im Maul, die Cañonwand hinauf. Keiner von beiden ward je wieder gesehen.

Je mehr Menschen anwesend sind, desto besser stehen natürlich die Chancen, die angreifende Raubkatze zu bemerken. Wie Ruby bei ihren Scheinattacken auf Lissa und wie die meisten Leoparden und Tiger, greifen auch Pumas Menschen meist von hinten an, mit einem Biß in den Nakken. Laut Dr. Beiers Studie berichteten die meisten Personen, die einen Pumaangriff überlebt haben, daß ihnen vorher gar nichts aufgefallen war, bis sie plötzlich den furchtbaren Aufprall des Pumakörpers und dann die Zähne und Klauen spürten.

Trotzdem gelang es einigen Leuten, die Angreifer zu verscheuchen. Dr. Beiers Studie zufolge wurden von den fünfunddreißig attackierten Kindern neun getötet, weil sie allein gewesen waren. Die übrigen Kinder jedoch wurden gerettet, weil jemand in der Nähe war und ihnen zu Hilfe eilte. Die Studie ergab außerdem, daß Gegenwehr eine sehr wirkungsvolle Verteidigung darstellte. Sich totzustellen, was bei Angriffen von Bären helfen soll, ist bei einer Pumaattacke auf keinen Fall anzuraten. Dieses Täuschungsmanöver könnte dazu führen, daß der Puma sein Opfer an eine abgelegenere Stelle schleift, mit tödlichen Konsequenzen. Die Aggression der Bären resultiert oft aus der Angst vor dem Menschen, der diese Angst lindern kann, indem er eine nichtbedrohliche Haltung einnimmt. Die Raubkatze hingegen sucht nach einer Mahlzeit und würde eine nichtbedrohliche Haltung eher als Einladung verstehen. Wenn man von einer Raubkatze angegriffen wird, sollte man sich lieber so verhalten wie Bären angesichts von Tigern – sie richten sich zu ihrer vollen Größe auf und stellen sich dem Angreifer entgegen. Man könnte der Raubkatze in die Augen starren und mit tiefer, drohender Stimme rufen: «Böser Puma!» oder «Hau ab!», während man seine Jacke oder Kamera schwenkt. Die Raubkatze will nur fressen und geht Problemen aus dem Weg. Auf keinen Fall sollte man sich nach einem Ast oder Stein bücken – Kinder und kauernde Erwachsene werden am häufigsten angegriffen. Warum? Weil die Jagd, zumindest die ursprüngliche Jagd, meist ganz pragmatisch auf Nahrungssuche ausgerichtet ist und am besten vorsichtig und klug betrieben wird. Der Jagd nach Nahrung (was etwas ganz anderes ist als die Jagd zum Vergnügen) fehlt jene Aggression, die zu draufgängerischem, kampflustigem Verhalten führt. Eine der Grundregeln für die Jagd nach Nahrung – zumindest für jene Menschen und Tiere, die noch wie früher leben – lautet schlicht: Sei vorsichtig, greife nur Opfer an, mit denen du auch fertig wirst, und zieh dir vor allem keine Verletzungen zu.

Einer von Dr. Beiers Berichten über Personen, die vor Pumas flüchten konnten, löste beim Publikum spöttisches Gelächter aus, als habe Dr. Beier einen Witz erzählt, was aber sicher nicht in seiner Absicht lag. Ich gebe diese Geschichte hier wieder, weil sie mich von allen Berichten am meisten fasziniert hat. Eine Rucksacktouristin wurde auf einem abgelegenen Weg von einem Puma angegriffen. Wie üblich sprang der Puma sie von hinten an, packte sie am Rucksack und warf sie zu Boden. Es gelang ihr, sich so herumzudrehen, daß der Rucksack sich zwischen ihr und dem Puma befand. Das Gesicht des Angreifers direkt vor ihrem Gesicht, sprach sie ruhig und freundlich auf ihn ein. Obwohl er sie in seiner Macht hatte und sie jederzeit hätte töten können, war er bereit, ihr zuzuhören. Schließlich kamen andere Wanderer vorbei und verjagten ihn.

Warum fanden dies einige Leute in Dr. Beiers Publikum so amüsant? Vielleicht, weil ihnen der Gedanke, in dieser Situation zu einem Puma eine emotionale oder geistige

Beziehung herzustellen, völlig fremd war. «Braves Kätzchen», witzelten einige, als habe der Puma die Frau aus Wut angegriffen und sei von ihr besänftigt worden.

In Wirklichkeit verhielt es sich anders. Wahrscheinlich hatten die Stimme und das Verhalten der Frau den Puma so überrascht, daß die Jagd sich in eine andere Form der Begegnung verwandelte und folglich auch seinerseits ein anderes Verhalten erforderte. Wahrscheinlich überlegte er, welches Verhalten wohl angemessen war, und schaute und lauschte in der Hoffnung auf weitere Hinweise.

Schließlich muß jedes intelligente, emphatische soziale Wesen im Hinblick auf seine Mitwesen Entscheidungen treffen. Ist der andere Freund, Feind oder Beute? Da Katzen vollkommen von tierischem Protein abhängen, entscheiden sie sich, bis hin zu gelegentlichem Kannibalismus, meist für die dritte Option. Aber nicht immer. Dieser Puma war sensibel genug, um zu merken, daß diese Frau sich nicht wie Beutefleisch benahm.

Den Männern und Frauen in Dr. Beiers Publikum – spöttischen Vorstädtern, deren Kontakt zur Natur sich auf gelegentliches Wandern, Jagen oder Campen beschränkt – war ein Dilemma dieser Art ganz fremd. Aber dem Puma nicht. Und der Frau offenbar auch nicht. Und vor langer Zeit, als unsere Spezies noch so lebte, wie es heute noch die wilden Tiere tun, war sie auch uns nicht fremd.

Diese Episode zeigt etwas, das allen jagenden Arten, zu denen wir ja gehören, gemeinsam ist. Wo immer Menschen auf die Jagd gehen, tauchen ähnliche Episoden in Märchen auf. Ein Jäger schont das Leben eines Vogels, eines Rehs oder einer Damhirschkuh, um zu entdecken, daß es sich um eine verzauberte Prinzessin handelt. Meist heiratet er sie und erlangt so eine schöne Frau und ein Königreich; nicht schlecht für einen bescheidenen Waldbewohner. Der einzige Nachteil besteht darin, daß ihm der Nährwert entgeht, den ihr Körper gehabt hätte, aber da dies im Märchen eine allzu grobe Überlegung wäre, ist davon natürlich nie die Rede.

In der wirklichen Welt jedoch braucht der, der jagt, die Nahrung tatsächlich, und wenn er aus irgendeinem Grund das Leben des Opfers schont, bleibt er hungrig. Er muß also jede Mitleidsregung unterdrücken.

Vor langer Zeit erzählten die Gwi-Buschmänner die Jägervariante dieses Märchens, doch diese Variante hat eine Moral. In der Gwi-Geschichte übernimmt ein Mann die Rolle des jagenden Pumas, und eine Elefantenkuh übernimmt die Rolle der Rucksacktouristin. Der Mann hat die Elefantenkuh geheiratet, was ihren Eltern große Sorgen macht. Sie mißtrauen seinen Absichten und denen seiner Verwandten ebenfalls. Und die Eltern sorgen sich zu Recht – der jüngere Bruder des Ehemanns plant, ihre Tochter zu töten. Eines Tages hat sie eine Vorahnung und sagt ihren Eltern, sie würden sie vielleicht nie wiedersehen. Die Verwandten ihres Mannes haben sich auf den Weg gemacht, und nachdem sich die Tochter von den Eltern verabschiedet hat, folgt sie ihnen. Als der jüngere Bruder sich umsieht und merkt, daß sie ihnen folgt, wartet er auf sie. Dann bringt er sie mit einem Trick dazu, sich töten zu lassen. Als dies geschehen ist, macht er ein Feuer und brät eine ihrer Brüste, die er ißt, während er auf ihrem Körper sitzt. Als sich der Ehemann umdreht und seinen Bruder hoch über den Büschen thronen sieht, befürchtet er das Schlimmste, und als er umkehrt und seinen Bruder auf dem riesigen Leichnam seiner Frau hocken sieht, gerät er in Zorn. Doch der junge Bruder reicht ihm etwas von der gebratenen Brust, die er gerade ißt. «Du Narr», sagt er höhnisch. «Du warst mit Fleisch verheiratet und hast geglaubt, es sei ein Eheweib.»

Wenn Katzen sprechen könnten, würden sie womöglich ebenfalls die lehrreiche Gwi-Version des Märchens erzählen. Doch wenn sie gerade nicht jagen, dann denken und fühlen sie wie wir alle. Auch wir müssen Regungen des Mitleids unterdrücken, wenn wir auf die Jagd gehen. Doch zu anderen Zeiten sind sich Katzen und Menschen sehr ähnlich. Ich habe dies anläßlich meines ersten Besuchs bei Lissa Gilmour und ihrem Puma Ruby erlebt, wo mir durch Zufall eine interessante Bandaufnahme gelang. Ruby saß mit uns in Lissas Wohnzimmer, wo sie viel größer und beängstigender wirkte als im Freien. Was noch schlimmer war, sie schien nervös zu sein. Während ich ihrem Hin und Her und ihren wechselnden Launen zu folgen versuchte, merkte ich, daß mir ein Großteil von Lissas faszinierenden Informationen entging, weshalb ich mein kleines Aufnahmegerät hervorholte. Da es eigentlich als Diktaphon gedacht ist, nimmt es mit zu hoher Geschwindigkeit auf, wodurch der gesprochene Text undeutlich wird. Tonfälle jedoch werden klar wiedergegeben und sagen – ihres logischen Sinns beraubt – viel mehr über unsere Gedanken und Gefühle aus, als Worte es könnten.

Zu Beginn der Bandaufnahme sitzen Lissa und ich auf dem Teppich. Ruby hat sich in voller Länge zwischen uns ausgestreckt. Lissa und ich lernen einander kennen. Ich bin ganz aufgeregt, mit Lissa in diesem Haus voller wunderbarer Tiere zu sein, und meiner Stimme ist anzumerken, daß ich ihr gefallen möchte. Sie wiederum, mit ihrer für den amerikanischen Westen typischen Gastfreundschaft, scheint es zu genießen, daß sie über ihre geliebten Tiere sprechen kann. Unsere Stimmen sind leise und hoch, wir sprechen schnell, oft mit kurzen Pausen – wir unterhalten uns sehr angeregt, wollen aber vermeiden, der anderen ins Wort zu fallen. Wenn es doch passiert, reagieren wir typisch weiblich mit einem höflichen Lachen und der Bitte um Entschuldigung. Wir singen ein Duett, die weibliche Fassung des Lieds der menschlichen Spezies.

Inzwischen hat Ruby auf dem Teppich einen Geruch bemerkt. Es ist ein Tropfen Fruchtwasser von Lissas trächtiger Himalaja-Katze Yehti, die, wie sich später zeigt, die ganze Zeit über in den Wehen gewesen war. Doch zu jenem Zeitpunkt weiß das niemand, da Yehti ihre Kätzchen noch zurückhält, vielleicht aus Angst vor Ruby. Und Ruby tut nichts zu ihrer Beruhigung. Vielmehr beginnt sie anhaltend zu knurren und zu fauchen, manchmal so laut, daß man unsere Stimmen nicht mehr hört. Ruby singt das mörderische Lied von den dunklen Gefühlen einer Katze, ein ärgerliches, mißgünstiges Altsolo, das Lissas Haus erfüllt und seine Adressatin erreicht – die kleine Yehti, die sich hinter einem Sessel versteckt und still über ihre schwierige Situation nachdenkt.

Plötzlich beginnen Lissas Kanarienvögel zu singen. Es sind rivalisierende Männchen, und der fast gleichzeitige Einsatz wirkt so, als hätten sie nur auf ein Zeichen gewartet. Es sind zweifellos die vollendetsten Vögel unter den Finken – ihr Gesang schwebt hoch über unseren Köpfen und erfüllt die Luft mit einer unauslöschlichen Kaskade von Klängen. Wenn sie erst einmal losgelegt haben, schmettert jeder der beiden mit zurückgelegtem Köpfchen aus voller Kehle, als wolle er den anderen in den Schatten stellen.

Wir übrigen scheinen die Kanarienvögel gar nicht zu hören. Lissa und ich unterhalten uns weiter, ganz in Anspruch genommen von dem sich zwischen uns entwikkelnden Verhältnis von Gast und Gastgeberin. Ruby schleicht herum, wobei das beunruhigende Fauchen und Knurren kein Ende nimmt. Und so befinden sich die Stimmen von fünf Wesen auf dem Band – zwei Menschen, einer Katze (nur Ruby, da Yehti sich mucksmäuschenstill verhält) und zwei Kanarienvögel –, und jedes dieser Wesen hat seiner Artgenossin oder seinem Artgenossen etwas Wichtiges mitzuteilen.

Im Lauf des Nachmittags jedoch verstummen die Kanarienvögel, und wir übrigen – außer Yehti – scheinen uns einander zu öffnen. Wir nehmen Kontakt zu Ruby auf und sie zu uns. Anfangs hatte ich vor Ruby vielleicht ein bißchen Angst gehabt. Na ja, nicht gerade Angst – Lissas Vertrauen wirkte beruhigend –, aber Ruby war größer als ich und viel stärker, ein fremdes Wesen, eine Katze. Ich hatte noch keinen Puma so aus der Nähe erlebt. Außerdem wußte ich damals kaum über Pumas Bescheid. Deshalb war ich vorsichtig. Auf der B-Seite des Tonbands sage ich mit unsicherer Stimme zu Lissa, daß ich vor Ruby Respekt habe.

Inzwischen hat sich noch große Neugierde dazugesellt. Die Pumas zählen ja eher zu den Kleinkatzen, aber wie nahe stehen sie den Hauskatzen wirklich? Ich höre mich fragen, ob Ruby sich beim Fressen über ihr Futter kauert wie eine Kleinkatze oder sich daneben ausstreckt wie eine Großkatze. In diesem Moment machte Ruby, die durchs Zimmer getigert war, kehrt und kam, Blick geradeaus, auf uns zu, als wolle sie unbedingt zwischen uns beiden hindurch. Doch plötzlich, plumps – als hätte nicht ihr Kopf diese Entscheidung gefällt, sondern ihr Hinterteil –, ließ sie sich neben uns fallen: zuerst die Hüfte, dann folgte anmutig der Rest. Kurz darauf rollte sie sich auf den Rükken und präsentierte uns ihren pelzigen weißen Bauch. Auf dem Band frage ich, wie viele Zitzen sie hat. Sechs, wie eine Hauskatze? Oder vier, wie eine Leopardin oder Löwin? Pumas haben acht, was ich damals aber nicht wußte, und da Ruby auf dem Rücken liegenbleibt, frage ich, ob ich nach ihren Zitzen suchen kann. Wir suchen danach, still und aufmerksam. Ruby liegt sehr steif auf dem Rücken und blickt mit angehobenem Kopf und abgeknickten Tatzen unbehaglich an sich hinunter, während unsere Hände wie Spinnen durch ihr Fell krabbeln. Doch wie Lissa leise prophezeit hat, finden wir nichts. Pumas, die noch nicht geboren haben, weisen keinerlei Anzeichen von Brustwarzen oder Zitzen auf. Interessant. Ich suche weiter, doch als sich Ruby versteift, zucke ich sofort zurück. Eine Hauskatze hätte an diesem Punkt vielleicht nach meiner Hand geschnappt und hineingebissen, und das möchte ich bei Ruby mit ihren fingerlangen Eckzähnen und ihren dreieckigen Backenzähnen, breit wie mein eingeknickter Daumen, nicht erleben.

Am Spätnachmittag wird Ruby unruhig. Es dauert nicht lange, da springt sie auf die Möbel, die im Vergleich zu ihr winzig wirken. Als nächstes tigert sie nervös zum Fenster und wieder zurück und peitscht knurrend mit dem Schwanz. Meiner Stimme nach zu urteilen muß mich ihre Unruhe angesteckt haben. Ich frage immer wieder, was denn mit Ruby los sei. Lissa antwortet sehr sanft und beruhigend, aber man versteht nicht, was sie sagt. Dann tritt Ruhe ein. Lissa hält Ruby ihren Arm hin, und Ruby hat, in voller Länge ausgestreckt, daran zu nuckeln begonnen. Ihre mächtigen Pfoten kneten abwechselnd im Milchtritt. Ruby verhält sich wie ein Pumababy und hat sich sogar senkrecht zu Lissa ausgerichtet, wie ein junges Kätzchen zum Körper seiner Mutter.

Leise fragt Lissa mich, ob ich Ruby auch einmal an meinem Arm nuckeln lassen will. Ich bejahe flüsternd. Lissa zeigt mir, wie ich ihren Platz einnehmen soll. Mein Arm gleitet unter Rubys Maul. Als Ruby die Veränderung spürt, öffnet sie langsam ihre herrlichen gelben Augen, aber inzwischen rührt mich ihre Verwundbarkeit und Zärtlichkeit, und ich warte einfach. Während im Zimmer friedliche Stille herrscht, warten wir. Alle Spannung ist verflogen. Ruby beginnt weiterzunuckeln. Dann schnurrt sie. Der ganze Raum ist von ihrem Schnurren erfüllt. Die kleine Yehti kriecht unter ihrem Sessel hervor und geht hinaus. Später wird sie auf dem Teppich hinter der Badtür zwei Junge werfen. Ruby kümmert sich nicht darum und läßt die samtenen Augenlider zu. Auf der Haut meines Arms spüre ich das langsame, sanfte Schaben ihrer rauhen Zunge, die mit der Zeit so glatt und glitschig wird wie ein Stück rohe Leber. Hat sie die Zunge umgedreht, so daß ich jetzt die Unterseite spüre? Hat sie die Papillen eingezogen? Ich frage leise Lissa, die nickt. Sie weiß, was geschehen ist, kennt aber nicht den Grund. Es ist auch nicht wichtig. Ruby döst, die schwarzen Lippen und die weiche Zunge sanft an meinen Arm gepreßt. Und das ist alles. Wir verharren lange Zeit im stillen Frieden von Lissas Zimmer, ohne zu sprechen oder zu flüstern. Entspannt, schnurrend, träumend, leise atmend, sind wir uns sanft der Wolkenschatten, der Nachmittagssonne, eines leichten Luftzugs bewußt sowie des Umstands, daß wir hier lebendig beieinander sind.

Das nächste Band dokumentiert die Ereignisse des Abends, als wir in Rubys Gehege sind und Ruby sich über ein Hühnchen hermacht, das von anderen Hühnern erdrückt worden ist. Nach Kleinkatzenart kauernd, die Pfoten ordentlich nebeneinander unter der Brust – wie eine Hauskatze, die von einem Teller frißt –, bereitet Ruby ihre Mahlzeit vor. Man hört Knöchelchen knacken, als Ruby die Flügelspitzen abtrennt, dann rupft sie mit ruckartigen Kopfbewegungen die Brustfedern aus. Sie umschweben uns in der Abendluft. Dann weist mich Lissa auf etwas Merkwürdiges hin. Ruby spuckt nicht alle Federn aus, seitlich am Maul kleben ein paar feuchte Federn, die sie demnächst verschlucken wird. Warum tut sie das? Wenn sie die Federn sowieso frißt, warum rupft sie sie dann erst aus? Oder merkt sie nichts davon? Wird sie die Federn nicht los? Um das herauszufinden, lege ich mich neben das Huhn, um Ruby ins Maul zu schauen.

Im nachhinein wundere ich mich manchmal über mich selbst. Ich hätte mein Gesicht niemals so nah vor das Maul eines fressenden Hundes gelegt, noch dazu nach so kurzer Bekanntschaft mit ihm. Doch im Gegensatz zu Hunden beißen Katzen in dieser Situation nicht zu, und außerdem hatte ich inzwischen Vertrauen zu Ruby. Und Ruby hatte Vertrauen zu mir. Wir empfanden uns nicht länger als unberechenbare Fremde und mußten nicht mehr darauf achten, einander ja nicht zu nahe zu kommen. Ich hatte keinerlei Angst, daß sie mich beißen würde. Und sie hatte keine Angst, ich könnte ihr das Huhn wegschnappen. Dank der besänftigenden, beglückenden Erfahrung des Nachmittags schienen wir einander zu verstehen. Wir hatten die Grenzen unserer Spezies überwunden und unsere gemeinsame Mitte gefunden, in der alle Wesen ruhen.

Anhang

Danksagung

Ich möchte mich bei den vielen Menschen und Tieren bedanken, die mir geholfen haben, das Material für dieses Buch zu sammeln. Um der Reihe nach vorzugehen, und um mit den Pumas zu beginnen, möchte ich mich als erstes bei der Naturschutzbiologin Lissa Gilmour und ihrem Puma Ruby bedanken. Diesen beiden Freunden schulde ich viel. Ohne den Besuch bei ihnen hätte ich mich gar nicht an dieses Buch gewagt. Ebenso danke ich Sue Morse, der Forstökologin, für Informationen zum Thema Spuren und Spurenlesen. Für einmalige Informationen über Verhaltensweisen und Habitate der Pumas danke ich Ken Jafek beziehungsweise War Eagle Outfitters in Malta, Idaho, und seinem Kollegen, Kevin Allred, sowie ihren außergewöhnlichen Hunden. Kevin schrieb einst für *Coonhound Bloodlines*: «Ohne [diese Hunde] gäbe es keine [Puma-]Studien. Sie sind immer bereit, und sei es um zwei Uhr morgens bei 15 Grad Kälte. Ihre Ergebenheit, ihr Mut und ihre Begierde sind Eigenschaften, die Respekt erwecken.» Dem habe ich nur ein Wort hinzuzufügen: Amen.

Für Informationen über Pumapopulationen und Pumaattakken möchte ich James C. Halfpenny danken. Für die Leitung einer faszinierenden Pumastudie danke ich John Laundre. Bei dem Versuch, die Pumas der Denver-Boulder-Region zu verstehen, haben mir Kathy Green, Betsy Spettigue und Mike Sanders unschätzbare Hilfe geleistet, wofür ich ihnen danken möchte. Für weiterführende Informationen über Pumapopulationen in den Rocky Mountains sowie für Informationen über Rotwildpopulationen, ohne die es keine Pumas gäbe, möchte ich Allen E. Anderson danken. Ich beeile mich jedoch hinzuzufügen, daß eventuelle Fehler beim Thema Tierpopulationen ganz sicher auf mein Konto gehen.

Für ihre großzügige Gastfreundschaft und ihre große Erfahrung mit Zirkustigern bedanke ich mich bei John Cuneo, Elke und Roelof de Vries, Trudy und Bill Strong und den Tierpflegern und Tigern der Hawthorn Corporation. In diesem Zusammenhang möchte ich mich auch herzlich bei Harry und Rowena Thomas und ihren Tigern bedanken; besonders danke ich auch Ada Smieya-Blaszak, ihrem Gatten Klaus, ihrem Sohn Brunon Blaszak und ihren Tigern, vor allem Rajah und Rowena; und schließlich gilt mein Dank Rodney Huey von den Ringling Brothers Barnum and Bailey Circus für seine liebenswürdige Hilfsbereitschaft. Für sein fundiertes Wissen über Zootiger und seine geduldige Erläuterung der Nachzuchtprogramme möchte ich Dr. Ronald L. Tilson danken, dem Leiter dieser Programme im Zoo von Minnesota.

Für Informationen über die Hauskatze bedanke ich mich bei folgenden Katzen: der stattlichen, halbsiamesischen Bauernkatze Manas; dem weisen, orangeroten Kater Rollo; der eleganten dreifarbigen Baby Cat und ihrem orangeroten Gefährten Thomas; der blinden weißen Katze Aasa (jetzt Chushi); dem weißen Jäger Orion; der schwarzen Jägerin Wicca; der eleganten Rose und ihrer Schwester Iris; dem listigen Goniff, dem fröhlichen Max; der zärtlichen Natasha; dem treuen Fang, einem Nachfahren der Säbelzahntiger, sowie seinen Verbündeten und

Rivalen, den Katzen, die die Prärien von Marshall Lane in Austin, Texas, durchstreifen; dem verschwundenen Fritz, nach dem noch heute gesucht wird; der scheuen Cleo; dem tapferen Eddy; der grauen Christmas mit den schneeweißen Strümpfchen; der malvenfarbenen, gesprenkelten Lilac und der schwarzen Wunderkatze Rajah, für all die Einblicke, die sie jedem gewährten, der sich die Mühe machte, sie über einen längeren Zeitraum hinweg zu beobachten.

Für Informationen über die Dressur von Hauskatzen für Zirkusnummern bedanke ich mich bei Dominique La Font und seinen prächtigen Katzen Piggie, Sharkey, Spot und Mars, deren wunderbare Auftritte man jeden Abend nach Sonnenuntergang in Key West am Mallory Pier bestaunen kann; für Informationen über Hauskatzen, die Rotwild jagen, danke ich Dave Blanchette; für die Geschichte von der Katze, die einen Menschen beschützte, danke ich Lisa Rappaport; für die Geschichte von Bubastis und dem Kater, der auf Hochhäuser kletterte, um sie zu finden, danke ich Mab Gray von der Houghton-Mifflin-Werbeabteilung; für die Geschichte von Wazo danke ich Margie Borne; und für die Geschichte von der Katze, die einen Menschen tröstete, danke ich Lori-Ann Tessier.

Für Informationen über die Juwa-Jagd und die Buschmannsland-Löwen danke ich meinem Bruder John Marshall. Wie dem Text zu entnehmen ist, stammen viele der interessantesten Beobachtungen von ihm. Danken möchte ich auch Tsamko Toma und seinem verstorbenen Bruder, Gashe Martin, sowie ihrem verstorbenen Vater, Toma – sie stammen alle drei aus Gautscha im Buschmannsland, Namibia: ihnen verdanke ich über Jahre hinweg viele wichtige Erkenntnisse und Informationen über Löwen. Mein Dank gilt auch dem Wildbiologen Richard D. Estes, der mich konstant und großzügig an seinem großen Erfahrungsschatz bezüglich des Verhaltens afrikanischer und anderer Säugetiere teilhaben ließ. Für Informationen über die Juwasi im allgemeinen und ihre Beziehung zu Löwen im besonderen danke ich der *grande dame* der Wildbeuter-Anthropologie, Lorna Marshall. Für Informationen über Zirkuslöwen möchte ich mich bei Trudy Strong und dem Löwen Timba bedanken.

Meinen lieben Freunden Katy Payne und Bill Langbauer danke ich dafür, daß sie mich während zweier Aufenthalte in Namibia in ihre Forschungsprojekte über Elefantenvokalisation einbezogen haben; ohne diese Erfahrung wäre mir nie der kulturelle Wandel bewußt geworden, der bei den dortigen Löwen stattgefunden hat. Darüber hinaus befindet sich Katy so sehr im Einklang mit Tieren, wie man es nur sein kann – in diesem Punkt gehört sie mehr zu ihnen als zu uns. In Katys Gegenwart mit Tieren zusammenzusein ist eine unvergeßliche Erfahrung, die ich oft machen durfte, wofür ich ihr ebenfalls danke.

In leicht veränderter Form erschien ein Großteil der in diesem Buch enthaltenen Informationen über Löwen bereits in *The New Yorker*. Dafür möchte ich mich bei Bob Gottlieb, Nancy Frankin und Hal Espen bedanken, deren hervorragende Arbeit mir bei meiner eigenen so sehr geholfen hat. Wie immer danke ich auch meinem Agenten, Ike Williams, für seine Hilfsbereitschaft und Freundschaft. Für die schönen Strichzeichnungen, die dieses Buch über Katzen so feinfühlig mit meinem früheren Buch über Hunde verbinden, danke ich dem Künstler, Jared Williams. Für ihre Freundschaft und die angenehme Zusammenarbeit sowie für ihre wunderbaren Fähigkeiten als Lektorin danke ich Becky Saletan. Für ihre großzügige Hilfe und ihre Tüchtigkeit danke ich meiner Assistentin Anita Marie Mann. Schließlich möchte ich mich noch bei Irene Williams und Mab Gray von der Houghton-Mifflin-Werbeabteilung bedanken, und zwar für die hervorragende Arbeit, die sie bei meinem vorangegangenen Buch *The Hidden Life of Dogs* geleistet haben. Durch sie wurde dem jetzigen Buch der Weg gebahnt, auch wenn die beiden Bücher in verschiedenen Verlagen erschienen sind.

Bibliographie

Dies ist eine Auswahl der Bücher, die ich zu diesem Thema hilfreich fand:

Juliet Clutton-Brock, *Cats: Ancient and Modern*, Harvard University Press, Cambridge 1993.

D. D. Cole und J. N. Shafer, «A study of social dominance in cats», *Behaviour* 27 (1966), S. 39–52.

Jim Corbett, *More Man-Eaters of Kumaon*, Oxford University Press, London 1954.

–, *The Man Eating Leopard of Rudraprayag*, Richard Clay and Company, Suffolk 1947.

–, *Man-Eaters of Kumaon*, Oxford University Press, New York 1946.

N. Dunstone und M. L. Gorman (Hrsg.), *Mammals as Predators*, Oxford Science Publications, Oxford 1993.

Richard D. Estes, *The Safari Companion: A Guide to Watching African Mammals*, Chelsea Green, Post Mills, Vermont 1993.

–, *The Behavior Guide to African Mammals*, University of California Press, Berkeley 1991.

C. A. W. Guggisberg, *Wild Cats of the World*, Taplinger, New York 1975.

Maurice G. Hornocker, «Stalking the Mountain Lion – to Save Him», *National Geographic* 136, Nr. 5 (1969).

Andrew Kitchener, *The Natural History of the Wild Cats*, Comstock, Ithaca 1991.

P. Leyhausen, *Katzen. Eine Verhaltenskunde*, Blackwell 1982.

David Macdonald, *The Velvet Claw*, BBC Books, London 1992.

– u. a., «Social Dynamics, Nursing Coalitions and Infanticide Among Farm Cats, *Felis catus*». In: *Advances in Ethology*, Paul Parey, Berlin 1987.

– (Hrsg.), *The Encyclopedia of Mammals*, Equinox, Oxford 1984.

Lorna Marshall, The *!Kung of Nyae Nyae*, Harvard University Press, Cambridge 1976.

Sy Montgomery, *Spell of the Tiger*, Houghton Mifflin, Boston, noch nicht erschienen.

C. Packer und A. E. Pusey, «Cooperation and competition within coalitions of male lions *(Panthera leo)*». *Animal Behavior* 31 (1982), S. 334–340.

G. B. Schaller, *The Serengetti Lion: A Study of Predator-Prey Relations.* University of Chicago Press, Chicago 1972.

–, *The Deer and the Tiger*, University of Chicago Press, Chicago 1967.

J. Seidensticker u. a., «Mountain lion social organization in the Idaho Primitive Area», *Wildlife Monographs* 35 (1973), S. 1–60.

M. E. Sunquist, «The social organization of tigers *(Panthera tigris)* in Royal Chitawan National Park, Nepal», *Smithsonian Contributions to Zoology* 12 (1981), S. 239–241.

Elizabeth Marshall Thomas, «The Old Way», *The New Yorker*, 15. Okt. 1990.

–, *The Harmless People*, Knopf, New York 1989.

–, *Warrior Herdsmen*, Knopf, New York 1966.

Ronald L. Tilson und Ulysses S. Seal (Hrsg.), *Tigers of the World*, Noyes Publications, Park Ridge, N. J. 1987.

S. D. Young und E. A. Goldman, *The Puma: Mysterious American Cat*, Dover, New York 1946.

Zum englischen Titel

Die englische Ausgabe des Buches trägt den Titel «The Tribe of Tiger», und die Autorin erklärt in einem Vorwort, weshalb sie diesen Titel gewählt hat.

Das kleine Stück Prosa ist so schön und informativ, daß es dem deutschen Leser nicht vorenthalten werden soll.

Der Titel dieses Buchs entstammt dem Gedicht «Freut euch des Lammes», das der englische Dichter Christopher Smart irgendwann zwischen 1756 und 1763 geschrieben hat. Das Gedicht ist bis zur Zusammenhanglosigkeit weitschweifig und lang, ein Produkt der geistigen Verwirrung des Poeten, wegen der er im Irrenhaus in einer Einzelzelle festgehalten wurde. Einen gräßlicheren Platz als ein rattenverseuchtes Irrenhaus des 18. Jahrhunderts kann man sich kaum vorstellen, und ebensowenig die Einsamkeit und Verzweiflung, die Smart während seines acht Jahre währenden Martyriums durchlitten haben muß. Doch wurde seine Pein durch eine Katze, Jeoffry, gelindert, um die es in einem Abschnitt des Gedichts geht – etwa fünfundsiebzig herrliche Zeilen, die bei heutigen Katzenliebhabern sehr beliebt sind und oft als eigenständiges Gedicht erscheinen, meist unter Titeln wie «Über seine Katze Jeoffry» oder «Jeoffry» oder «Für Jeoffry, seine Katze». Der Rest des Gedichts ist praktisch in Vergessenheit geraten und nur noch einigen gelehrten Kennern der englischen Literatur bekannt.

Mein Buch ist nur eines von Dutzenden, vielleicht sogar Hunderten von Katzenbüchern, die ihren Titel «Jeoffry» entlehnen. Fast alle Leser des Fragments, selbst die, die nichts von Smarts leidvoller Gefangenschaft wissen, können seine Empfindungen intensiv nachvollziehen. In den folgenden Zeilen spürt man zum Beispiel die fromme Dankbarkeit, die der Dichter in dem hallenden Anstaltsgebäude während der schrecklichen dunklen Nachtstunden für Jeoffrys Gesellschaft empfindet:

> Ich will meines Katers Jeoffry gedenken.
> Denn er ist der Diener des Lebendigen Gottes, dem er täglich dient, wie es sich gebührt.
> Denn er hält nachts des HERRN Wacht gegen den Widersacher.
> Denn er bekämpft die Mächte der Finsternis durch sein knisterndes Fell und seine funkelnden Augen.
> Denn er bekämpft den Teufel, der der Tod ist, indem er flink durchs Leben huscht.

Man spürt, wie der Kater das Herz des Dichters anrührte:

> Denn da er Gott und seiner selbst gedachte, wird er auch seines Nächsten gedenken.
> Denn wenn er einer anderen Katze begegnet, wird er sie liebreich küssen.
> Denn wenn er seine Beute fängt, spielt er mit ihr, um ihr die Möglichkeit zur Flucht zu geben.
> Denn von sieben Mäusen entkommt eine seinem Spiel.

Und man spürt die Inspiration des Dichters:

> Denn er ist vom Stamm der Tiger.
> Denn der Cherub ist die Katze und der Engel der Tiger.

Ich habe mich hauptsächlich deshalb für einen Titel aus dem Gedicht entschieden, weil es eine enge Verbindung zwischen einem Menschen und einem Tier schildert, und auch, weil es die Heiligkeit eines Tiers ausdrückt, das dem Empfinden des Dichters nach Gott durch sein natürliches Verhalten dient und den Teufel in Schach hält. Ich habe das Gedicht auch wegen der tiefen und ergreifenden Einblicke gewählt, die es bietet, Jahrhunderte bevor irgend jemand auf den Gedanken kam, Tiere hätten eine genauere Beobachtung verdient. Das sanfte Nasenreiben zweier Katzen einen Kuß zu nennen, beschreibt zum Beispiel perfekt, wie sich Katzen begrüßen, die einander kennen (und deutet nebenbei darauf hin, daß es in der Anstalt nicht nur viele Nager, sondern auch viele Katzen gegeben haben muß), während die Beobachtung, daß Jeoffry von sieben Mäusen eine entwischt, weil er mit seiner Beute spielt, eines modernen Biologen würdig wäre. Aber vor allem habe ich das Gedicht gewählt, weil es eine tiefe, wichtige Wahrheit über Katzen enthält – daß nämlich ihr Stamm der Stamm der Tiger ist. Wie der Cherub zum Engel, so verhält sich die Katze zum Tiger, und wenn wir heutzutage auch dazu neigen, das Verwandtschaftsverhältnis andersherum zu sehen und eher zu sagen, daß der Tiger eine Art Katze, als daß die Katze eine Art Tiger ist, bleibt doch die Tatsache bestehen, daß Katzen und Tiger zwei Extreme *einer* Gattung verkörpern, das Alpha und Omega ihrer Art.

Die 100 des Jahrhunderts

Menschen, die die Welt bewegten
Wer waren die wichtigsten Persönlichkeiten, die das 20. Jahrhundert bestimmt haben? Eine neue Reihe bei *rororo handbuch* stellt die «100 des Jahrhunderts» mit Bild und biographischen Porträts in kompakter, präziser Form vor. Die Bücher bieten mehr Information als gewöhnliche Lexikon-Artikel und sind hilfreich für alle, die privat oder beruflich schnelle Informationen benötigen.

Die 100 des Jahrhunderts: Politiker
(rororo handbuch 6450)
Sie haben den Lauf der Welt bestimmt, ihre Namen sind mit Krieg und Frieden, mit politischen Systemen und sozialen Konflikten, mit internationalen Bündnissen und wirtschaftlichem Aufstieg verknüpft.

Die 100 des Jahrhunderts: Naturwissenschaftler
(rororo handbuch 6451)

Die 100 des Jahrhunderts: Fußballer
(rororo handbuch 6458)
Ihre Tore und Paraden begeisterten Millionen, ihre Niederlagen und Schicksale bewegten ganze Völker.

Die 100 des Jahrhunderts: Sportler
(rororo handbuch 6453)
Sie ziehen Millionen Menschen in aller Welt in ihren Bann – mit Höchstleistungen und Rekorden auf Bahnen und Pisten, in Hallen und Stadien.

3530/3

rororo handbuch

Die 100 des Jahrhunderts: Filmregisseure
(rororo handbuch 6452)
Ihre Filme entführen in Bildwelten, deren Faszination sich niemand entziehen kann.

Die 100 des Jahrhunderts: Komponisten
(rororo handbuch 6457)

Die 100 des Jahrhunderts: Schriftsteller
(rororo handbuch 6455)

Die 100 des Jahrhunderts: Unternehmer und Ökonomen
(rororo handbuch 6454)

Die 100 des Jahrhunderts: Filmstars
(rororo handbuch 6459)
Ohne seine Heldinnen und Helden wäre der Film ein nur mäßig aufregendes Spektakel. Seit den Anfängen begeistern jedoch die Stars ihr Publikum, sie sind die Ikonen unseres Jahrhunderts geworden. Hier treten sie auf, die eleganten Divas und die unwiderstehlichen Herzensbrecher, die großen Schauspieler und die einsamen Heroinnen.